国家社会科学基金一般项目“面向高新技术企业技术创新的技术威胁预警研究”（15CTQ031）成果

面向高新技术企业技术创新的技术威胁预警研究

张丽玮◎著

科学出版社
北京

内 容 简 介

知识经济时代，技术既是推动生产力发展和人类社会进步的决定性因素，也是国家、产业和企业竞争的核心要素，决定着一个国家/地区的综合竞争力。如何及时、准确地识别技术威胁，动态、实时地监测技术威胁因素，并对其引发的潜在危害进行有效防范亟待研究。本书从理论和方法层面对高新技术企业技术威胁预警进行研究，结合大量专利威胁案例，构建案例库，通过案例匹配和检索，实现对高新技术企业技术威胁中频发的专利威胁的实时和精准预警。本书旨在为我国高新技术企业应对日益严重的技术威胁提供理论与方法上的支持，具有重要的理论意义和实用价值。

本书可供企业管理者、管理学相关研究人员和企业职员参阅。

图书在版编目（CIP）数据

面向高新技术企业技术创新的技术威胁预警研究 / 张丽玮著. —北京：科学出版社，2023.6

ISBN 978-7-03-074422-7

Ⅰ. ①面…　Ⅱ. ①张…　Ⅲ. ①高技术企业-技术开发-研究　Ⅳ. ①F276.44

中国版本图书馆 CIP 数据核字（2022）第 252191 号

责任编辑：崔文燕 / 责任校对：张小霞
责任印制：赵　博 / 封面设计：润一文化

科学出版社 出版
北京东黄城根北街 16 号
邮政编码：100717
http://www.sciencep.com
北京建宏印刷有限公司印刷
科学出版社发行　各地新华书店经销
*
2023 年 6 月第　一　版　开本：720×1000　1/16
2024 年 3 月第二次印刷　印张：14 1/4
字数：260 000

定价：99.00 元

（如有印装质量问题，我社负责调换）

前　言

PREFACE

知识经济时代，技术既是推动生产力发展和人类社会进步的决定性因素，也是国家、产业和企业竞争的核心要素，决定着一个国家/地区的综合竞争力。但是，由于技术的价值负荷特性和在全世界范围内发展的不平衡，技术强者常常对技术弱者构成威胁、威慑甚至危害。对于以技术为生命力和发展原动力的高新技术企业而言，技术层面的威胁更决定了企业的生死存亡。由于历史等多方面原因，当前我国高新技术企业科技整体水平还相对较低，拥有的核心技术较少，对外技术依存度较高，自主创新能力较低，制约了企业的发展。因此，如何及时、准确地识别技术威胁，动态、实时地监测技术威胁因素，并对其引发的潜在危害进行有效防范亟待研究。

截至目前，国内外学者对高新技术企业技术威胁进行识别、分析方面的研究相对较少，并且缺乏系统性研究。鉴于此，笔者对高新技术企业技术威胁的识别的理论与方法展开研究：①理论层面。从技术的本质、技术发展不平衡以及技术多元化发展的角度出发，明确技术威胁的形成机理，分析技术威胁的类型及其影响因素，构建技术威胁三维模型，同时，针对非常重要的技术威胁类型——专利威胁，探究专利威胁的影响因素，构建高新技术企业专利威胁测度模型，推广研究成果，并完善了现有的技术威胁理论体系。②方法层面。选用网络数据和专利数据，采用自然语言处理、文本挖掘以及人工智能等技术和方法，进行高新技术企业技术威胁识别和预警研究。通过专利技术–功效词的抽取、技术树的构建及专利地图的生成，实现宏观层面和微观层面对高新技术企业面临的技术威胁的深度剖析和解读，有效识别企业面临的技术威胁；同时，应用案例推理技术，结合大量专利威胁案例，构建案例库，通过案例匹配和检索，实现对高新技术企业技术威胁中频发的专利威胁的实时和精准预警。本书研究内容可以为我国高新技术企业应对日益严重的技术威胁提供理论与方法上的支持，具有重要的应用价值。

本书分为10章，包括绪论、相关理论和研究方法、技术威胁相关概念、高新技术企业技术威胁模型、中文专利技术–功效二维词模型的构建、基于技术树构建的高新技术企业技术威胁识别、基于专利地图的高新技术企业技术威胁识别、基于熵权法的高新技术企业专利威胁测度模型构建、基于案例推理的高新技术企业专利威胁预警模型、结论与展望。本书研究认为，只有及时、准确地识别技术威胁，动态、实时地监测技术威胁因素，并对其引发的潜在危害有效进行识别防范，才能使我国高新技术在国际竞争中站稳脚跟。

本书撰写过程中得到了首都经济贸易大学管理工程学院房永明书记、陈炜院长等各位领导和老师以及中国科学技术信息研究所郑彦宁主任、潘云涛主任和刘志辉主任等老师的大力支持和帮助，同时感谢李锐、冯哲、齐文竹等同学在资料的收集和分析过程中所做的工作，在此表示衷心感谢！此外，本书参考了近年来国内外高新技术企业技术威胁研究领域的最新成果，因篇幅所限，在此不再一一列举，谨向相关专家与学者致以谢意。

本书的出版得到国家社会科学基金一般项目“面向高新技术企业技术创新的技术威胁预警研究”（项目编号：15CTQ031）资助。

由于笔者水平有限，相关研究文献较少，书中难免存在疏漏和不足，敬请各位专家和读者批评指正。

缩略语表

案例推理	case-based reasoning	CBR
创新解决问题理论	Theory of Inventive Problem Solving	TRIZ
词频-逆文件频率	term frequency-inverse document frequency	TF-IDF
词性	part-of-speech	POS
非负矩阵分解	non-negative matrix factorization	NMF
概率潜在语义分析	probabilistic latent semantic analysis	PLSA
概率主题建模	probabilistic topic modelling	PTM
国际规定使用的专利文献著录数据	internationally agreed numbers for the identification of bibliographic data	INID
国际专利分类	international patent classification	IPC
基于转换器的双向编码器	bidirectional encoder representations from transformer	BERT
基于解释的学习	explanation-based learning	EBL
技术传递系统	technology delivery system	TDS
卷积神经网络	convolutional neural networks	CNN
粒子群算法	particle swarm optimization	PSO
美国专利及商标局	United States Patent and Trademark Office	USPTO
能力、技术和时间	capability, technology and time	CTT
欧盟知识产权局	European Union Intellectual Property Office	EUIPO
潜在狄利克雷分布	latent Dirichlet allocation	LDA
潜在动态条件随机场	latent dynamic conditional random field	LDCRF
人工智能	artificial intelligence	AI
世界知识产权组织	World Intellectual Property Organization	WIPO
数据库知识发现	knowledge discovery in database	KDD
双向长短时记忆网络	bidirectional long short-term memory	BiLSTM
碳捕集与封存	carbon capture and storage	CCS
条件随机场	conditional random field	CRF
向量空间模型	vector space model	VSM

以知识为中心的创新服务设计	knowledge-centric innovative service design	KISD
隐马尔可夫模型	hidden Markov model	HMM
语言技术平台	Language Technology Platform	LTP
支持向量机	support vector machines	SVM
指数随机图模型	exponential random graph model	ERGM
中国科学院计算技术研究所汉语词法分析系统	Institute of Computing Technology，Chinese Lexical Analysis System	ICTCLAS
国家知识产权局	China National Intellectual Property Administration	CNIPA
主体-行为-客体	subject-action-object	SAO
专利合作条约	Patent Cooperation Treaty	PCT
自组织映射	self-organizing map	SOM
K-最近邻	K-nearest neighbor	KNN

目　录

CONTENTS

第一章

绪　　论

一、研究背景及意义

进入知识经济时代，世界技术发展和知识更新速度明显加快，技术发展周期越来越短[①]，技术成为推动生产力发展和人类社会进步的决定性因素，成为国家、产业和企业竞争的核心要素，决定着一个国家/地区的综合竞争力[②]。第二次世界大战以后，世界经济之所以取得迅猛发展，就是因为技术进步对经济增长的贡献率不断提高，目前这一贡献率在部分发达国家已达到60%—80%的水平。

对于以高技术为主导、以产品创新为核心的高新技术企业而言，技术要素一直处于其生存与发展各要素的核心地位，技术竞争优势直接决定了企业的生死存亡。拥有技术优势和掌握核心技术的企业不仅能通过创新支持现有业务的发展，还能改变现有竞争领域的竞争规则，创造全新业务和开辟竞争新领域。技术既能改变企业在产业价值链中的地位和作用，又是后进企业改变竞争地位的重要手段。[③]但是，由于技术的价值负荷特性、技术发展的不平衡性以及技术的多元化发展，技术在给部分企业带来发展机会和实惠的同时，也给其他企业带来了不安和恐慌，技术强者常常对技术弱者构成威胁、威慑甚至危害。例如，2014年，小米[④]在印度遭到爱立信（Ericsson）指控，原因是内嵌联发科芯片的红米侵犯了爱立信的专利权，小米被禁止销售或进口手机至印度。法律分析人士认为这一事态相当重大，它似乎表明，小米和其他中国高科技厂商可能在海外法庭遭遇更多专利纠纷的打击。[⑤]同时，由于市场需求所带来的技术适用性与技术动态演化的不可阻性，多主体参与推动，技术发展的全球化、集成化及时间紧缩等一系列因

① 张利英，郭建平. 21世纪初世界科技走向及我国科技安全环境研究. 科技进步与对策，2004（2）：14-16.

② 陶文昭. 技术民族主义与中国的自主创新. 高校理论战线，2006（5）：43-48.

③ 鲁若愚，银路. 企业技术管理. 北京：高等教育出版社，2006：3.

④ 为行文方便，本书对公司的表述均为品牌，特此说明。

⑤ 小米在印度再遭爱立信指控 法庭已展开调查. https://www.163.com/money/article/AHOS5H7300252603.html.（2015-02-06）[2022-07-21].

素的综合影响，高新技术企业所处的技术竞争环境发生着深刻的变化，高新技术企业面临的技术威胁频现，给企业的生存和发展带来严重影响。因此，如何有效地识别和分析高新技术企业面临的技术威胁，保持企业的技术竞争优势成为亟待解决的重要问题。

截至目前，国内外学者对高新技术企业技术威胁进行识别、分析方面的研究相对较少，并且缺乏系统性。为此，本书拟对高新技术企业技术威胁识别和预警的理论与方法展开研究：从技术的本质、技术发展不平衡以及技术多元化发展的角度出发，分析技术威胁的类型及其影响因素，构建技术威胁三维模型；选用专利数据，采用文本挖掘和联机分析技术，对其进行深入探究，获取技术威胁识别所需的竞争情报，捕获技术威胁影响因素，为我国高新技术企业应对日益严重的技术威胁提供理论与方法上的支持。

二、国内外研究现状

（一）技术威胁及识别理论

迄今为止，对技术在组织之间可能引发威胁的相关研究较少，并且缺乏系统性。国际上首先提出“技术威胁”和“技术预警”概念的是在军领域。20 世纪 50 年代末以来，美国一直高度重视技术预警工作，其目的是“对可能削弱美国军事优势的技术尽早提供技术预警”[①]，后来技术预警被应用于技术管理。有学者从市场应用的角度分析组织面临的技术威胁和机会，提出应对的技术创新策略，他们通过追踪行业技术的发展变化，使用相关模型和方法对组织面临的威胁和机会进行定性识别分析，侧重于模型和方法的选择和构建研究。[②]有学者使用技术路线图发现某项技术研发过程中的技术威胁和机会。[③]有学者建立了基于技术周期概念的技术竞争威胁识别框架和技术竞争对手识别框架，在资源方面，采

① 蓝海长青智库. 美国促进和应对颠覆性技术创新的主要措施. https://www.163.com/dy/article/EM87U6MN0511DV4H.html.（2019-08-10）[2022-07-21].

② du Preez G T，Pistorius C W I. Technological threat and opportunity assessment. Technological Forecasting and Social Change，1999，61（3）：215-234.

③ Vojak B A，Chambersa F A. Roadmapping disruptive technical threats and opportunities in complex，technology-based subsystems：The SAILS methodology. Technological Forecasting & Social Change，2004，71（1-2）：121-139.

用能力对等结构的观点；在市场方面，采用市场共性构造方法。①

国内相关研究大多侧重于“技术性贸易壁垒”的研究，而技术性贸易壁垒仅仅是组织面临的技术威胁表现形式的一种，像技术标准准入、知识产权诉讼很少能涉及。张锡林等从预测技术未来发展趋势出发，提出了一个技术威胁与机会评估结构化的系统框架。②李哲等认为技术差距（差异）是技术性贸易措施产生的基础，随着国际局势的变化，各行业面临着越来越多的加属性贸易措施，对技术性贸易措施的预警和应对工作成为当务之急。③汪雪锋等探讨了技术威胁的内涵及特征，分析了技术威胁的类型及产生的原因，并提出了面对技术威胁的应对策略。④赖院根等结合具体的技术事件案例，对存在于组织之间的技术威胁展开了系统研究，包括其生成机理、定义和特征等，从宏观角度对技术威胁进行了理论研究。⑤刘志辉等在引入技术创新视角的基础上，从竞争力视角构建了企业威胁分析框架，通过对资源、市场和技术能力不同维度的操作化定义，以定量方式描述了某企业所面临的竞争威胁。⑥

（二）专利分析

专利是技术研发过程中直接面向应用的一种重要产出，因此它一直是评估创新系统（国家、区域或部门）技术竞争力的最重要的创新指标之一。对专利的深入分析研究，可以科学地衡量组织机构的研发绩效，有效地揭示其知识产权战略的布局和实施状况，反映国家科技的进步和创新能力的提高。国内外学者在专利分析方面进行了相关研究，研究成果日趋与技术创新理论、决策支持、技术研发设计、投资理论和价值工程理论相结合。

① Peng Y S，Liang I C. A dynamic framework for competitor identification：A neglecting role of dominant design. Journal of Business Research，2016，69（5）：1898-1903.

② 张锡林，唐元虎. 企业的技术威胁与机会评估探讨. 科技进步与对策，2003，20（4）：119-121.

③ 李哲，刘彦. 以技术预警实现战略应对——技术性贸易措施典型案例分析. 中国科技论坛，2006，（4）：91-95.

④ 汪雪锋，赖院根，朱东华. 技术威胁理论研究. 科学学研究，2009，27（2）：166-169.

⑤ 赖院根，朱东华. 组织间技术威胁的理论研究. 科研管理，2009，30（4）：123-129.

⑥ 刘志辉，李辉，李文绚，等. 基于多维框架的企业竞争威胁测度方法研究. 情报学报，2017，36（7）：654-662.

1. 技术创新理论层面

有学者应用专利信息对美国、日本、欧洲国家的“智能运输系统”技术创新战略进行对比评价。①有学者利用美国专利及商标局（USPTO）专利数据库，基于隐马尔可夫模型（HMM）对能源领域创新的技术增长趋势进行建模，从技术层面分析能源创新的特征。②也有学者利用文本挖掘技术对技术关键字进行识别，构建技术关键字-上下文矩阵，并结合分层聚类算法对专利文档进行聚类，通过识别由技术关键字组成的集群来监测新兴技术。③有学者通过专利引文网络分析和层次回归分析，揭示了在产业技术发展的初始和成长期，企业网络嵌入度的中心性和网络延伸度对外来开放创新实践具有正向影响。④还有学者采用基于机器学习的文本挖掘模型和国际专利分类（IPC）共现网络分析方法，利用1980—2017年的专利数据，实证分析了人工智能（AI）对电动汽车技术创新的影响。⑤蒋玉石等从专利信息的内容和技术创新活动的特征入手，从宏观层面的技术主体分布、技术结构、技术市场，以及微观层面的技术优势、技术合作、技术依赖的角度，构建基于专利地图的技术创新分析框架。⑥陈伟等提出一种组合方法，利用机器学习中的潜在狄利克雷分布（LDA）算法捕捉专利文献中潜在的技术主题聚类，并结合包含双重随机过程的隐马尔可夫模型对未来技术趋势进行定量预测。⑦曹兴等运用专利引用分析与社会网络分析相结合的方法，绘制国际专利分类共现网络和专利权人引文网络，验证了新兴技术创新网络“液态化”网络的技术特征与知识流动特征。⑧周潇等结合深度学习、主体-行为-客体

---

① Wu Y C J，Lee P J. The use of patent analysis in assessing ITS innovations：US，Europe and Japan. Transportation Research Part A：Policy and Practice，2007，41（6）：568-586.

② Lee S，Lee H，Yoon B. Modeling and analyzing technology innovation in the energy sector：Patent-based HMM approach. Computers & Industrial Engineering，2012，63（3）：564-577.

③ Joung J，Kim K. Monitoring emerging technologies for technology planning using technical keyword based analysis from patent data. Technological Forecasting & Social Change，2017，114：281-292.

④ Lyu Y B，He B Y，Zhu Y Q，et al. Network embeddedness and inbound open innovation practice：The moderating role of technology cluster. Technological Forecasting & Social Change，2019，144：12-24.

⑤ Lee M. An analysis of the effects of artificial intelligence on electric vehicle technology innovation using patent data. World Patent Information，2020，63：1-14.

⑥ 蒋玉石，康宇航. 基于专利地图的技术创新可视化研究. 科研管理，2013，34（10）：50-57.

⑦ 陈伟，林超然，李金秋，等. 基于 LDA-HMM 的专利技术主题演化趋势分析——以船用柴油机技术为例. 情报学报，2018，37（7）：732-741.

⑧ 曹兴，朱晶莹，杨春白雪. 新兴技术创新网络“液态化”机理及实证分析. 科研管理，2022，43（2）：55-64.

（SAO）语义挖掘等方法，提出一种基于专利数据的技术创新组合与演化关系的识别方案。①

2. 决策支持层面

恩斯特（H. Ernst）提出利用技术领域层面专利组合和公司层面专利组合两种专利组合方法，为公司提供研发策略规划以及专利组合布局依据，监测产业的领先厂商在竞争中所处的相对专利地位和各领域技术本身的相对发展优势与发展潜力。②③有学者研究了专利授权与交叉授权之间的相互关系，如何有效评估专利价值以及如何通过专利组合模型帮助企业进行内外研发选择。④有学者通过匹配竞争对手的产品专利组合和自身企业的研发战略，获取竞争情报，实现产品研发的决策支持。⑤赖院根等拟从企业专利战略制定流程的角度出发，建立高技术企业专利战略框架体系，并对各种专利策略内容及专利情报分析在其中的作用进行探讨和论述，以引导企业专利战略的制定和为促进我国高新技术企业的自主知识产权创新服务。⑥李云彪以我国汽车行业三大集团的专利为着眼点，从专利角度考察我国汽车行业应用知识产权保护制度的能力，分析该行业的技术研发状况，为更好地利用专利制度促进我国汽车行业的发展提供依据。⑦娄岩等从专利的视角，构建替代性技术识别框架，从相似度和核心性两个方面识别替代性技术，从而为企业在替代性技术判别、制定技术发展战略方面提供理论方法支撑。⑧慎金花等通过 Innograhpy 平台，基于专利分析方法对燃料电池汽车技术在中国的竞争态势进行探讨，从中国本土和全球在中国的布局两个角度分别分析了专利

---

① 周潇，许银彪，史益. 基于深度学习与语义挖掘的技术创新组合识别与追踪. 图书情报工作，2022，66（10）：33-44.

② Ernst H. Patent portfolios for strategic R&D planning. Journal of Engineering and Technology Management，1998，15（4）：279-308.

③ Ernst H. Patent information for strategic technology management. World Patent Information，2003，25（3）：233-242.

④ Grindley P C，Teece D J. Managing intellectual capital：licensing and cross-licensing in semiconductors and electronics. California Management Review，1997，39（2）：8-41.

⑤ Damm A. Technology and competitor mapping designed to support strategic business decisions. World Patent Information，2012，34（2）：124-127.

⑥ 赖院根，朱东华，胡望斌. 基于专利情报分析的高技术企业专利战略构建. 科研管理，2007，28（5）：156-162.

⑦ 李云彪. 基于专利分析的中国汽车行业技术创新战略研究. 工业技术经济，2012（12）：3-12.

⑧ 娄岩，张赏，黄鲁成，等. 基于专利分析的替代性技术识别研究. 情报杂志，2014，33（9）：27-32.

产出、主要竞争者、热点技术和研发重点以及高强度专利的情况。①马荣康基于中外在华国际专利分类小类层面的发明专利申请数据，采用马尔可夫链分析方法，对比分析了国内和国外专利布局的演变特征，从而为我国面向全球竞争针对性地制定和实施专利战略提供决策支持。②张金柱等综合考虑专利分类位置、重要性及其上下文语境等因素，提出基于专利分类序列和文本语义表示的技术融合预测方法，用于提高技术融合预测的效果，更好地为技术布局、技术研发提供借鉴和参考。③

3. 技术研发设计层面

有学者通过自然语言理解实现对专利权利要求的结构化处理，改善专利文献的可阅读性，便于对专利技术更好的理解。④有学者提出了一种基于卷积神经网络（CNN）和词向量嵌入的深度学习专利分类算法 DeepPatent，其性能优于目前最先进的专利分类器，准确率高达 83.50%，提高了专利分析的效率和准确性。⑤有学者提出了一种利用自然语言处理技术构建专利外观设计知识图谱的新方法，从中文专利文本中提取有用的外观设计信息。⑥翟东升等通过分析德温特专利数据库及所含数据之间的语义关系，改进基于本体的专利语义表示方法，提出基于属性图模型的德温特专利图数据模型，针对德温特专利数据设计，实现语义完整、性能良好的专利语义知识库，从而实现通过语义关系对专利进行检索的功能。⑦姜春涛设计了基于关键词的文本图模型和基于依存关系树的文本图模型，应用频繁子图挖掘算法，对所建图模型进行子图挖掘，从而实现了利用图结构表

---

① 慎金花，张宁. 基于专利分析的中国燃料电池汽车技术竞争态势研究. 情报杂志，2014，33（7）：27-32.

② 马荣康. 基于马尔可夫链的中外专利布局演变特征比较分析——IPC 小类层面的证据. 科学学与科学技术管理，2018，39（9）：73-86.

③ 张金柱，李溢峰. 专利分类序列和文本语义表示视角下的技术融合预测研究. 情报学报，2022，41（6）：609-624.

④ Shinmori A，Okumura M，Marukawa Y，et al. Patent claim processing for readability：Structure analysis and term explanation//Proceedings of ACL-2003 Workshop on Patent Corpus Processing. Stroudsburg，PA：Association for Computational Linguistics，2003，20：56-65.

⑤ Li S B，Hu J，Cui Y X，et al. DeepPatent：Patent classification with convolutional neural networks and word embedding. Scientometrics，2018，117：721-744.

⑥ Sun Y D，Liu W，Cao G Z，et al. Effective design knowledge abstraction from Chinese patents based on a meta-model of the patent design knowledge graph. Computers in Industry，2022，142：1-24.

⑦ 翟东升，刘鹤，张杰，等. 基于图形数据库的专利语义知识库构建技术研究. 现代图书情报技术，2016（12）：66-75.

示法自动挖掘中文专利文本语义信息的功能，为基于文本内容的专利智能分析提供语义支持。①曹树金等构建专利文献创新知识图谱，利用基于转换器的双向编码器（BERT）模型、LDA主题模型、Neo4j等技术和方法实现了专利文献创新主题识别、解析以及可视化专利创新知识图谱结果存储等功能，揭示了各专利创新的精髓，并展示了领域专利创新的语义网络。②邓娜等构建专利相似度网络，利用Node2Vec算法从专利相似度网络捕获潜在专利间的邻里结构信息，并应用注意力机制（attention mechanism）将其与专利语义特征相融合，从而构建专利多特征融合分类模型，实现专利的自动化分类。③祝德刚等提出一种基于专利知识图谱的产品创新概念设计方法，其利用面向概念设计的专利知识图谱构建技术和双向长短时记忆网络（BiLSTM）构建知识图谱，同时应用产品概念设计方案生成技术，结合产品功能表达模型与网络分析法，实现了产品概念设计方案生成。④

4. 投资理论和价值工程理论层面

有学者在专利转让信息收集、转让实体识别和区域测绘的基础上，建立五个中国省际专利贸易网络，分析专利贸易趋势和网络结构特征，提出了影响贸易网络演化的内生结构效应和外生因素，并构建了指数随机图模型（ERGM）来选择最简约的模型。⑤有学者构建了具有四种节点类型和七种关系类型的异构信息网络，设计了一种基于元路径和元结构的异构关系遍历算法，并提出了基于异构信息网络嵌入的专利技术主体间交易推荐模型（PSR-vec），从而为专利技术贸易主体之间的有效对接提供决策支持。⑥许琦等从专利引证的视角，运用数理统计的方法衡量专利在技术发展过程中的重要性和价值，从定量分析入手对专利产业化

---

① 姜春涛. 运用图示法自动提取中文专利文本的语义信息. 图书情报工作，2015，59（21）：115-122.

② 曹树金，李睿婧. 基于专利文献摘要的创新知识图谱构建与应用. 情报理论与实践，2022，45（11）：21-28.

③ 邓娜，何昕洋，陈伟杰，等. MPMFC：一种融合网络邻里结构特征和专利语义特征的中药专利分类模型. 数据分析与知识发现，2022（8）：1-21.

④ 祝德刚，宫琳，唐圣，等. 基于专利知识图谱的产品创新概念设计方法. 计算机集成制造系统，2022（11）：3599-3614.

⑤ He X J，Dong Y B，Wu Y Y，et al. Factors affecting evolution of the interprovincial technology patent trade networks in China based on exponential random graph models. Physica A：Statistical Mechanics and Its Applications，2019，514：443-457.

⑥ He X J，Dong Y B，Zhen Z，et al. Weighted meta paths and networking embedding for patent technology trade recommendations among subjects. Knowledge-Based Systems，2019，184（C）：1-10.

的概率进行辨析。[①]吕璐成等提出了基于词频–逆文件频率（TF-IDF）和Word2Vec的管制清单数据与专利数据自动映射方法和效果评价指标，实现了从专利视角自动揭示中美技术差距。[②]何喜军等以专利技术主体间的关系序列为语料，构建基于网络嵌入的异构信息网络主体间交易推荐模型，采用基于哈夫曼树的Skip-Gram方法进行网络嵌入训练，计算主体向量间相似度以实现交易推荐。[③]陈悦等基于技术传递系统（TDS）理论提供的技术机会理论分析框架，通过专利文献的数据分析从技术、竞争者、潜在市场三个方面探索技术机会。[④]

（三）术语抽取技术

国内外学者分别应用不同方法进行领域术语获取的研究，以期在大量的领域信息文本中自动、准确地获取所需术语。通过大量文献分析，获知目前的术语抽取方法大致分为基于规则的方法、基于统计的方法、基于规则与统计相结合的方法、基于机器学习或深度学习的方法。

1. 基于规则的方法

基于规则的术语抽取方法主要通过术语的上下文、内部结构、成分等因素来识别术语，使用语法规则、语义规则等在语料库中进行匹配，并输出符合既定规则的多字符单元作为术语。常用的术语抽取模型主要关注语言特征、句法模式和检索策略。有学者利用双语语义词典扩展种子术语，确定这些术语在词典中的拓扑位置，进而在语料中寻找与种子术语相似定位的词语，认为这些词语即为要抽取的（真正）术语，经验证平均准确率达到82.75%。[⑤]有学者提出一种领域无关的术语抽取方法，依据边界分隔符抽取候选术语，借助领域术语与领域相关句之

---

① 许琦，顾新建. 基于马尔可夫链的专利产业化概率模型：专利引证的视角. 科研管理，2015，36（6）：10-19.

② 吕璐成，韩涛，陈芳，等. 美国商业管制清单与专利自动映射方法及实证研究. 情报学报，2022，41（1）：50-61.

③ 何喜军，董艳波，武玉英，等. 基于异构信息网络嵌入的专利技术主体间交易推荐模型. 情报学报，2020，39（1）：57-67.

④ 陈悦，谭建国，王智琦，等. 专利视角下工业机器人领域的技术机会分析. 科研管理，2018，39（4）：144-156.

⑤ Zan H Y，Duan G C，Fan M. Single Word Term Extraction using a Bilingual Semantic Lexicon-based Approach//3rd International Conference on Natural Computation August 24-27，2007，Haikou，China. IEEE：451-456.

间的相互强化关系抽取领域术语。①有学者描述了一种自动规则学习方法，利用输入文本的不同特征来识别位于自然语言文本中的命名实体，同时还探讨了使用形态学特征从语言文本中抽取命名实体。②有学者根据领域术语的组词结构、句法特点以及领域特征构建模板，从语料中抽取与模板相匹配的词语，从而实现术语的抽取。③有学者引入一种基于句式和词性（POS）序列的无监督方法，构建新的模式，用以匹配更多的句子和术语 POS 序列，从而对新的科学文本进行术语抽取。④傅继彬等集成领域耦合性、领域相关性和领域一致性三种语言特性提出一种基于语言特性的中文领域术语自动抽取算法。⑤化柏林采用规则的方法，从学术文献中识别方法类句子，然后运用词表与规则相合的方法从句子中抽取方法术语，对抽取出的方法术语进行同义归并，形成情报方法术语库。⑥刘里等提出了一种基于词长和语法特征的领域术语抽取方法，从而有效解决了长术语的不正确切分问题。⑦李思良等使用术语定义及术语关系来抽取术语候选词，并通过构词规则与边界检测方法联合从而最终确定术语。⑧基于规则的方法除了上述的术语的上下文、术语的内部语法结构、文法结构等因素外，还有些相关研究主要基于外部资源，如平行语料库⑨、维基百科⑩、字典⑪等，通常用于从未标记的数据中提取术语。该方法的优点包括简洁、直观和表达能力强。该方法可以应用专

---

① Yang Y H，Lu Q，Zhao T J. A delimiter-based general approach for Chinese term extraction. Journal of the American Society for Information Science and Technology，2010，61（1）：111-125.

② Tatar S，Cicekli I. Automatic rule learning exploiting morphological features for named entity recognition in Turkish. Journal of Information Science，2011，37（2）：137-151.

③ Kaushik N，Chatterjee N. A practical approach for term and relationship extraction for automatic ontology creation from agricultural text//International Conference on Information Technology. Piscataway，NJ：IEEE，2016：241-247.

④ Shao W，Hua B L，Song L Q. A pattern and POS auto-learning method for terminology extraction from scientific text. Data and Information Management，2021，5（3）：329-335.

⑤ 傅继彬，樊孝忠，毛金涛，等. 基于语言特性的中文领域术语抽取算法. 北京理工大学学报，2010，30（3）：307-310.

⑥ 化柏林. 针对中文学术文献的情报方法术语抽取. 现代图书情报技术，2013（6）：68-75.

⑦ 刘里，肖迎元. 基于术语长度和语法特征的统计领域术语抽取. 哈尔滨工程大学学报，2017，38（9）：1437-1443.

⑧ 李思良，许斌，杨玉基. DRTE：面向基础教育的术语抽取方法. 中文信息学报，2018，32（3）：101-109.

⑨ 孙乐，金友兵，杜林，等. 平行语料库中双语术语词典的自动抽取. 中文信息学报，2000，14（6）：33-39.

⑩ 林泽斐，欧石燕. 多特征融合的中文命名实体链接方法研究. 情报学报，2019，38（1）：68-78.

⑪ 谭荧，唐亦非. 面向科学文献的事实知识元自动抽取方法研究. 情报科学，2020，38（4）：23-27，36.

家知识，当先验知识与文本匹配时，精度较高。该方法通常需要专家知识库作为基础，无论是手动还是自动构建知识库，都需要领域专家的干预和监督。另外，不同领域的术语在构词方面具有不同的特点，因此为了获得更好的抽取效果，必须不断更新和调整知识库。鉴于该方法的缺点，如适应性差、人工干预过多、无法识别未知单词等，该方法在术语抽取中的应用有很大的局限性。

2. 基于统计的方法

基于统计的术语抽取方法利用各种统计模型来衡量一个词串是否为概率意义上的术语。术语评价指标主要考量术语性和单元性特征。用于计算候选术语的术语性和单元性的主要特征和方法为词频、TF-IDF、C-value/NC-value、DCFS、假设检验（Z 检验、*t* 检验、卡方检验等）、似然比、信息熵、互信息等。有学者应用 C 值和 TF-IDF 等特征用于术语抽取的度量，从自由文本中自动抽取生物医学术语，实验结果表明对于单字和多字术语的抽取，与关键字抽取措施一起使用适当的 C 值调和平均值可以获得比单独使用更好的精度结果。①胡文敏等在前人实验基础上增加了卡方检验参数进行术语抽取，提高复杂术语的抽取精度。②周浪等利用词频分布变化程度的特征进行术语抽取。③章成志提出多层术语度的一体化术语抽取方法，并提出句子术语度的概念，该方法将术语所在句子的所有词语均作为训练特征，用条件随机场（CRF）进行术语识别。④李丽双等提出了一种信息熵和词频分布变化相结合的术语抽取方法，实证表明该方法对低频术语有更好的抽取效果，同时抽取出的术语结构更完整。⑤丁杰等为了解决在术语抽取过程中长术语抽取召回率低的问题，引入互信息和邻接熵两种统计量，提出了一种基于专利术语边界标记集的术语抽取方法。⑥基于统计的方法避免了过多的领域

---

① Lossio-Ventura J A，Jonquet C，Roche M，et al. Biomedical terminology extraction：A new combination of statistical and web mining approaches//JADT. Journées d'Analyse statistique des Données Textuelles（JADT），2014：421-432.

② 胡文敏，何婷婷，张勇. 基于卡方检验的汉语术语抽取. 计算机应用，2007，27（12）：3019-3020，3025.

③ 周浪，张亮，冯冲，等. 基于词频分布变化统计的术语抽取方法. 计算机科学，2009，36（5）：177-180.

④ 章成志. 基于多层术语度的一体化术语抽取研究. 情报学报，2011，30（3）：275-285.

⑤ 李丽双，王意文，黄德根. 基于信息熵和词频分布变化的术语抽取研究. 中文信息学报，2015，29（01）：82-87.

⑥ 丁杰，吕学强，刘克会. 基于边界标记集的专利文献术语抽取方法. 计算机工程与科学，2015，37（8）：1591-1598.

专家的干预和监督，客观性更强，但基于统计的方法过于依赖大规模语料的支撑，同时对于语料质量要求较高。

3. 基于统计和规则结合的方法

考虑到基于统计的方法过于依赖语料的支撑，而基于规则的术语抽取方法则领域相关性太强以及规则制定的准确性和全面性难以得到保证等问题，为了提高术语抽取的精度，很多学者尝试将统计与规则相融合，综合利用两者优势进行术语抽取，既能减少对大规模语料库的依赖性，又能提高术语抽取的准确度。基于统计和规则结合的方法这种综合方法主要包含两部分："获取候选术语串"和"过滤候选术语串"，通常这两部分不存在固定的顺序。①国内外相关学者对该方法进行了大量的理论和实证研究。有学者以建立的PAT-tree索引结构为基础，应用C-value和SEF两种统计量度获取候选术语，针对获得的候选术语，使用词语的构词结构以及上下文信息作为特征参数进行过滤，最终获取领域术语。②有学者提出了一种以规则作为特征、不依赖词典的支持向量机（SVM）分类抽取术语的方法，但是召回率偏低。③刘桃等使用领域分类语料评估术语在特定领域内部分布以及不同领域语料之间分布的均匀性，并针对术语类别判定问题，提出基于正规化分布熵的领域术语抽取方法。④李卫提出了基于语言认知理论的中文术语抽取算法，该算法将科技论文的话语标记信息融入C-value和SCP方法中，改进为MC-SCP测度方法，用以识别语料中的低频术语。⑤周浪等首先利用计算机领域术语的词法模式、长度等语言学规则抽取候选术语，同时，结合使用TF-IDF，搭配检验的统计参数进行候选术语过滤。⑥曾文等为提高科技文献信息的组织和检索效率，结合科技文献术语的语言特点，以及术语在文献中的词语组合强度和出现位置等统计信息，提出一种基于科技文献术语特点和统计相结合的科

---

① 田俊玮. 军事领域中文术语抽取的研究. 大连理工大学硕士学位论文，2013.

② Ji L N，Sum M，Lu Q，et al. Chinese terminology extraction using window-based contextual information//8th International Conference on Intelligent Text Processing and Computational Linguistics. Springer-Verlag Berlin Heidelberg，2007：62-74.

③ Lee C M，Huang C K，Chen K H. Iterative machine-learning Chinese term extraction//International Conference on Asian Digital Libraries. Heidelberg：Springer，2012：309-312.

④ 刘桃，刘秉权，徐志明，等. 领域术语自动抽取及其在文本分类中的应用. 电子学报，2007，35（2）：328-332.

⑤ 李卫. 领域知识的获取. 北京邮电大学博士学位论文，2008.

⑥ 周浪，史树敏，冯冲，等. 基于多策略融合的中文术语抽取方法. 情报学报，2010，29（3）：460-467.

技文献术语自动抽取方法。[①]董洋溢等提出了一种基于文本特征和复合统计量的中文领域术语抽取方法，该方法在对中文文档中的词语进行粗粒度筛选后，再综合考虑候选术语的词性、长度、边界词语等文本特征，构造出信息熵和 TF-IDF 等统计量，用于候选术语的抽取。[②]

4. 基于机器学习和深度学习的方法

随着机器学习和深度学习的发展，通过机器训练文本特征和构建模型来提取术语的方法和结合最新的深度学习技术自动提取术语的方法应运而生。传统的机器学习方法包括 HMM、最大熵模型和 CRF 模型等，随着深度学习技术的发展，卷积神经网络、长短时记忆网络、双向长短时记忆网络等模型开始逐渐应用于术语抽取研究，成为术语抽取的一类新方法。有学者结合潜在动态条件随机场（LDCRF）和 semi-CRF 的优点，提出了一种不需要预先分割的中文文本中新词及其词性的同步检测模型。[③]有学者将基于全连接 CRF 的机器学习与基于语料库的统计模型相结合，利用低层和高层条件随机场分别抽取简单术语和复合术语，提出了一种与机器学习相结合的术语提取新方法。[④]有学者提出了基于概率主题建模（PTM）和非负矩阵分解（NMF）相结合的自动术语抽取方法，用于探索主题中最可能出现的单词如何全面准确地反映领域术语。[⑤]王昊等针对具体技术领域，总结领域的中文专利术语的基本特征，建立基于字角色标注的机器学习术语识别模型，并提出了一个无或少训练语料环境下抽取中文专利术语的解决方案。[⑥]王密平等采用 CRF 构建字角色标注的冶金领域中文专利术语识别模型，同时，重点对比 CRF 的各个因素（特征组合、字长窗口等）对识别效果的影响。[⑦]

---

① 曾文，徐硕，张运良，等. 科技文献术语的自动抽取技术研究与分析. 现代图书情报技术，2014，(01)：51-55.

② 董洋溢，李伟华，于会. 文本特征和复合统计量的领域术语抽取方法. 西北工业大学学报，2017，35 (4)：729-735.

③ Sun X，Huang D G，Song H Y，et al. Chinese new word identification：A latent discriminative model with global features. Journal of Computer Science and Technology，2011，26 (1)：14-24.

④ Zhan Q，Wang C H. A hybrid strategy for Chinese domain-specific terminology extraction//11th International Conference on Semantics，Knowledge and Grids (SKG). August 19-21，2015，Beijing，China. IEEE：217-221.

⑤ Nugumanova A，Akhmed-Zaki D，Mansurova M，et al. 2022. NMF-based approach to automatic term extraction. Expert Systems with Application，199：117179.

⑥ 王昊，王密平，苏新宁. 面向本体学习的中文专利术语抽取研究. 情报学报，2016，35 (6)：573-585.

⑦ 王密平，王昊，邓三鸿，等. 基于 CRFs 的冶金领域中文专利术语抽取研究. 现代图书情报技术，2016 (6)：28-36.

（五）专利地图分析

专利地图是一种专利分析的可视化工具，专利地图分析通过对专利情报进行分析加工，并将分析结果用各种直观的图表表达，使复杂多样的专利情报易于理解。①专利地图作为一种非常有效的专利信息分析方法，主要发展于二战后的日本，用于帮助日本企业进行技术创新，如开发新的商机、科技发展战略的制定等，从而助力日本突破欧美国家的技术垄断，乃至如今使日本成为世界上最大的技术输出国之一。②韩国知识产权局借鉴日本的经验，制作专利地图并在其官方网站提供下载，希望利用专利地图协助企业提高应对海外专利侵权的能力。2000年，韩国启动了专利地图开发和供应项目（Patent Map Development and Supply Project），利用专利地图分析某些特定领域的技术发展和变化③，例如制作了移动电话、微型机器人、人体基因组以及数字电视等技术领域的专利地图。加入世界贸易组织后，我国政府对知识产权高度重视，专利信息的开发利用越来越受到关注，专利地图的研究应用也随之出现上升趋势。华为借鉴在与思科（Cisco Systems，Inc.）知识产权诉讼案中学习到的知识经验，展开了系统、全面的专利地图研究和开发工作。④中国知识产权出版社研发了CNIPR专利信息服务平台，囊括世界105个国家、地区和组织的专利数据资源，集专利检索、分析、预警等功能于一身，直接、快速地提供包括专利地图在内的诸多专利信息服务，是全面掌握专利信息动态、制定知识产权战略和经营发展战略的有力工具。⑤

专利地图的相关研究比较多元化，主要应用于产业层面、企业层面以及产品技术层面。

1）产业层面主要集中于产业技术态势的分析、技术风险预警以及创新技术路径的预测。有学者利用LDA主题模型识别专利的技术分类，通过基于语义专利相似度和被引率的敏感性分析、可视化专利之间的发展路径，提出一种基于语

① 谢黎，任波，陈云伟. 面向产业分析的专利地图三维分析模型研究. 科技管理研究，2020，40（1）：137-143.

② 黄柏如，周志平，王利，等. 基于密度峰值聚类的专利地图制作方法. 科技管理研究，2020，40（10）：182-186.

③ 郑云凤. 国内外专利地图研究与应用综述. 竞争情报，2012（2）：48-53.

④ 郑重. 张旭廷：专利地图就是“作战”地图. 互联网周刊，2004（38）：42-45.

⑤ CNIPR专利信息服务平台. http://www.cnipr.com/fw/cpfw/chanpin/CNIPRZLXXFW/. [2022-11-10].

赵东玥等采用了基于BiLSTM模型进行科技文献术语抽取——使用预先训练的词向量字典将中文分词结果映射为向量作为BiLSTM模型的输入，使用序列标注的方法将输出分类结果映射为术语的边界进行术语抽取。①赵洪等为提高理论术语的抽取性能并降低训练集的人工标注代价，构建了面向理论术语抽取的深度学习模型，并研究了该模型中理论术语的特征构造和标注方法，同时提出了一种自训练算法以实现模型的弱监督学习。②吴俊等提出一种端到端的不依赖人工特征选择和领域知识，基于谷歌BERT预训练语言模型及中文预训练字嵌入向量，融合BiLSTM-CRF的中文专业术语抽取模型。③翟羽佳等以GAN算法论文摘要为语料，通过人工标注与规则抽取相结合的方式进行算法术语标注，并利用BERT-BiLSTM-CRF模型实现算法术语的自动抽取。④

基于机器学习的术语提取方法可以弥补其他方法不能识别低频词汇的缺点，利用数据学习模型来判断单词字符串是否是词汇的可能性；基于深度学习的方法是一种特殊的用于数据表示的机器学习方法，可以解决从提取的术语中手动选择最佳特征工程的问题。但基于机器学习的方法和基于深度学习的方法对训练语料库的规模和质量要求较高，对大规模标注语料库的具有较强的依赖性，人工标注语料库费时费力。目前，专利文献中还没有具有针对性的、完整的、大规模的注释语料库。

（四）技术树构建及相似度测度

目前，对于技术树的构建常用的主要有两种方法。第一，基于创新解决问题理论（TRIZ）中的技术进化树理论进行构建。有学者提出的一种技术进化树理论，该理论以主干和分枝的形式逐步细化，记录技术进化历史。⑤张肖等以某一领域的两种特殊专利在S曲线中的分布情况对产品的成熟度进行预测并构建技术

① 赵东玥，杜永萍，石崇德. 基于BLSTM的科技文献术语抽取方法. 情报工程，2018，4（1）：67-74. 注：全书表述为BiLSTM，作者这里表述为BLSTM，未做强行统一。

② 赵洪，王芳. 理论术语抽取的深度学习模型及自训练算法研究. 情报学报，2018，37（9）：923-938.

③ 吴俊，程垚，郝瀚，等. 基于BERT嵌入BiLSTM-CRF模型的中文专业术语抽取研究. 情报学报，2020，39（4）：409-418.

④ 翟羽佳，田静文，赵玥. 基于BERT-BiLSTM-CRF模型的算法术语抽取与创新演化路径构建研究. 情报科学，2022，40（4）：71-78.

⑤ 刘尚，米薇，陈博. 基于技术进化树的技术潜力预测方法. 机械设计与研究，2019，35（3）：199-203.

进化树。[①]张欣等运用TRIZ进化趋势理论工具和算法，结合功效矩阵和进化树等方法，通过构建技术进化树对技术发展方向进行预测。[②]刘尚等根据技术进化树构建规则的要求，将技术路线分为两组，同时通过建立技术特征矩阵来整理专利数据，并对专利进行分组，实现专利技术进化树的构建。[③]第二，通过抽取技术、产品等相关信息，根据原始信息的逻辑结构进行技术进化树的构建。有学者利用专利组合分析系统，将专利中代表功能的信息抽取出来，构建功能技术进化树，并以此计算专利相似度。[④]有学者将文献与定性分析相结合，通过构建技术路线图，从技术的角度构建了领域技术树。[⑤]有学者从产品、技术与功能的角度出发，通过对主体（subject，S）-行为（action，A）-客体（object，O）结构（SAO结构）进行抽取以及聚类，并且将单词和AO结构进行分类，结合三个维度实现技术树的构建。[⑥]许幸荣通过文本挖掘工具提取SAO结构后，将SAO结构中的S、AO划分为材料、技术和组件、功能三类，将S和AO进行组合来描述技术发展路径并进行预测。[⑦]翟东升等在SAO结构的基础上加入“宾补”成分，并对不同的专利特征进行标注，以TRIZ为基础，结合句法结构和语言的层级关系构建多维度技术树。[⑧]

专利相似度测量是专利预警分析、专利侵权风险评估、技术竞争关系识别以及技术机会识别等专利文献分析的重要支撑，在实践与理论中均有重要研究价值。[⑨]目前，许多国内外学者对专利相似度进行了研究。有学者认为专利相似度

① 张肖，李艳，刘宁，等. 基于TRIZ的喷墨头产品技术预测. 北京印刷学院学报，2012，20（6）：57-60.

② 张欣，方海，蒋雯，等. 基于TRIZ进化树的技术预测设计方法在LED导光板技术中的应用. 机床与液压，2017，45（19）：136-141.

③ 刘尚，高超，何春江，等. 基于技术进化树辅助的TRIZ解领域化方法研究. 机械设计与研究，2018，34（5）：12-16.

④ Cascini G，Zini M. Measuring patent similarity by comparing inventions functional trees//2nd IFIP Topical Session on Computer-Aided Innovation held at the 20th World Computer Congress. Springer，2008：31-42.

⑤ Lee S，Kang S，Park E，et al. Applying technology road-maps in project selection and planning. International Journal of Quality & Reliability Management，2008，25（1）：39-51.

⑥ Choi S，Park H，Kang D，et al. An SAO-based text mining approach to building a technology tree for technology planning. Expert Systems with Applications，2012，39（13）：11443-11455.

⑦ 许幸荣. 基于SAO结构分析的技术发展路径预测研究. 北京理工大学硕士学位论文，2015.

⑧ 翟东升，夏军，张杰，等. 基于专利特征抽取的技术树构建方法研究. 情报学报，2015，34（7）：717-724.

⑨ 俞琰，陈磊，姜金德，等. 结合词向量和统计特征的专利相似度测量方法. 数据分析与知识发现，2019，3（9）：53-59.

可以用“互引率”表示，并以此分析了专利联盟内企业之间的关系，但该方法忽略了专利的文本信息，没有进行深入挖掘。[①]有学者利用专利引用网络结构之间的直接和间接共引链接进行专利相似度度量，同时使用美国专利的美国类代码和著名的Jaccard相似度指数来验证所提出的相似度度量方法。[②]有学者在提出一种面向专利组合的多指标的混合相似度度量思路，构建了类别相似和语义相似两种模型，分别从国际专利分类的角度和专利文本的角度进行考量。[③]有学者提出了一种基于实体和语义关系（功能关系和非功能关系）的改进方法，该方法考虑了每个序列结构的语义指向和每个组件的词序信息。[④]彭继东等将专利文本信息中的四个元素（专利标题、摘要、权利要求和说明书的相似度）进行加权，从而测量专利相似度。[⑤]周群芳基于本体对相似概念进行标识符替换，从而计算专利文本相似度，实验证明其方法对相似专利文献的计算有一定的效果。[⑥]王秀红等通过构建专利文献结构树，将每个部分用向量进行表示，从而计算专利相似度，在一定程度上提高了专利相似度的效果，但是没有考虑到专利文献内容的层次结构。[⑦]杜玉锋等提出了一种考虑专利结构点的相似度计算方法，将向量空间模型和专利中SAO结构相结合，得到比单独使用向量空间模型计算相似度更好的效果。[⑧]俞琰等将词向量和统计特征相结合作为专利文本的表示，实验结果显示能够有效地计算专利相似度。[⑨]

① Mowery D C，Oxley J E，Silverman B S. Technological overlap and interfirm cooperation：implications for the resource-based view of the firm. Research Policy，1998，27（5）：507-523.

② Rodriguez A，Kim B，Turkoz M，et al. New multi-stage similarity measure for calculation of pairwise patent similarity in a patent citation network. Scientometrics，2015，103（2）：565-581.

③ Zhang Y，Shang L N，Huang L，et al. A hybrid similarity measure method for patent portfolio analysis. Journal of Informetrics，2016，10（4）：1108-1130.

④ An X，Li J H，Xu S，et al. An improved patent similarity measurement based on entities and semantic relations. Journal of Informetrics，2021，15（2）：1-16.

⑤ 彭继东，谭宗颖. 一种基于文本挖掘的专利相似度测量方法及其应用. 情报理论与实践，2010，33（12）：114-118.

⑥ 周群芳. 相似专利检测研究. 现代图书情报技术，2012（11）：60-64.

⑦ 王秀红，袁艳，赵志程，等. 专利文献的结构树模型及其在相似度计算中的应用. 情报理论与实践，2015，38（3）：107-111.

⑧ 杜玉锋，季铎，姜利雪，等. 基于SAO的专利结构化相似度计算方法. 中文信息学报，2016，30（1）：30-35.

⑨ 俞琰，陈磊，姜金德，等. 结合词向量和统计特征的专利相似度测量方法. 数据分析与知识发现，2019，3（9）：53-59.

赵东玥等采用了基于 BiLSTM 模型进行科技文献术语抽取——使用预先训练的词向量字典将中文分词结果映射为向量作为 BiLSTM 模型的输入，使用序列标注的方法将输出分类结果映射为术语的边界进行术语抽取。[①]赵洪等为提高理论术语的抽取性能并降低训练集的人工标注代价，构建了面向理论术语抽取的深度学习模型，并研究了该模型中理论术语的特征构造和标注方法，同时提出了一种自训练算法以实现模型的弱监督学习。[②]吴俊等提出一种端到端的不依赖人工特征选择和领域知识，基于谷歌 BERT 预训练语言模型及中文预训练字嵌入向量，融合 BiLSTM-CRF 的中文专业术语抽取模型。[③]翟羽佳等以 GAN 算法论文摘要为语料，通过人工标注与规则抽取相结合的方式进行算法术语标注，并利用 BERT-BiLSTM-CRF 模型实现算法术语的自动抽取。[④]

基于机器学习的术语提取方法可以弥补其他方法不能识别低频词汇的缺点，利用数据学习模型来判断单词字符串是否是词汇的可能性；基于深度学习的方法是一种特殊的用于数据表示的机器学习方法，可以解决从提取的术语中手动选择最佳特征工程的问题。但基于机器学习的方法和基于深度学习的方法对训练语料库的规模和质量要求较高，对大规模标注语料库的具有较强的依赖性，人工标注语料库费时费力。目前，专利文献中还没有具有针对性的、完整的、大规模的注释语料库。

（四）技术树构建及相似度测度

目前，对于技术树的构建常用的主要有两种方法。第一，基于创新解决问题理论（TRIZ）中的技术进化树理论进行构建。有学者提出的一种技术进化树理论，该理论以主干和分枝的形式逐步细化，记录技术进化历史。[⑤]张肖等以某一领域的两种特殊专利在 S 曲线中的分布情况对产品的成熟度进行预测并构建技术

---

① 赵东玥，杜永萍，石崇德. 基于 BLSTM 的科技文献术语抽取方法. 情报工程，2018，4（1）：67-74. 注：全书表述为 BiLSTM，作者这里表述为 BLSTM，未做强行统一。

② 赵洪，王芳. 理论术语抽取的深度学习模型及自训练算法研究. 情报学报，2018，37（9）：923-938.

③ 吴俊，程垚，郝瀚，等. 基于 BERT 嵌入 BiLSTM-CRF 模型的中文专业术语抽取研究. 情报学报，2020，39（4）：409-418.

④ 翟羽佳，田静文，赵玥. 基于 BERT-BiLSTM-CRF 模型的算法术语抽取与创新演化路径构建研究. 情报科学，2022，40（4）：71-78.

⑤ 刘尚，米薇，陈博. 基于技术进化树的技术潜力预测方法. 机械设计与研究，2019，35（3）：199-203.

进化树。[①]张欣等运用TRIZ进化趋势理论工具和算法，结合功效矩阵和进化树等方法，通过构建技术进化树对技术发展方向进行预测。[②]刘尚等根据技术进化树构建规则的要求，将技术路线分为两组，同时通过建立技术特征矩阵来整理专利数据，并对专利进行分组，实现专利技术进化树的构建。[③]第二，通过抽取技术、产品等相关信息，根据原始信息的逻辑结构进行技术进化树的构建。有学者利用专利组合分析系统，将专利中代表功能的信息抽取出来，构建功能技术进化树，并以此计算专利相似度。[④]有学者将文献与定性分析相结合，通过构建技术路线图，从技术的角度构建了领域技术树。[⑤]有学者从产品、技术与功能的角度出发，通过对主体（subject，S）-行为（action，A）-客体（object，O）结构（SAO结构）进行抽取以及聚类，并且将单词和AO结构进行分类，结合三个维度实现技术树的构建。[⑥]许幸荣通过文本挖掘工具提取SAO结构后，将SAO结构中的S、AO划分为材料、技术和组件、功能三类，将S和AO进行组合来描述技术发展路径并进行预测。[⑦]翟东升等在SAO结构的基础上加入“宾补”成分，并对不同的专利特征进行标注，以TRIZ为基础，结合句法结构和语言的层级关系构建多维度技术树。[⑧]

专利相似度测量是专利预警分析、专利侵权风险评估、技术竞争关系识别以及技术机会识别等专利文献分析的重要支撑，在实践与理论中均具有重要研究价值。[⑨]目前，许多国内外学者对专利相似度进行了研究。有学者认为专利相似度

---

① 张肖，李艳，刘宁，等. 基于TRIZ的喷墨头产品技术预测. 北京印刷学院学报，2012，20（6）：57-60.

② 张欣，方海，蒋雯，等. 基于TRIZ进化树的技术预测设计方法在LED导光板技术中的应用. 机床与液压，2017，45（19）：136-141.

③ 刘尚，高超，何春江，等. 基于技术进化树辅助的TRIZ解领域化方法研究. 机械设计与研究，2018，34（5）：12-16.

④ Cascini G，Zini M. Measuring patent similarity by comparing inventions functional trees//2nd IFIP Topical Session on Computer-Aided Innovation held at the 20th World Computer Congress. Springer，2008：31-42.

⑤ Lee S，Kang S，Park E，et al. Applying technology road-maps in project selection and planning. International Journal of Quality & Reliability Management，2008，25（1）：39-51.

⑥ Choi S，Park H，Kang D，et al. An SAO-based text mining approach to building a technology tree for technology planning. Expert Systems with Applications，2012，39（13）：11443-11455.

⑦ 许幸荣. 基于SAO结构分析的技术发展路径预测研究. 北京理工大学硕士学位论文，2015.

⑧ 翟东升，夏军，张杰，等. 基于专利特征抽取的技术树构建方法研究. 情报学报，2015，34（7）：717-724.

⑨ 俞琰，陈磊，姜金德，等. 结合词向量和统计特征的专利相似度测量方法. 数据分析与知识发现，2019，3（9）：53-59.

可以用“互引率”表示，并以此分析了专利联盟内企业之间的关系，但该方法忽略了专利的文本信息，没有进行深入挖掘。①有学者利用专利引用网络结构之间的直接和间接共引链接进行专利相似度度量，同时使用美国专利的美国类代码和著名的 Jaccard 相似度指数来验证所提出的相似度度量方法。②有学者在提出一种面向专利组合的多指标的混合相似度度量思路，构建了类别相似和语义相似两种模型，分别从国际专利分类的角度和专利文本的角度进行考量。③有学者提出了一种基于实体和语义关系（功能关系和非功能关系）的改进方法，该方法考虑了每个序列结构的语义指向和每个组件的词序信息。④彭继东等将专利文本信息中的四个元素（专利标题、摘要、权利要求和说明书的相似度）进行加权，从而测量专利相似度。⑤周群芳基于本体对相似概念进行标识符替换，从而计算专利文本相似度，实验证明其方法对相似专利文献的计算有一定的效果。⑥王秀红等通过构建专利文献结构树，将每个部分用向量进行表示，从而计算专利相似度，在一定程度上提高了专利相似度的效果，但是没有考虑到专利文献内容的层次结构。⑦杜玉锋等提出了一种考虑专利结构点的相似度计算方法，将向量空间模型和专利中 SAO 结构相结合，得到比单独使用向量空间模型计算相似度更好的效果。⑧俞琰等将词向量和统计特征相结合作为专利文本的表示，实验结果显示能够有效地计算专利相似度。⑨

---

① Mowery D C，Oxley J E，Silverman B S. Technological overlap and interfirm cooperation：implications for the resource-based view of the firm. Research Policy，1998，27（5）：507-523.

② Rodriguez A，Kim B，Turkoz M，et al. New multi-stage similarity measure for calculation of pairwise patent similarity in a patent citation network. Scientometrics，2015，103（2）：565-581.

③ Zhang Y，Shang L N，Huang L，et al. A hybrid similarity measure method for patent portfolio analysis. Journal of Informetrics，2016，10（4）：1108-1130.

④ An X，Li J H，Xu S，et al. An improved patent similarity measurement based on entities and semantic relations. Journal of Informetrics，2021，15（2）：1-16.

⑤ 彭继东，谭宗颖. 一种基于文本挖掘的专利相似度测量方法及其应用. 情报理论与实践，2010，33（12）：114-118.

⑥ 周群芳. 相似专利检测研究. 现代图书情报技术，2012（11）：60-64.

⑦ 王秀红，袁艳，赵志程，等. 专利文献的结构树模型及其在相似度计算中的应用. 情报理论与实践，2015，38（3）：107-111.

⑧ 杜玉锋，季铎，姜利雪，等. 基于 SAO 的专利结构化相似度计算方法. 中文信息学报，2016，30（1）：30-35.

⑨ 俞琰，陈磊，姜金德，等. 结合词向量和统计特征的专利相似度测量方法. 数据分析与知识发现，2019，3（9）：53-59.

（五）专利地图分析

专利地图是一种专利分析的可视化工具，专利地图分析通过对专利情报进行分析加工，并将分析结果用各种直观的图表表达，使复杂多样的专利情报易于理解。[①]专利地图作为一种非常有效的专利信息分析方法，主要发展于二战后的日本，用于帮助日本企业进行技术创新，如开发新的商机、科技发展战略的制定等，从而助力日本突破欧美国家的技术垄断，乃至如今使日本成为世界上最大的技术输出国之一。[②]韩国知识产权局借鉴日本的经验，制作专利地图并在其官方网站提供下载，希望利用专利地图协助企业提高应对海外专利侵权的能力。2000年，韩国启动了专利地图开发和供应项目（Patent Map Development and Supply Project），利用专利地图分析某些特定领域的技术发展和变化[③]，例如制作了移动电话、微型机器人、人体基因组以及数字电视等技术领域的专利地图。加入世界贸易组织后，我国政府对知识产权高度重视，专利信息的开发利用越来越受到关注，专利地图的研究应用也随之出现上升趋势。华为借鉴在与思科（Cisco Systems，Inc.）知识产权诉讼案中学习到的知识经验，展开了系统、全面的专利地图研究和开发工作。[④]中国知识产权出版社研发了 CNIPR 专利信息服务平台，囊括世界 105 个国家、地区和组织的专利数据资源，集专利检索、分析、预警等功能于一身，直接、快速地提供包括专利地图在内的诸多专利信息服务，是全面掌握专利信息动态、制定知识产权战略和经营发展战略的有力工具。[⑤]

专利地图的相关研究比较多元化，主要应用于产业层面、企业层面以及产品技术层面。

1）产业层面主要集中于产业技术态势的分析、技术风险预警以及创新技术路径的预测。有学者利用 LDA 主题模型识别专利的技术分类，通过基于语义专利相似度和被引率的敏感性分析、可视化专利之间的发展路径，提出一种基于语

---

① 谢黎，任波，陈云伟．面向产业分析的专利地图三维分析模型研究．科技管理研究，2020，40（1）：137-143.

② 黄柏如，周志平，王利，等．基于密度峰值聚类的专利地图制作方法．科技管理研究，2020，40（10）：182-186.

③ 郑云凤．国内外专利地图研究与应用综述．竞争情报，2012（2）：48-53.

④ 郑重．张旭廷：专利地图就是“作战”地图．互联网周刊，2004（38）：42-45.

⑤ CNIPR 专利信息服务平台．http://www.cnipr.com/fw/cpfw/chanpin/CNIPRZLXXFW/．[2022-11-10].

义专利主题分析的专利开发地图生成的方法，用于技术发展趋势的识别。①有学者利用专利地图，对中国海上风电专利申请的演变、区域分布和国际专利分类进行分析，用以为中国海上风电发展提供建议。②有学者通过聚类技术和基于生成地形图（generative topographic map，GTM）的专利地图对移动残疾人智能技术进行分析，并验证该技术领域的技术空缺，制定研发策略，防止未来市场的技术垄断，使该技术保持竞争力。③有学者基于 GTM 的专利地图，同时结合网络分析方法，从宏观和微观两个角度制定为 TFTFT 系统提出了技术发展策略。④汪满容等运用专利管理地图、专利权利地图和专利技术地图的方法，探索全球大数据技术的竞争态势，为我国政府、企业、高校发展大数据产业和技术提供竞争情报支撑。⑤王友发等应用专利地图，对人工智能专利全球地理分布、主要国家专利合作条约布局、技术热点、未来趋势等进行了分析，从而为中国相关企业和政府机构进行人工智能技术前瞻性布局与创新引导政策的制定提供参考。⑥黄柏如等采用密度峰值快速搜索聚类算法进行聚类，得到不同专利文献间的发展关系，构建以有向图表示的专利地图，以使专利地图更为真实准确地反映目标技术领域的技术发展过程。⑦谢黎等综合考虑地理位置、相对位置、虚拟空间位置三类位置元素，提出专利地图三维分析模型，并以智能制造产业和生物医药产业分析实践为例进行实证研究，旨在探索建立指导专利地图产业应用实践的理论框架与方法体系。⑧

---

① Kim M，Park Y，Yoon J. Generating patent development maps for technology monitoring using semantic patent-topic analysis. Computers & Industrial Engineering，2016，98：289-299.

② Zhang H M，Zheng Y，Zhou D Q，et al. Selection of key technology policies for Chinese offshore wind power：A perspective on patent maps. Marine Policy，2018，93：47-53.

③ Yu J，Hwang J G，Hwang J，et al. Identification of vacant and emerging technologies in smart mobility through the GTM-based patent map development. Sustainability，2020，12（22）：1-22.

④ Jun S，Han S H，Yu J，et al. Identification of promising vacant technologies for the development of truck on freight train transportation systems. Applied Sciences，2021，11（2）：1-20.

⑤ 汪满容，刘桂锋，孙华平. 基于专利地图的全球大数据技术竞争态势研究. 现代情报，2017，37（1）：148-155.

⑥ 王友发，罗建强，周献中. 基于专利地图的人工智能研究总体格局、技术热点与未来趋势. 中国科技论坛，2019（10）：80-89，127.

⑦ 黄柏如，周志平，王利，等. 基于密度峰值聚类的专利地图制作方法. 科技管理研究，2020，40（10）：182-186.

⑧ 谢黎，任波，陈云伟. 面向产业分析的专利地图三维分析模型研究. 科技管理研究，2020，40（1）：137-143.

2）企业层面主要应用于企业专利战略的制定①、市场竞争分析②。鉴于语义专利分析在表征技术目标和技术结构方面的优势，有学者基于 SAO 结构，结合专利书目信息和专利映射聚类技术，构建动态专利地图，展示了技术竞争趋势，如技术竞争对手的研发重叠、专利集群的特征等。③有学者采用基于文本挖掘的专利地图方法，从技术角度识别能够实现特定战略并购目的的公司，以增强技术能力，该方法同时从企业整体视角和具体战略视角对潜在目标进行评估，有效助力于并购目标选择决策。④王珊珊等从不同于单体企业专利战略管理的视角出发，提出了基于专利地图的研发（R&D）联盟专利战略制定的总体思路、制定方法与战略框架等。⑤李晓峰等探讨了如何将 SWOT 方法与专利地图技术相结合，对企业进行定位分析，并从企业技术战略和专利发展布局两个层面制定企业专利战略模型。⑥刘桂锋等应用专利地图从三个层面、九大模块构建了企业专利预警模式，为我国企业开展专利技术预警工作提供了参考模式。⑦张换高等将专利地图与能力、技术和时间（CTT）三维分析法相结合，应用于企业专利布局的研究中，建立面向企业专利布局的三维分析模型，即技术分布模型、技术进化模型和竞争态势模型。⑧

3）产品技术层面主要应用于技术的研发管理和产品创新设计等。有学者将专利族分析与专利引文分析相结合，获取产品开发设计所需的技术信息，结合 TRIZ 构建专利技术性能图，用于指导新产品设计和开发。⑨有学者提出了一种

① 李晓锋，祝艳萍. 基于专利地图的企业专利战略制定方法及实证研究. 中国科技论坛，2010（11）：62-66.

② 王兴旺，孙济庆. 专利地图技术在竞争对手分析中的应用研究. 中国科技论坛，2009（6）：88-94.

③ Yoon J，Park H，Kim K. Identifying technological competition trends for R&D planning using dynamic patent maps：SAO-based content analysis. Scientometrics，2012，94（1）：313-331.

④ Park H，Yoon J，Kim K. Identification and evaluation of corporations for merger and acquisition strategies using patent information and text mining. Scientometrics，2013，97（3）：883-909.

⑤ 王珊珊，田金信. 基于专利地图的 R&D 联盟专利战略制定方法研究. 科学学研究，2010，28（6）：846-852.

⑥ 李晓锋，祝艳萍. 基于专利地图的企业专利战略制定方法及实证研究. 中国科技论坛，2010（11）：62-66.

⑦ 刘桂锋，李伟，刘红光. 基于专利地图的企业专利预警模式实证研究. 情报杂志，2012，31（5）：12-17，22.

⑧ 张换高，贾丽臻，张鹏，等. 基于 CTT 的企业专利布局分析研究. 机械设计，2015，32（8）：1-6.

⑨ Kuang O Y，Weng C S. A New Comprehensive Patent Analysis Approach for New Product Design in Mechanical Engineering. Technological Forecasting & Social Change，2011，78（7）：1183-1199.

基于系统过程和定量结果相结合的识别技术机会的方法，通过提取单词使用模式和局部离群因子，衡量专利的新颖性，并通过构建以新颖性为中心的专利识别图谱，探讨新专利的开发价值。①有学者通过开发基于自组织映射（SOM）的专利地图，识别智能农场技术领域中的空缺技术，同时，利用网络分析法分析技术要素之间的关系，确定和开发有前景的技术主题，为制定智能农场技术路线图的研发战略提供决策支持。②孙凌云构建了树状结构专利地图、散点结构专利地图和平行坐标专利地图；同时，以词汇语义和词频为基础生成了词汇分布专利地图；以此为基础开发实现了面向产品概念设计的专利地图系统 Gist，用于促进产品概念设计阶段的创新活动。③战洪飞等以产业集群数据资源为基础，应用聚类方法，确定企业产品层次及企业产品间的相似度，构建专利地图确定企业技术创新点，从而设计产品设计决策模型，为产业集群产品的布局提供辅助决策。④冯立杰等运用功能-行为-结构模型对产品进行分解，采用 LDA 主题模型挖掘产品相关专利，得到影响技术创新的关键要素，从而构建多维技术创新地图，生成系列技术创新机会。⑤

通过上述分析可知，专利地图主要用于专利战略制定、市场竞争分析、技术研发管理、技术预测等，针对产业、企业和单体技术产品多个不同层面展开研究；专利地图的功能归纳起来主要包括揭示现状、预测趋势、制定决策、发现机会/危机等。⑥综上可知，我国对专利地图的研究还处于探索阶段，将其直接与具体的企业研发过程相关联，用于识别研发过程中的技术威胁还较少。本书考虑到应用专利地图分析法进行技术威胁识别的可行性及挖掘分析获得的极具价值的信息，故使用文本挖掘、自然语言处理等技术构建专利地图进行高新技术企业技术威胁识别分析。

---

① Lee C Y，Kang B，Shin J. Novelty-focused patent mapping for technology opportunity analysis. Technological Forecasting & Social Change，2015，90：355-365.

② Chun E，Jun S，Lee C. Identification of promising smart farm technologies and development of technology roadmap using patent map analysis. Sustainability，2021，13（19）：1-22.

③ 孙凌云. 面向产品概念设计的专利地图技术研究. 浙江大学博士学位论文，2008.

④ 战洪飞，邬益男，林园园，等. 数据驱动的产业集群产品布局设计方法研究. 科研管理，2020，41（6）：98-108.

⑤ 冯立杰，曹健，王金凤，等. 基于 FBS 和多维技术创新地图的技术创新机会识别方法及其应用. 情报理论与实践，2020，43（12）：89-95.

⑥ 谢黎，任波，陈云伟. 面向产业分析的专利地图三维分析模型研究. 科技管理研究，2020，40（1）：137-143.

（六）案例推理技术

案例推理（CBR）技术是人工智能领域中的一个重要分支，它是美国耶鲁大学尚克（R. Schank）教授在1982年研究认知科学的过程中首先提出的。案例推理技术是通过对案例库中的同类案例进行匹配和求解，从而获得当前问题的解决方法。其核心思想是越相似的问题，其求解的方法就越趋同。案例推理技术目前的研究主要集中在以下几个方面。

1. 组织知识管理方面

在组织知识管理方面，案例推理技术的应用主要侧重在组织机构在其技术研发、资源管理等过程中的一些知识的有效管理方面。有学者应用案例推理技术参考过去相似问题的解决方案来解决产品成分配方问题，该系统为配方设计师提供了关键知识，同时还可以充当协作平台，在各个利益相关者之间共享知识。①有学者将案例推理和本体相结合，提出了一种改进信息技术咨询领域知识转移、存储和检索的方法，所提出的方法通过与案例相关联的本体概念的语义对应来评估案例与当前问题的紧密性，通过设置从案例实例到概念的加权关联链接，允许在考虑到其语义的情况下检索案例。②有学者以加快定制化创新服务设计为目标，将面向记忆的案例推理与非面向记忆的发明问题解决方法理论（TRIZ）相结合，提出了一种以知识为中心的创新服务设计（KISD）模型，有效生成丰富的创意。③有学者提出了一种基于马尔可夫链模型和基于案例推理的信息搜索路径推荐方法，在信息来源的多样性和搜索结果信息内容的完整性上表现出更好的性能，为改进在线信息资源的组织和管理提供了思路。④张俊杰在企业知识管理中引入案例推理思想，通过案例型知识表示方法实现对员工隐性知识的外显化和编码化，提高企业对隐性知识的管理能力和组织水平；同时，将企业内不同层次、不同部门、不同时域内的案例知识进行集成与整合，设计企业知识管理案例推理

---

① Lee C K H，Choy K L，Chan Y N. A knowledge-based ingredient formulation system for chemical product development in the personal care industry. Computers and Chemical Engineering，2014，65：40-53.

② Avdeenko T V，Ekaterina S. Makarova. Knowledge Representation Model Based on Case-Based Reasoning and the Domain Ontology：Application to the IT Consultation. IFAC-PapersOnLine，2018，51（11）：1218-1223.

③ Lee C H，Chen C H，Li F，et al. Customized and knowledge-centric service design model integrating case-based reasoning and TRIZ. Expert Systems With Applications，2020，143：1-14.

④ Wang A F，Zhao Y M，Chen Y J. Information Search Trail Recommendation Based on Markov Chain Model and Case-based Reasoning. Data and Information Management，2021，5（1）：228-241.

系统架构，助力于企业知识管理。[①]胡健等为了提高隐性知识利用效率，利用可拓物元模型表达浅隐性知识，融合案例推理方法的基本原理，构造浅隐性知识的供需匹配框架。[②]顾东晓等提出了外部知识库增强的多模异构体测案例知识组织方法，建立了基于灰色案例推理的健康知识推理架构和案例自适应知识更新机制，为学生健康体测大数据管理和主动健康服务提供了重要的知识工具支撑。[③]

2. 计算机及信息科学领域

在计算机及信息科学领域，案例推理技术的应用主要集中在软件研发过程中的架构设计、软件需求、项目工程量及成本估算方面。有学者将案例推理技术应用于软件开发的风险识别，通过将案例推理技术融入风险缓解过程，对软件开发过程进行全方位的风险预警。[④]有学者提出了对案例推理技术在软件工程领域中各种应用的全面、全景的系统映射研究，并确定了一些未来有前景的研究方向。[⑤]有学者通过粒子群算法（PSO）和案例推理技术来检验软件工作量评估方法的潜力，其中采用粒子群算法来优化加权案例推理中的权重。[⑥]有学者提出了一种基于系统软件重用和案例推理技术的软件设计方法，该方法基于过去类似项目的功能和特征的软件模式的形式提供解决方案，通过减少软件开发活动中关于需求提取、分析和规范所需的工作来消除有关时间、工作和财务限制的挑战。[⑦]冯铁等利用案例推理技术，用微体系结构反模式和模式描述了软件的结构，并以对象结构图匹配、类结构图匹配和语义约束匹配等参量作为案例相似度测量的特征项，选择最为匹配的已有案例的设计模式，应用于要进行改进的软件

---

① 张俊杰. 企业知识管理中的案例推理思路与系统架构. 情报杂志，2011，30（5）：130-133，129.

② 胡健，訾会芳，孙金花. 基于模糊案例推理的浅隐性知识供需匹配研究. 情报理论与实践，2016，39（4）：84-88.

③ 顾东晓，李晓玥，谢懿，等. 基于体测健康大数据的灰色案例推理与个性化知识服务方法. 情报科学，2021，39（12）：3-8.

④ Morales D C，Constanten Y R，Rubio Y T. System of Case-Based Reasoning to support software risk identificaction. Revista Cubana de Ciencias Informáticas，2013，7（2）：222-239.

⑤ Khan M J. Applications of case-based reasoning in Software Engineering：A systematic mapping study. IET Software，2014，8（6）：258-268.

⑥ Wu D S，Li J P，Bao C B. Case-based reasoning with optimized weight derived by particle swarm optimization for software effort estimation. Soft Computing，2017，22（16）：5299-5310.

⑦ Edais S M，Shubita A F. A case-based reasoning system for software reuse. International Journal of Applied Systemic Stud ies，2020，9（1）：31-44.

设计，实现了一种自动的软件设计改进方法。①王丽等针对软件需求分析过程中知识的管理与重用，从知识管理的角度运用案例推理方法提出了软件需求分析的框架模型，并对该模型的关键技术进行详细说明。②丰景春等借鉴案例推理思想，构建了基于案例推理的软件项目工作量估算模型，极大地提高了软件项目工作量估算的准确率。③吴登生等为了更好地解决单一估算模型的不足，提出了集成多案例推理模型的软件成本组合估算模型，构建了六种案例推理模型，并以此为基础，运用支持向量回归机模型将不同案例推理模型的估算结果进行集成，从而提高软件成本估算结果的精度。④

3. 工程领域

在工程建设领域，主要应用于故障诊断以及设计模式自动化方向。有学者为了提高建筑行业风险评估的质量，提出了基于案例推理的施工安全危害自适应识别方法，以促进危害识别。⑤有学者提出一种基于案例推理技术协助概念性产品设计和监控新产品开发项目的方法，该方法通过使用人工神经网络调整属性权重，并改进用于新产品开发项目成本估算的案例检索。⑥有学者提出了一种混合方案，结合了案例推理技术和遗传算法来改善案例推理单一故障诊断模式，其中，案例推理技术将有关现有故障诊断案例的经验和知识应用于新提供的案例；遗传算法汇总并修改相关案例，以提供未知案例的解决方案。⑦有学者采用嵌入先验知识的改进深度森林算法与案例推理技术相结合，提出了一种分层故障诊断方法，用于实现铁路道岔故障的准确诊断，提高铁路系统的可靠性和安全性。⑧有学者开发了一个基于案例推理的故障诊断系统，该系统具有高度精确的新颖相

---

① 冯铁，张家晨，王洪媛，等. 一种自动化软件设计改进方法. 软件学报，2006，17（4）：703-712.

② 王丽，杜晓明. 基于案例推理的软件需求分析研究. 微型机与应用，2010，29（1）：31-33.

③ 丰景春，张蓉. 基于案例推理的软件项目工作量估算模型研究. 项目管理技术，2012，10（7）：44-50.

④ 吴登生，李建平，孙晓蕾. 基于加权案例推理模型族的软件成本 SVR 组合估算. 管理工程学报，2015，29（2）：210-216.

⑤ Goh Y M，Chua D K H. Case-based reasoning approach to construction safety hazard identification：Adaptation and utilization. Journal of Construction Engineering and Management，2010，136（2）：170-178.

⑥ Relich M，Pawlewski P. A case-based reasoning approach to cost estimation of new product development，Neurocomputing，2018，272：40-45.

⑦ Abed Mohammed M，Abd Ghani M K，Arunkumar N，et al. Genetic case-based reasoning for improved mobile phone faults diagnosis. Computers & Electrical Engineering，2018，71：212-222.

⑧ Zhang Y，Xu T H，Chen C，et al. A hierarchical method based on improved deep forest and case-based reasoning for railway turnout fault diagnosis. Engineering Failure Analysis，2021，127：105446.

似度度量，用于航空发动机的故障诊断。①谷建光等针对固体火箭发动机总体方案设计过程的特点，按被表示对象的结构、行为、功能三层描述模式设计了案例知识库，提出了基于案例知识推理的总体方案生产框架体系。②李青等将案例推理应用到飞机故障诊断中，重点研究了故障案例的知识表达，应用字符型字段匹配和 K-最近邻（KNN）算法相结合的检索模型实现了案例检索和匹配，解决了规则难以提取、知识获取困难的瓶颈。③综合基于模型的故障诊断方法和基于案例推理的故障诊断方法各自的优点，董磊等提出了利用基于模型的故障诊断方法来实现案例知识的获取，然后通过基于案例推理的方式完成故障诊断过程的混合故障诊断方法。④羊柳等针对自行火炮案例特点及变型设计的需求，提出了一种混合案例推理技术——构建自行火炮设计案例本体，确定自行火炮案例检索过程中相似度计算方法，在此基础上，采用基于神经网络的参数预测技术，实现了变型设计问题中设计参数的求解。⑤徐荣振以案例推理技术为主体，结合知识推送技术，实现了设计知识的有效重用，提高了变型设计的效率和质量，并开发了智能化变型设计系统，大幅提高产品设计的效率和质量。⑥康俊杰等从便于工程应用角度提出一种基于案例推理技术寻优方法，利用遗传算法优化案例推理技术特征权重，提高检索精度，并自适应地从庞大的案例库中检索出与目标案例相匹配的案例，寻优时间短，稳定性强，适合在线实时寻优以提升火电机组调峰调频灵活性。⑦徐照等设计了基于案例距离推理的损伤信息多属性分组案例库构建方法，建立了基于分组式损伤案例库的损伤案例推理流程，从而有效解决了建筑物

① Chen M，Qu R，Fang W. Case-based reasoning system for fault diagnosis of aero-engines. Expert Systems with Applications，2022，202（15）：117350.

② 谷建光，张为华，王中伟，等. 基于案例推理的固体火箭发动机总体方案设计技术研究. 弹箭与制导学报，2006，26（4）：192-196.

③ 李青，史雅琴，周扬. 基于案例推理方法在飞机故障诊断中的应用. 北京航空航天大学学报，2007，33（5）：622-626.

④ 董磊，任章，李清东. 基于模型和案例推理的混合故障诊断方法. 系统工程与电子技术，2012，34（11）：2339-2343.

⑤ 羊柳，钱林方，丁晟春，等. 面向自行火炮变型设计问题的混合案例推理技术研究. 兵工学报，2015，36（11）：2190-2195.

⑥ 徐荣振. 基于案例推理与知识推送的智能化变型设计研究. 山东大学博士学位论文，2018.

⑦ 康俊杰，牛玉广，张国斌，等. 电站锅炉燃烧系统案例推理自适应寻优方法及应用研究. 仪器仪表学报，2019，40（12）：214-223.

损伤多属性信息的分类问题。[①]陈美伶等针对公路网络日常养护中的随机限量弧路径规划问题，提出了一种基于案例推理技术的算法，用于解决现实问题中随机移动/服务时间难以量化的问题。[②]

4. 应急处理以及灾害控制领域

有学者针对应急资源需求预测的特点，提出一种基于案例推理的应急资源需求预测方法，该方法不仅为应急资源储备和分配提供依据，而且为应急资源分配决策系统构建提供方法和模型支持。[③]有学者提出了一种移动紧急响应系统本体支持的基于案例推理方法，用于支持应急决策者有效应对紧急情况。[④]有学者采用案例推理提升天然气爆炸的应急响应，因考虑到灾害数据类型的复杂性，开发了一种具有明晰符号、明晰数等五种属性值格式的混合相似度度量方法，从而提高气体爆炸应急响应的实时性和精准性。[⑤]有学者基于案例推理技术和证据理论（也称 Dempster-Shafer 理论），提出了一种自然灾害情景匹配方法，用于自然灾害相关损失预测，同时，假设自然灾害的影响将随时间变化，构建了应急物资需求动态预测模型，用于应急物资需求的预测。[⑥]孙殿阁等运用案例推理技术等人工智能领域知识进行相关问题研究，提出了典型城市灾害分类推理规则和应急救援案例匹配计算方法，并构建了基于案例决策的城市灾害应急处置专家系统，从而有效提高城市应急处置能力。[⑦]王蕾应用案例推理技术，提出了城市洪涝灾害应急方案生成方法和框架，从而实现及时、准确地对城市洪涝灾害开展应急管理

---

① 徐照，李苏豪，袁竞峰. 基于多属性分类的建筑物损伤案例推理方法研究. 系统工程理论与实践，2019，39（2）：429-441.

② 陈美伶，陈璐. 基于案例推理算法求解随机限量弧路径规划问题. https://kns.cnki.net/kcms/detail/31.1738.T.20210510.0942.002.html.（2021-05-10）[2022-11-07].

③ Liu W M，Hu G Y，Li J F. Emergency resources demand prediction using case-based reasoning. Safety Science，2012，50（3）：530-534.

④ Amailef K，Lu J. Ontology-supported case-based reasoning approach for intelligent m-Government emergency response services. Decision Support Systems，2013，55（1）：79-97.

⑤ Fan Z P，Li Y H，Wang X H ，et al. Hybrid similarity measure for case retrieval in CBR and its application to emergency response towards gas explosion. Expert Systems with Applications，2014，41（5）：2526-2534.

⑥ Fei L，Wang Y. Demand Prediction of Emergency Materials Using Case-Based Reasoning Extended by the Dempster-Shafer Theory. https://www.sciencedirect.com/science/article/abs/pii/S0038012122001811.（2022-07-16）[2022-11-10].

⑦ 孙殿阁，孙佳，曹婧华，等. 基于案例推理的城市典型灾害应急处置专家系统构建研究. 中国安全生产科学技术，2012，8（2）：55-60.

和控制工作。[①]于峰借鉴生物基因创新性地提出基于基因视角重构应急案例推理模式，剖析面向复杂灾害的应急案例构建与重用方法，梳理出一套涵盖复杂应急案例表示、检索、重用、修正与保存，以及案例库构建的理论与方法体系。[②]刘雅玉设计了一种基于案例推理的台风灾害快速评估方法，有效地解决了台风灾害评估中因数据缺失与模型构建复杂导致的评估困难与时效性差的问题。[③]董银杏等为提高燃气突发事件应急处置能力，分析燃气突发事件应急决策关键因素，应用框架表示法进行案例表示，并建立了基于案例推理的燃气突发事件应急决策方法。[④]姚鑫等利用染色体结构构建滑坡灾害信息基因库，基于案例推理提出针对滑坡灾害的应急相似案例智能生成方法，从而帮助决策者快速借鉴历史案例做出满意的应急决策。[⑤]

5. 其他方面的应用

案例推理除了上述领域的应用外，在科研、医疗等领域都有一定的应用。有学者提出一种集成数据挖掘（DM 和 CBR）技术的慢性疾病的预防与诊断系统模型，以降低慢性疾病对人类健康的威胁。[⑥]商业化临床决策系统 Excelicare 应用电子病历作为案例数据基础，利用已有的案例经验来推理，实时地辅助医生进行决策。[⑦]有学者为监视和评估海洋的碳交换过程，应用案例推理思想，研发了一种用于自动评估大气层与海洋表面之间存在的相互作用的系统。[⑧]有学者研发了一种新颖的人机协作工业机器人知识密集型教学辅助系统，该教学辅助系统将案例推理技术和基于解释的学习（EBL）技术集于一体，用于案例形式的知识获

① 王蕾. 基于案例推理的城市洪涝灾害应急方案生成方法研究. 武汉理工大学硕士学位论文，2015.

② 于峰. 基于基因视角的复杂应急案例构建与重用研究. 哈尔滨工业大学博士学位论文，2018.

③ 刘雅玉. 基于案例推理的台风灾害快速评估方法. 武汉大学硕士学位论文，2018.

④ 董银杏，王怀秀，王亚慧. 基于案例推理的燃气突发事件应急决策方法研究. 现代电子技术，2019，42（21）：157-162.

⑤ 姚鑫，郭海湘，顾明赟，等. 基于案例推理的滑坡灾害应急相似案例智能生成研究. 系统工程理论与实践，2021，41（6）：1570-1584.

⑥ Huang M J，Chen M Y，Lee S C. Integrating data mining with case-based reasoning for chronic diseases prognosis and diagnosis. Expert Systems With Applications，2007，32（3）：856-867.

⑦ van den Branden M，Wiratunga N，Burton D，et al. Integrating case-based reasoning with an electronic patient record system. Artificial Intelligence in Medicine，2011，51（2）：117-123.

⑧ De Paz J F，Bajo J，González A，et al. Combining case-based reasoning systems and support vector regression to evaluate the atmosphere-ocean interaction. Knowledge Information Systems，2012，30（1）：155-177.

取、重用和优化知识库中的规则结构，以加速案例适应过程。①有学者利用先进的人工智能技术，特别是基于案例推理的方法，估计参考蒸散发量，计算出葡萄种植的灌溉水量，更精确、高效地调度水资源的要求，从而满足葡萄园管理的重要问题。②有学者采用案例推理作为通过经验进行学习和推理的范式，在虚拟代理协调的雾计算体系结构中，构建面向商业银行的基于案例推理系统，用于为用户提供个性化的产品，支持银行和金融产品的推广。③有学者从综合模型的优点出发，提出了案例推理技术和贝叶斯网络相结合的工业浮选过程两步精细操作调整方法，实证表明基于该模型的智能操作调节可显著提高铜精矿品位指标。④有学者针对不可预测事件而导致的家庭保健活动中断的问题，构建家庭保健案例库，基于案例推理方法有效解决每日家庭保健调度问题，从而避免意外事件对家庭保健活动的干扰。⑤有学者在停车引导系统中使用案例推理方法用以改善服务并减少所需资源，通过案例推理技术，停车引导系统可以使用从现有驾驶员经验中收集的数据，生成免费停车位搜索的解决方案。⑥杨丽等从中医临床数据仓库中筛选加工形成中医学临床效验案例库，基于案例推理实现类似案例的检索和展示，针对不同案例的个体性特点，实现了基于症-诊断-药相关分析的灵活的案例修正方案。⑦涂宏斌等针对行为人发生的行为因遮挡或者自遮挡可能导致行为歧义性的问题，提出基于改进概率潜在语义分析（PLSA）算法和案例推理算法的行为识别方法，有效提高了人体行为识别准确率。⑧谢健民等将本体与案例推

---

① Sun G F，Sawaragi T，Horiguchi Y，et al. Knowledge-intensive teaching assistance system for industrial robots using case-based reasoning and explanation-based learning// Proceedings of the 19th World Congress. IFAC，2014，47（3）：4535-4540.

② Zhai Z Y，Martínez F J，Martínez L N，et al. Applying case-based reasoning and a learning-based adaptation strategy to irrigation scheduling in grape farming. Computers and Electronics in Agriculture，2020，178：105741.

③ Hernández-Nieves E，Hernández G，Gil-González A B，et al. CEBRA：A case-based reasoning application to recommend banking products. Engineering Applications of Artificial Intelligence，2021，104：1-10.

④ Yan H，Wang F L，Yan G G，et al. Hybrid approach integrating case-based reasoning and Bayesian network for operational adjustment in industrial flotation process. Journal of Process Control，2021，103：34-47.

⑤ Hassen H B，Tounsi J，Bachouch R B，et al. Case-Based Reasoning for Home Health Care planning considering unexpected events. IFAC-PapersOnLine，2022，55（10）：1171-1176.

⑥ Neykov N，Stefanova S. Case-based reasoning application for parking guidance systems. IFAC-PapersOnLine，2022，55（11）：150－154.

⑦ 杨丽，周雪忠，毕斓馨，等. 基于案例推理的中医临床诊疗决策支持系统. 世界科学技术-中医药现代化，2014，16（3）：474-480.

⑧ 涂宏斌，岳艳艳，周新建，等. 一种基于改进 PLSA 和案例推理的行为识别算法. 计算机科学，2017，44（6）：283-289.

理相结合，规范案例库中的案例结构，优化案例推理过程，从而构建网络舆情案例推理模型，助力政府有效应对突发事件网络舆情。①张涛等通过历史节目与新节目的案例匹配与重用对新节目收视率进行播前预测，提出了基于情境案例推理的电视节目播前收视率预测方法，弥补传统播前预测方法成本高、效率低的缺陷。②

综合上述研究成果可知，案例推理技术因其良好的适用性被广泛应用，但目前尚未用于高新技术企业的技术威胁的识别和预警研究中，鉴于案例推理技术的优点及其在技术威胁的预警领域的适用性，本书应用案例推理技术构建高新技术企业技术威胁预警模型。

三、本书研究内容及逻辑

（一）本书主要研究内容

1. 技术威胁理论研究

本部分内容旨在明确技术威胁的形成机理和组成因素，并针对高新技术企业在技术创新过程中面临的技术威胁，进行重点探究和解析。主要研究内容包括：从技术特性和技术发展不平衡的客观事实出发，对技术威胁的相关概念、本质、类型及其影响因素等进行深入研究，明确技术威胁的形成机理，构建技术威胁组成元素五元组，即技术威胁环境、技术威胁主体（技术威胁制造者）、技术威胁事件、技术威胁客体（研究对象）、技术威胁结果。

2. 高新技术企业技术威胁模型研究

本部分内容旨在针对高新技术企业自身特点，深入分析其面临的技术威胁，重点从技术威胁环境、技术威胁制造者和技术威胁事件三个维度展开研究，构建高新技术企业技术威胁模型。主要研究内容包括：①技术威胁环境维度——主要从微观环境、中观环境和宏观环境三个层面进行探讨，识别不同环境中的技术威胁因素；②技术威胁制造者——分析技术威胁制造者的来源、类型以及技术战

---

① 谢健民，秦琴，吴文晓. 基于本体的突发事件网络舆情案例推理模型. 情报杂志，2019，38（1）：79-86.

② 张涛，翁康年，张倩帆，等. 基于情境案例推理的播前收视率预测方法. 管理工程学报，2020，34（6）：156-164.

略；③技术威胁事件——探究事件的定义和表示方法，解析技术威胁事件的定义和类型，并深入分析技术威胁事件的构成要素。同时，应用 Web 新闻数据，应用自然语言处理和 Web 挖掘技术，对新闻数据进行事件抽取，获取技术威胁事件七元组。

3. 中文专利文献的技术-功效二维词模型的构建研究

本部分内容旨在应用自然语言处理技术对中文发明专利和实用新型专利文献进行文本解析，获取行业技术领域的技术词和功效词，从而为后续专利文档的挖掘分析获取有价值的技术竞争情报来提供信息和技术支撑。主要研究内容包括：①针对两类重要词汇——“技术词”和“功效词”，从文本结构、文本语法以及线索词特征进行解析和归纳，提取抽取规则。②结合信息熵和 LDA 主题模型，设置提取算法，并最终构建中文专利技术-功效二维词模型，力求准确识别和界定专利技术的技术组件、技术结构、技术功效等相关信息，从而为中文专利的非结构化文本挖掘提供方法支持。③获取“碳捕获”领域的专利文档，展开实证研究，抽取技术词和功效词，并验证其准确性和有效性。

4. 基于技术树构建的高新技术企业技术威胁识别研究

本部分对于以技术研发为主导的高新技术企业而言，专利信息体现了企业的核心技术战略，应用文本挖掘和自然语言处理技术对专利数据进行深入挖掘分析，针对高新技术企业及其竞争对手构建其技术树，并进行技术树匹配，从而识别高新技术企业面临的技术威胁。主要研究内容包括：①对获取的专利数据，进行文档预处理、依存句法分析处理，提取 SAO 结构，并通过 SAO 结构聚类以及 SAO 的深层标注，构建技术树；②提出技术树相似度匹配算法，通过高新技术企业及其竞争对手技术树的匹配，同时，结合专利申请时间进行动态的比较和追踪，分析其研发趋势，剖析其专利布局，从而有效甄别技术威胁事件。该部分研究智能化地对专利技术的技术组件、技术结构、技术功效等细节性技术和功效信息进行可视化展现，同时结合技术元信息——时间，系统、详细地梳理企业技术发展脉络、展示企业及其竞争对手的整体技术体系架构，为有效甄别高新技术企业所面临的技术威胁提供理论和方法支持。另外为确保研究结果的有效性，应用“碳捕获”领域的专利数据展开实证研究。该部分研究对于高新技术企业有效识别技术威胁，制定技术研发战略具有一定的理论和应用价值。

5. 基于专利地图的高新技术企业技术威胁识别研究

本部分内容旨在应用文本挖掘技术对专利文档展开挖掘分析，获取有价值的技术竞争情报，从而对高新技术企业面临的技术威胁进行识别。主要研究内容包括：①通过技术语义网络的构建，获知行业领域的技术演变情况；同时，构建行业技术热点图，了解当前行业的研究热点——从而有效掌握中观层面的产业技术环境状况。②以①为基础，构建企业技术实力图，分析高新技术企业技术结构，掌握各高新技术企业的技术实力状况，从而有效识别竞争对手。③针对研究对象——某一高新技术企业，绘制其技术威胁和技术机会图，判断技术壁垒区和技术潜力区，计算技术威胁值，并针对技术壁垒区的环绕专利，重点识别技术威胁事件，加以防范。经过实证研究，该部分的研究工作利用专利信息的深入挖掘分析，有效捕获高新技术企业面临的技术威胁，具有一定的理论意义和实用价值。

6. 基于熵权法的高新技术企业专利威胁测度模型构建研究

为使高新技术企业技术威胁预警更加具有针对性和有效性，本部分研究针对当今技术威胁最为重要的一种威胁——专利威胁展开深入探讨，分析专利威胁影响因素，应用熵权法构建高新技术企业专利威胁测度模型。主要研究内容包括：①深入解读专利威胁的内涵、表现形式及特征，从而确定导致高新技术企业技术威胁的主要影响因素，设定高新技术企业专利威胁测度指标；②应用熵权法确定高新技术企业专利威胁测度指标权重，从而构建高新技术企业技术威胁测度模型；③为确保研究结果的科学性和有效性，该部分研究应用“碳捕获和封存”领域的专利数据展开实证分析。该部分的研究工作通过对专利威胁的深入解读和分析，对于高新技术企业实时认知和识别周围的专利威胁并进行威胁测度具有一定的理论意义和实用价值。

7. 基于案例推理的高新技术企业专利威胁预警模型研究

针对高新技术企业面临的专利威胁具有多样性、难预测性问题，同时为了更加详细地了解威胁状况和应对措施，本部分研究应用案例推理技术，构建了高新技术企业专利威胁预警模型，用于专利威胁的实时预警和深入解读。主要研究内容包括：①通过文献查阅、调研访谈获取的大量专利威胁案例；②应用面向对象方法，对威胁案例进行规范化描述，从而实现威胁案例的结构化表示，构建高新技术企业专利威胁案例库；③为提高案例检索速度，提出了基于核心案例的案例索引机制，通过动态聚类索引，以帮助检索程序快速定位案例库中与问题案例相似的案例集，极大提高检索效率；④为提高威胁预警的准确率，该部分研究通过对 Euclidean、Minkowski、Chebyshev 等六种相似度度量函数进行实验，优选 Chebyshev 相似度度量函数；⑤为提高案例检索的正确率，鉴于专利威胁案例属性的特殊性，提出了改进的切比雪夫检索算法；⑥检索获取的相似案例，明确威胁状态，确定是否需要实时预警，并通过对相似案例的深入解读，为高新技术企业提供有效防范各种专利威胁的建议。⑦为确保预警结果的准确性和有效性，该部分研究应用"信息通信"领域的高新技术企业专利威胁案例展开实证研究。该部分的研究工作通过应用已完成的高新技术企业专利威胁案例，应用案例推理的智能计算方法，通过类比和联想方法来解决当前相似问题的求解策略，为高新技术企业的技术威胁预警提供新的思路和方法，具有一定的理论意义和实用价值。

（二）本书研究逻辑

本书研究逻辑如图 1-1 所示。

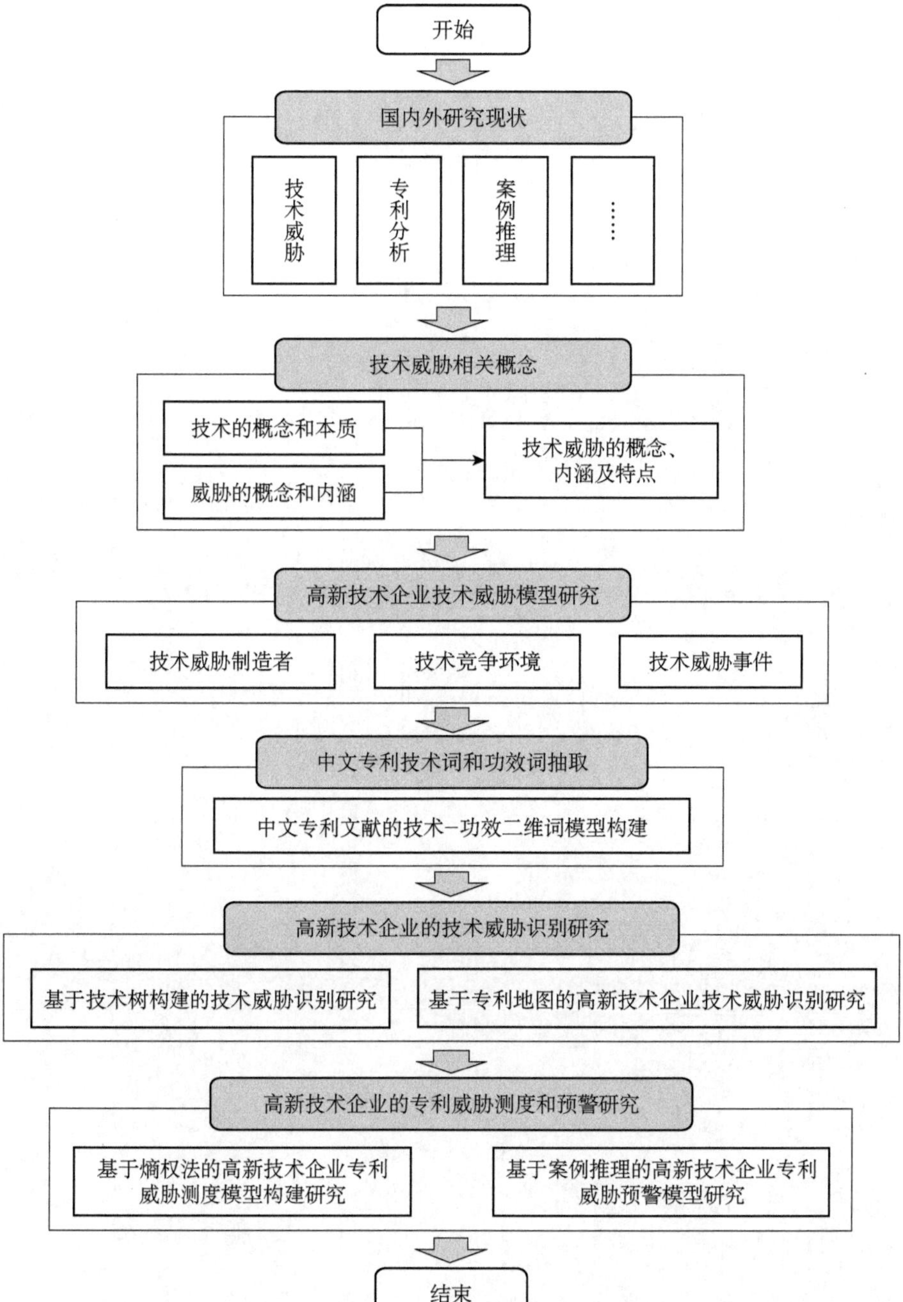
开始
国内外研究现状
技术威胁
专利分析
案例推理
……
技术威胁相关概念
技术的概念和本质
威胁的概念和内涵
技术威胁的概念、内涵及特点
高新技术企业技术威胁模型研究
技术威胁制造者
技术竞争环境
技术威胁事件
中文专利技术词和功效词抽取
中文专利文献的技术–功效二维词模型构建
高新技术企业的技术威胁识别研究
基于技术树构建的技术威胁识别研究
基于专利地图的高新技术企业技术威胁识别研究
高新技术企业的专利威胁测度和预警研究
基于熵权法的高新技术企业专利威胁测度模型构建研究
基于案例推理的高新技术企业专利威胁预警模型研究
结束

图 1-1 本书技术路线

第二章

相关理论和研究方法

一、高新技术企业

（一）高技术与高新技术

“高技术”在英文中为“high technology”，一般简称“high-tech”，起源于20世纪60年代的美国。目前，国内外学术界对高技术的界定尚未有统一的看法，不同学者和机构试图从不同角度揭示“high technology”的内涵，其中，代表性的看法大致有以下几种。

各国经济学界的学者从不同角度对它的概念进行了界定。经济发展和合作组织按照科技含量对产品进行分类，将研究开发费用占销售收入的比例低于1%、科技人员占员工总数低于1%的，列入低端技术范畴；研发费用占销售收入的比例在1.0%—4.5%、科技人员占员工总数1%—3%的，列入中等技术范畴；研发费用占销售收入的比例高于4.5%、科技人员占员工总数3%以上的，列入高技术范畴。这一分类方法比较简洁，得到了各国的普遍认同。美国科学基金会认为，科技人员占员工总数2.5%以上且研究开发费用在净销售额中占3.5%以上的，属于高技术范畴；法国专家将高技术产业称为知识密集型产业；日本专家认为，高技术是以当代尖端科技和下一代科学技术为基础建立起来的尖端技术群，主要包括计算机、微电子、光电子、软件、通信以及生物技术等。①

在征询国内专家意见后，我国国家科技成果办公室将“高技术”定义为：建立在综合科学研究基础上，处于当代科技前沿，对促进社会文明、发展生产力和增强国家实力起先导作用的新技术群。其基本特征是具有明显国际性、战略性、渗透性和增值性，是知识、人才和资金密集的新技术群。这种认识将高技术和高新技术放在一起。这样，我国的高技术既包括当代高技术也包括一般性新技术。②

① 赵忠伟. 高新技术企业持续竞争优势研究. 哈尔滨工程大学博士学位论文，2010.

② 赵忠伟. 高新技术企业持续竞争优势研究. 哈尔滨工程大学博士学位论文，2010.

需要特别注意，高新技术的所谓“高”与“新”是动态、相对的概念，是随着时间和空间的变化而不断发展变化的。可以看出，不同国家甚至同一国家的不同历史时期均对高新技术有着不同的定义，“高技术”与“新技术”均决定于一国或地区不同时期的经济和科技发展水平以及发展战略。

有学者指出，高新技术应该是以当前世界科学技术的新发现、新发明为基础，以知识、智力和研发密集投入为条件，正在或将要引起社会生产和生活方式变革的技术或技术群。对高新技术的界定要充分考虑三个因素：一是技术性，必须是当代的前沿技术或尖端技术；二是新兴性，应属于近几年或近十年来才兴起并得到应用的技术；三是经济性，必须拥有广阔的市场化空间或产业化前景，有助于社会经济的快速发展。①

综上，虽然对高新技术概念的界定略有不同，但是各国对高新技术集中了现代科学最先进的成果、是推动生产力发展的强大动力这个观点是认同的。如今，高新技术因带来的巨大经济社会效益而成为国际关注的焦点。

在高新技术领域划分方面，国际上公认的高新技术领域主要包括以下六大领域：信息技术、生物技术、新能源技术、新材料技术、空间技术、海洋技术。中国根据世界科学技术发展现状，结合国情，在《高新技术企业认定管理办法》中指出，国家重点支持的高新技术领域包括电子信息技术、生物与新医药技术、航空航天技术、新材料技术、高技术服务业、新能源及节能技术、资源与环境技术、高新技术改造传统产业八大领域。

（二）高新技术企业的界定

对高新技术企业的认定，国外一般按企业所属的产业是否为高新技术产业来认定，即将处于高新技术产业领域中的企业称为“高技术企业”（国外更多的是“高技术企业”，而没有高新技术企业的提法）。②我国根据我国高新技术产业发展和管理的需要，实行高新技术企业认定制度。按照国家或地方高新技术企业认定条件和办法，经有关科技管理部门认定和审批，普通企业才能转变为高新技术企业。《高新技术企业认定管理办法》于 2008 年 4 月 14 日颁布，从 2008 年 1 月 1 日起实施。2008 年 7 月，科技部、财政部和国家税务总局联合下发《高新技术

---

① 王爱国. 高技术企业战略管理模式的创新研究. 天津大学博士学位论文，2006.

② 赵莉. 高新技术企业专利管理与技术创新绩效关联研究. 华中科技大学博士学位论文，2012.

企业认定管理工作指引》，对高新技术企业认定条件提出了更高要求，如对企业的自主知识产权、科研人员结构、研发投入等均有明确要求，同时对科技成果转化能力、资产与销售成长性等指标也有严格的评价标准。因此，高新技术企业是在国家重点支持的高新技术领域内，持续进行研究、开发与技术成果转化，形成企业核心自主知识产权，并以此为基础开展生产经营活动的企业。①

2016 年，科技部、财政部、国家税务总局印发了修订后的《高新技术企业认定管理办法》，认定为高新技术企业须同时满足以下条件。

1）企业申请认定时须注册成立一年以上。

2）企业通过自主研发、受让、受赠、并购等方式，获得对其主要产品（服务）在技术上发挥核心支持作用的知识产权的所有权。

3）对企业主要产品（服务）发挥核心支持作用的技术属于《国家重点支持的高新技术领域》规定的范围。

4）企业从事研发和相关技术创新活动的科技人员占企业当年职工总数的比例不低于 10%。

5）企业近三个会计年度（实际经营期不满三年的按实际经营时间计算，下同）的研究开发费用总额占同期销售收入总额的比例符合如下要求：

- 最近一年销售收入小于 5000 万元（含）的企业，比例不低于 5%。
- 最近一年销售收入在 5000 万元至 2 亿元（含）的企业，比例不低于 4%。
- 最近一年销售收入在 2 亿元以上的企业，比例不低于 3%。

其中，企业在中国境内发生的研究开发费用总额占全部研究开发费用总额的比例不低于 60%。

6）近一年高新技术产品（服务）收入占企业同期总收入的比例不低于 60%。

7）企业创新能力评价应达到相应要求。

8）企业申请认定前一年内未发生重大安全、重大质量事故或严重环境违法行为。②

① 赵莉. 高新技术企业专利管理与技术创新绩效关联研究. 华中科技大学博士学位论文，2012.

② 科技部 财政部 国家税务总局关于修订印发《高新技术企业认定管理办法》的通知. https://www.most.gov.cn/xxgk/xinxifenlei/fdzdgknr/fgzc/gfxwj/gfxwj2016/201602/t20160205_123998.html.（2016-01-29）[2022-11-30].

二、专利及专利地图

（一）专利

专利一词通常有三层含义：第一层为取得专利权的发明，第二层为专利权，第三层为记载发明专利技术的专利文献。①本书所说的专利指的就是第三种专利文献。世界知识产权组织于 1988 年编写的《知识产权教程》阐述了现代专利文献的概念：专利文献是包含已经申请或被确认为发现、发明、实用新型和工业品外观设计的研究、设计、开发和实验成果的有关资料，以及保护发明人、专利所有人及工业品外观设计和实用新型注册证书持有人权利的有关资料的已出版的文件（或其文摘）的总称。②

专利作为知识产权的一部分，是一种无形的财产，具有其他财产所不具有的特点。③

1）排他性。当一项专利被确认授予某组织或个人后，那么该专利将具有排他性，仅为专利权人所有。若未经专利权人允许，在一定时间（专利权有效期内）和区域（法律管辖区）内，使用该专利，将导致专利侵权，触犯法律。

2）区域性。专利是一种有区域范围限制的权利，仅在专利权授予区域内有效。通常专利只在申请国家或地区具有法律效力，而在未申请的国家不具有法律效力，不受法律保护。如果某专利的专利权人想在多个国家或地区享有专利权，必须在多个国家或地区进行专利申请，获得授权后则会获得申请国或地区的法律保护。特殊情况下，各国依据《保护工业产权巴黎公约》，对某一专利进行普遍认可并实施法律保护，或是一些国家相互间承认专利。④

3）时间性。时间性是指专利只有在法律规定的期限内具有法律效力，当超过了法律规定的时间期限，专利将失去其法律效力，专利将被公开，变为社会共有财产。对于专利保护的法律时间期限长短，各国没有统一标准。通常，按照

---

① 王福兴. 基于专利分析的我国汽车电子技术进化研究. 武汉理工大学硕士学位论文，2011.

② 国家知识产权局. 专利文献. https://www.cnipa.gov.cn/art/2009/9/1/art_2147_152046.html.（2009-09-01）[2022-11-30].

③ 国家知识产权局. 中华人民共和国专利法（2020 年修正）. https://www.cnipa.gov.cn/art/2020/11/23/art_97_155167.html.（2020-11-23）[2022-11-30].

④ 世界知识产权组织. 保护工业产权巴黎公约（1883）. https://www.wipo.int/treaties/en/ip/paris/summary_paris.html.

《与贸易有关的知识产权协定》（Agreement on Trade-Related Aspects of Intellectual Property Rights）第 33 条规定："专利保护的有效期应不少于提交申请之日起的第二十年年终。"①

4）新颖性。为了更好地保护申请人的合法权益，《中华人民共和国专利法（2020 年修正）》（以下简称《专利法》）规定两个以上的申请人分别就同样的发明创造申请专利的，专利权授予最先申请的人。因此，专利申请人为了获得专利权，都会在发明完成后第一时间申请专利，所以专利文献一般成为最早记录新技术的载体，另外，专利在申请的时候具有新颖性的要求，因此，专利文献反映了当代社会最前沿的技术发展状况和趋势。

5）完整性。由于《专利法》规定"权利要求书应当以说明书为依据，清楚、简要地限定要求专利保护的范围"，这也就意味着专利申请说明书上所写的内容受到法律保护，而没有写出的部分则无法获得法律保护。因此，《专利法》要求申请书内容要求尽可能详尽，从而使得专利文献将技术信息内容予以完整地呈现。

6）规范性。在专利文献印刷出版或在信息资料库储存时会对专利进行统一的识别代码（INID）编排，并标识相应的国际专利分类（IPC）号。

7）丰富性。专利文献记录了人类科学技术的发展过程，各国、各时期的新发明、新技术、新工艺和新设备大都在专利文献中有所呈现。实证统计分析表明，专利是世界上最大的技术信息源，它包含世界科技技术信息的 90%—95%。②专利文献覆盖从纺织到机械工程，从运输到固定建筑物，从冶金到电学等各方面学科的内容。

（二）专利地图

1. 专利地图的功能

专利地图是一种专利情报研究方法和表现形式，它揭示了科学技术发展趋势以及未来的技术走向，通过专利地图可以获取技术研发动向、目标技术市场差异等大量竞争情报。它不仅可助力于企业技术战略的确定和研发过程的技术管理，

① 世界贸易组织. 与贸易有关的知识产权协定. https://ipr.mofcom.gov.cn/zhuanti/law/conventions/wto/trips.html. [2022-11-30].

② Liu C Y，Yang J C. Decoding patent information using patent maps. Data Science Journal，2008，7：14-22.

而且为各国政府制定产业科技政策提供决策支持。总体来看，专利地图的功能主要体现在以下几个方面。

（1）研发/技术推进

制作专利地图时，需要对专利技术进行全面的分析和搜索，从而系统地掌握技术发展趋势、领域技术结构等信息，有助于拓展技术研发人员的思路，激发新的创意，开辟新的技术方向、技术领域，发现新的技术手段，识别新的技术机会，从而促进技术创新，推进新的技术研发活动。

（2）科技计划制定和技术战略管理

通过专利地图，可以掌握特定技术领域的技术发展状态、技术变迁趋势、专利技术布局等大量技术竞争情报。上述情报信息，对于国家而言，对其制定国家科技计划、总体布局产业技术发展规划有重要的参考价值；对于企业而言，将帮助企业剖析竞争对手的技术实力和技术关系，发现技术合作伙伴，预测未来技术发展趋势，从而确定企业技术发展战略。

（3）技术侵权规避

专利文档既包含技术内容也包含权利内容，应用专利地图，不仅可以获得技术的相关信息，也可以得到技术的权利信息，明确权利要求范围。对照专利文献的权利说明书，分解权利要求的构成要件，有助于识别可能的技术侵权，并制定相应的避免侵权策略，例如，通过增加或减少权利要求，进行专利回避设计。同时，应用专利地图，也可能有效地应对专利侵权的法律诉讼。

（4）应对技术贸易谈判和技术贸易壁垒

应用专利地图，可以帮助企业分析竞争对手的弱点或优势，从而在专利技术许可贸易中取得谈判的主动权，在技术贸易谈判中处于有利地位。同时，专利地图可以指导政府管理部门应用国家、行业标准应对外国专利申请人在我国进行专利部署，使我国企业在国内市场争得主动权，有效地应对技术贸易壁垒问题。

2. 专利地图的类型

根据专利地图的制作目的及专利情报分析的侧重点，可将专利地图大致分为三类。①

① 谭思明. 基于专利地图技术的中、美微流控专利竞争情报研究. 情报杂志，2005（5）：33-35.

（1）专利技术地图

专利技术地图服务于科学技术研发，将专利资料中的技术类别及功效类别等进行归纳。从这类地图中可以看出具体技术的动向，并进一步预测技术的发展趋势。这与科学技术研发方向决策紧密相关，并为研发中的技术地雷、专利回避设计等战略决策提供重要的信息依据。该类专利地图主要包括技术功效分布矩阵图、专利技术功效矩阵图、专利技术发展图等。

（2）专利管理地图

专利管理地图服务于经营管理，将大量的资料依据“专利申请数量”“专利申请人”“发明人”“引证率”“专利分类号”“专利寿命”“专利授权率”等变量进行归纳分析，从而反映业界或具体技术领域整体技术的状况。该类专利地图主要包括申请人专利分布图、企业专利数量消长图、所属国专利量比例图、企业发明阵容比较图等。

（3）专利权利地图

专利权利地图服务于权利范围的界定，将专利权利要求作为主要分析指标，制作已有技术专利的权利范围地图，揭示权利要求范围、权利状态、权利转让、侵权可能性等信息。其目的，一方面通过检索专利权范围评估自身技术是否具备可专利性和产业利益；另一方面，也可通过对自身研发计划和权利要求的严格规划，避免产生专利冲突而被竞争对手提起司法诉讼。对于研究热门领域和重点领域，该类专利地图具有非常重要的指导作用，特别是可作为“专利战术”配合技术部门的“技术战术”。该类专利地图主要包括专利范围构成要件图、重要专利引用族谱图、专利范围要点图、同族专利图等。

三类专利地图本质上分别对专利文献所具有的技术、经济和法律信息进行具体分析与提炼，从而使这些信息可以被科学、全面、有效地利用。专利地图类型划分是大致的，并没有任何标准可以将其严格区分开。因此，在实际操作中，可根据自己的实际要求来研制专利地图。

通过以上研究可知，专利地图有多种功能，可以反映多种有价值的信息，但目前许多专利地图的制作仅仅应用简单的统计方法，专利文献中许多深层次的信息未能被很好地反映，故本书使用文本挖掘技术对专利文献进行挖掘分析，以构建适用高新技术企业技术威胁识别的专利地图。

三、文本挖掘

（一）文本挖掘概念

文本挖掘是由费尔德曼（U. M. Feldman）于 1995 年首次提出的，指从非结构化的文本书档中抽取用户感兴趣的、重要的模式或知识的过程，它可被看作数据挖掘或数据库知识发现（KDD）的延伸。①

文本挖掘的主要处理过程如图 2-1 所示。

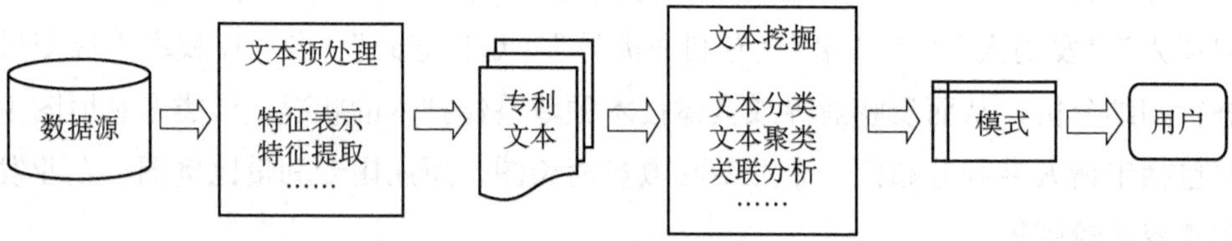

图 2-1 文本挖掘过程

（二）特征表示

特征表示是指用特征项来表示文本信息，在应用文本挖掘技术处理文档时，用这些特征项代替需要被处理的文档，只需要处理这些特征项即可实现对非结构化文本的处理。特征表示模型有多种，常用的有布尔模型、概率模型以及向量空间模型等，近年来被广泛应用的特征表示法是向量空间模型。

向量空间模型将文档表示为一组由特征项组成的向量，每个文档表示成其中的一个范化特征向量$V(D)=(t_1,w_1;t_2,w_2;\cdots;t_n,w_n)$，其中 t_n 为特征项，w_n 为 t_n 在文档 D 中的权值。这样所有文档就构成一个向量空间。当文档集合固定时，t_n 值固定不变，故可将其看作特征向量的下标，从而特征向量简化为$V(D)=(w_1,w_2,\cdots,w_n)$。

权值大小取决于所选择的加权公式，加权公式的选取直接影响到文本分类的性能。常用的权值计算方法有：①二值表示方法。二值指的是 0 和 1，表示如果特征项 t_n 出现在文章中，则 w_n 值为 1，否则 w_n 值为 0。②频率特征方法。权值 w_n 的值用特征项 t_n 在文章中出现的频率表示。其中，二值表示方法较简单，但丢掉了很多有价值的信息；频率特征方法保留了特征项的频率的具体数值，相对

① Feldman R，Dagan I. Knowledge discovery in textual databases（KDT）//Proceedings of 1st International Conference on Knowledge Discovery and Data Mining. Montreal，Canada，1995：112-117.

更合理。

向量空间模型常采用相似度来度量两个文档 D_1、D_2 之间的相关程度，而相似度定义为文档向量之间的距离，以夹角余弦公式居多：

$$Sim(D_1, D_2) = \cos(\theta) = \frac{\sum_{k=1}^{n} w_{1k} w_{2k}}{\sqrt{\sum_{k=1}^{n} w_{1k}^2} \times \sqrt{\sum_{k=1}^{n} w_{2k}^2}} \tag{2-1}$$

其中，$D_1 = (w_{11}, w_{12}, \cdots, w_{1n})$，$D_2 = (w_{21}, w_{22}, \cdots, w_{2n})$。

向量空间模型是公认的性能最好的特征表示方法，故本书使用向量空间模型表示文本特征，使用频率特征来确定权重系数。

（三）文本聚类

文本聚类是无指导的机器学习，它将一个文档集合分成若干个簇，要求不同簇间的相似度尽可能小，而同簇内的文档内容的相似度尽可能大。文本聚类可广泛应用于信息检索与文本挖掘的不同方面，在大规模文本集的组织与浏览、文本集层次归类的自动生成等方面都具有重要的应用价值。

1. 文本聚类的方法

文本聚类的方法有很多，主要包括划分聚类法、层次聚类法、基于网格的方法、基于密度的方法、基于模型的方法等，其中以划分聚类法和层次聚类法最为经典。

划分聚类法是按照某种划分准则，将包含 N 个文档的数据集划分成指定数目的 K 个簇。其中，全局优化方法是穷尽所有的 K-划分空间寻找满足准则的最优划分。启发式方法则是从随机 K-划分出发，通过迭代操作不断调整文档归属，直到收敛（前后两次划分不变）。代表性的启发式方法有 K-Means 算法和 K-Medoids 算法。

层次聚类法又分为自底向上的凝聚式和自顶向下的分裂式两种方法。凝聚式方法开始将每个文本视为一个“簇”，然后每次寻找最近的两个簇进行合并，直到所有文本合并为一个簇。分裂式方法开始将所有文本视为一个簇，然后每次选择最大的一个簇分裂为两个，直到每个文本自成一“簇”。在实际应用中不一定要生成完整的层次聚类树，可根据具体需要（比如要求聚成 K 个簇），在适当的位置截断层次树（停止聚类），即可达到特定的聚类目标。凝聚式和分裂式层次聚类示意图如图 2-2 所示。

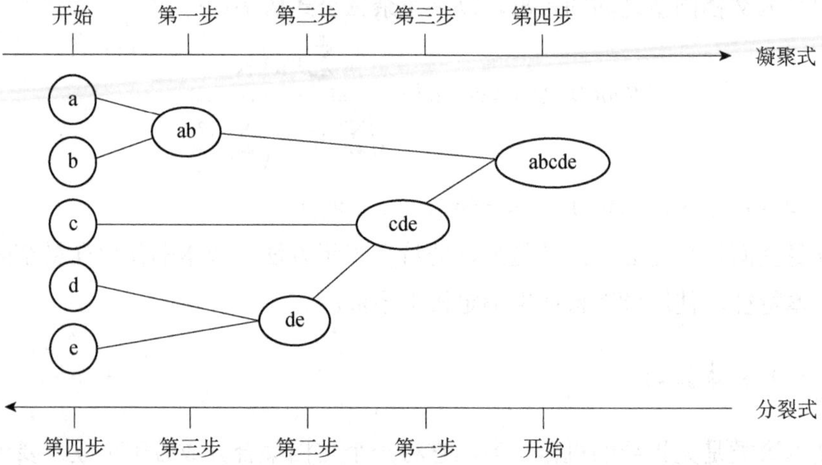

图 2-2 凝聚式和分裂式层次聚类示意图

2. 自组织网络聚类技术

自组织网络或称自组织映射（SOM）是一种聚类和高维可视化的无监督学习算法，由芬兰神经网络专家科霍宁（T. Kohonen）于 20 世纪 80 年代提出。

该算法是通过模拟人脑对信号处理的特点而发展起来的一种人工神经网络。SOM 作为一种降维映射的方法，在对数据矢量进行量化的同时，还能实现数据的降维映射，另外，该映射还具有分布密度匹配以及拓扑关系保持的优良特性。

SOM 拓扑结构如图 2-3 所示。SOM 上层为输出神经元，它们按某种形式排成一个邻域结构。输入节点处于下方，若输入向量有 k 个元素，则输入端有 k 个节点，每个输入节点到每个输出节点都有权值连接，而输出节点之间也可能有局部连接。

（1）SOM 算法描述

设输入空间由 $x(t) \in R^M$ 组成，权重向量 w_i，$i \in \{1,2,\cdots,N\}$ 来表示，在网络中的每个处理单元 i 有相同的维度 M，这构成了输入空间。设输入向量为 $x(t)$，其连接的权重为 w_i，为了找到 $x(t)$最好的匹配值，按照以下竞争机制选取获胜神经元：

$$i^* = \arg\min_{1 \leqslant i \leqslant N} \|x(t) - w_i(t)\| \tag{2-2}$$

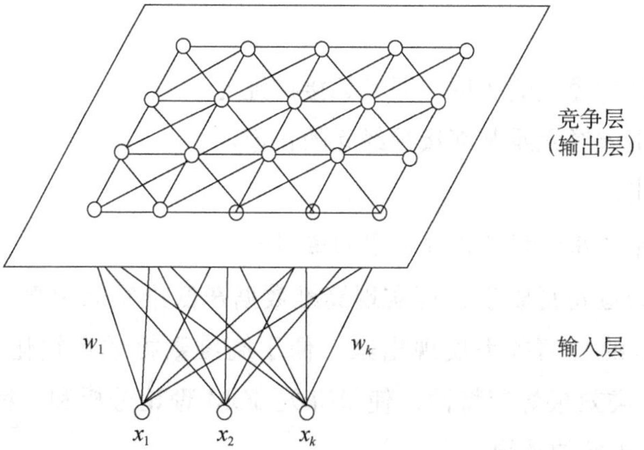

图 2-3　SOM 拓扑结构

即网络选择权值向量 $w_i(t)$ 中与输入信号 $x(t)$ 的最小距离的神经元节点为获胜节点，权值更新如下：

$$w_i(t+1)=w_i(t)+\varepsilon h_{i,r}(x(t)-w_i(t)) \tag{2-3}$$

其中，r 是在输入 $x(t)$ 下竞争获胜的神经元（$r=\arg\min\|x(t)-w_i(t)\|$）；$\varepsilon$ 是学习增益系数，随着学习次数呈指数下降；$h_{i,r}$ 是邻域作用函数，被定义为近似 RBF 的核函数，其中 $h_{i,r}=\exp\left(-\|r-i\|\right)/2\sigma^2$。这就是说，SOM 算法在赢者通吃（winner-take-all，WTA）竞争机制作用下，每次确定唯一获胜神经元，调整过程也是在获胜神经元的一定的拓扑范围内。

SOM 算法的最大特点是，在保持输入空间拓扑结构的同时将高维空间映射到低维空间，显示输入空间的统计结构。该模型引入 WTA 竞争机制和侧抑制规则，在确定获胜神经元后通过赫布规则调整该神经元及其邻域的权值，邻域调整大小、学习率均是退火过程。已经证明，SOM 算法在样本空间的分布或大致分布已知的情况下，可以获得很好的自组织效果，因此在神经计算、聚类、语音识别、向量量化等领域得到广泛应用。

（2）SOM 算法的具体过程

基本 SOM 算法的训练过程如下：

1）初始化，对输入神经元到输出神经元的连接权值赋予较小的值。

2）提供新的输入模式。

3）计算输入样本与输出神经元之间的距离，计算出具有最小距离的神经元作为获胜神经元。

4）给出获胜神经元的领域，即其邻接神经元。

5）修正输出神经元及其邻接神经元的权值。

6）计算输出。

（3）SOM 算法在专利文档聚类中的适用性

SOM 算法通过特征映射，可实现高维数据在低维空间中表示，并将其在低维空间中以简单的几何关系展现出来，便于高维数据的可视化。SOM 的自组织、可视化、聚类效果好等特性，使得有关 SOM 理论分析和工程应用的研究受到神经网络研究领域的重视。

SOM 的优秀性能可归纳为四个方面。

1）对输入数据具有聚类的作用：可用一个聚类中心代表多个输入，从而压缩数据。

2）保持拓扑连续性：输入中特性相似的点映射后，在输出空间中也是邻近的。

3）能反映训练样本的概率分布情况：原数据中呈某种概率分布，在映射图上的对应区域也有着相同的概率分布。

4）相比其他聚类算法，例如 K-Means 算法，SOM 算法具有更好的鲁棒性。①

尽管 SOM 算法也存在着不足，特别是需要预先给定网络单元数目及其结构形状的限制，但在本书的应用中可忽略不计。鉴于以上原因，本书采用 SOM 算法对专利文档进行聚类。

四、信息抽取

信息抽取是从非结构化或半结构化信息载体中提取以实体、关系、对象以及事件等类型为主的结构化信息并加以整合的过程。因此，实现有效的信息抽取需要使用自然语言处理的相关技术，并将抽取结构结果存入数据库，以便进行后续处理，在抽取过程中并不需要对其中所包含的情感进行理解。

在文本知识发现中，信息抽取技术一直是一个重要的研究方向，但普遍基于

① 陈小丽. 基于 SOM 算法的中文文本聚类. 南京理工大学硕士学位论文，2008.

英文语料进行处理；针对中文语料的研究较少，主要根据国外学者的研究对现有方法进行改进。由于语言的特性，英文语料用空格进行分隔，词与词之间存在明显的划分；与之不同，在中文语料中，词是最小的能够独立活动的有意义的语言成分，一个单句里词语之间没有间隔。因此，在进行信息抽取时首先需要对中文语料进行分词处理。由于最初中文分词效果并不理想，所以很难开展后续的工作。随着对中文分词研究的深入，其在很大程度上提升了基于中文语料的信息抽取任务的性能。以在 Python 中表现较为优秀的中文自然语言处理工具 Jieba 为例，该组件的分词精度可达到 97%以上，除了支持最基本的分词功能外，还具有词性标注、关键词抽取等功能。

目前，信息抽取技术常用的方法主要有基于规则的方法、基于统计的方法和多种方法相结合。

（一）基于规则的方法

该方法将文本视为由符号组成的输入序列，利用语言的词法和语法特性，根据知识库人为设定提取规则和正则表达式，抽取感兴趣的信息。其中，知识库是基于领域特点所构成的名词集合以及相关规则的总结，虽然以此为基础抽取的信息准确率较高，但由于人为干涉较多，可移植性不足。同时，由于语言使用场景的不同，词法和语法规则也通常具有显著差异，因此抽取规则必须基于实际情况进行具有针对性的调整。在特定领域且对准确率要求较高的情况下，该方法具有一定的可行性。

（二）基于统计的方法

该方法以统计学理论为背景，计算待抽取信息在语料库中的统计特征，从而实现信息抽取任务。基于统计的方法主要考虑两方面：一是信息的领域相关性，如信息出现的频次、逆文档频率等；二是信息的单元性，即信息是否完整，如互信息、对数似然比等。相比于基于规则的方法，基于统计的方法考虑到了单词、语法、先验知识等，具有更好的概括能力，能够有效减少噪声数据，具有普遍适用性。但是从整体来看，该方法的可靠性对语料的领域覆盖度和质量的依赖程度很高，在进行信息抽取任务时需保证语料的规范。

（三）多种方法相结合

该方法并不限于特定的抽取方法，通常是指将规则和统计方法相结合或融合其他能够有效进行信息抽取的方法。虽然没有固定的模式，但总的思路都是根据语料的领域、统计或其他特征，利用不同方法的优势来提高抽取效率。

信息提取技术有助于有效地分析非结构化文本并发现从以结构化形式描述的信息中获取的有价值的相关知识。随着大数据时代的到来，越来越多的先进技术将被应用到信息提取中，信息提取技术必将得到更大的发展和更广泛的应用。

五、SAO 结构

SAO 结构的概念来源于 TRIZ，其中，TRIZ 是描述技术问题并解决技术问题的一套理论。它是由阿尔特舒勒（G. Altshuller）从 20 万篇专利中抽取技术信息，总结了描述专利中创新设计功能的关系，然后通过这些关系形成一种专利创新的思考模式。SAO 结构是基于 TRIZ 中的关系函数形成的。SAO 结构是使用自然语言处理对专利文本进行处理，从而提取的按句法排序的句子；它们是明确包含相关专利的技术目标和结构的关键概念；SAO 结构集被视为发明人专业知识的详细描述。

SAO 结构是一种从文本语料中抽取的三元组结构，能够通过“主语”“宾语”，以及二者间的“行为”识别语料中的主题及主题间的关系。其中，主体和客体是与主题相关的以名词为基础的词或词组，行为是用来表达主体和客体之间关系的以动词为基础的结构。由于一个复杂句子中可能不仅仅包含一对一的主宾关系，还可能包含“一对多”“多对多”的关系，因此，在一个句子中可以形成多个 SAO 结构。

SAO 结构的基本单位是“关键概念”（key-concept），而不是“关键词”（key-word）；[①]在一个 SAO 结构中，如果 AO（行为–客体）代表对问题的描述，S 代表解决问题的方案或方法，那么 SAO 结构就可以认为是能表示问题解决的一种组织形式。例如，“soap cleans hands”“soap”是主体，“cleans”是行

① Lee B，Jeong Y I. Mapping Korea’s national R&D domain of robot technology by using the co-word analysis. Scientometrics，2008，77（1）：3-19.

为，“hands”是客体，那么“soap”这个技术的目的是“cleans hands”。

SAO 结构对于文本挖掘，尤其是专利文本挖掘具有一定的优势。一方面，在存在“一词多义”和同义词的情况下，与以主题词为基础的分析方法相比，使用 SAO 这种类似上下文的结构进行分析更能准确解释文本主题或技术点，在减少歧义的同时，对主题信息进行深度解读。另一方面，当两个词同时出现时，主题词共现分析仅仅能将二者联系起来，但无法确定它们之间的具体关系；而借助 SAO 结构，能够清晰表达出两个词之间的具体联系。

六、技术树及其相似度测度

技术树是用来表示特定技术领域或单体组织中技术特征及技术间关系的树结构图，通常包含某特定技术领域的产品组件、技术以及技术的功能及其使用效果之间关系的树形结构图，是技术规划的重要决策工具。①技术树作为一种重要决策工具，被广泛应用于技术规划。根据技术树的开发目的，技术树可以分为两类：技术分类技术树和功效分类技术树。技术分类技术树描述了专利技术中使用的组件、应用于产品的技术及其相互关联性。功效分类技术树描述了专利技术实现了什么样的技术功能以及相比以往的技术，该专利技术所具有的技术效果及效用改善。技术树是专利文献的一种表现形式，通过对技术树相似度的匹配，能够帮助判断专利之间的竞争程度，从而识别专利权人之间的竞争关系。

通常，针对文本的相似度测度，其过程包括：①切分句子；②找出词干；③标记词性；④确定每个句子中每个单词最有可能的含义；⑤根据词对的相似度计算句子的相似度。②但本书所构建的技术树并不是单纯的文本段落，而是将文本进行凝练后所得到的具有层次关系的树结构。因此，技术相似度匹配方面重点考虑两方面内容。

1）技术树的相似度与 SAO 结构的相似度有关。在本书中，技术树中的两个相连节点以及其连线是由一个 SAO 结构组成的。SAO 结构实际上是一个完整句

① 翟东升，夏军，张杰，等. 基于专利特征抽取的技术树构建方法研究. 情报学报，2015，34（7）：717-724.

② Yoon J，Kim K. Detecting signals of new technological opportunities using semantic patent analysis and outlier detection. Scientometrics，2012，90（2）：445-461.

子的精准概括，因此可以用 SAO 结构的相似度作为句子的相似度。

一种传统的计算两个文本相似度的方法，如下公式所示：

$$SIM_{ij}=\frac{keywords_{ij}+keywords_{ji}}{keywords_{i}+keywords_{j}} \tag{2-4}$$

其中，$keywords_{ij}$ 是指在文档 j 出现文档 i 中关键词的次数，$keywords_{i}$ 是指从文档 i 中抽取的关键词总数。这种方法认为相似度的检测将文本中的关键词作为文本的表达，通过观察关键词在其他文本中出现的频次来判断两个文本之间的相似度，该方法主要注重于文本中语言上的描述而不是文本的结构。针对这个问题，有学者提出了一种比较专利树中技术（或产品）以及技术（或产品）的功能和层次关系来确定专利的相似度的方法①：

$$SIM_{ij}=\alpha\frac{|\Gamma(i)\subset\Gamma(j)|+|\Gamma(j)\subset\Gamma(i)|}{|\Gamma(i)|+|\Gamma(j)|}+\beta\frac{|C(i)\subset C(j)|+|C(j)\subset C(i)|}{|C(i)|+|C(j)|} \tag{2-5}$$

其中，$\Gamma(i)$是属于第 i 项专利的层次关系和功能的集合；$|\Gamma(i)\subset\Gamma(j)|$ 表示第 i 项专利的层次关系和功能，也出现在第 j 项专利的功能树中；$|C(i)|$是属于第 i 项专利的技术列表；α 和 β 是加权关系和技术相关性的系数。该方法将专利内容以树的形式展现，并考虑了专利中技术或产品之间的关系与功能实现的相似度，能够有效测量专利的相似度。但与单一的专利树相比，多个专利同时出现于本书所构建的技术树，因此，技术或产品之间的关系需要考虑所属哪一个专利。

2）技术树的相似度与节点之间的层次关系有关。在测度单一专利所构建的树的相似度方面，大部分方法都是基于树的结构特征进行分析的。

通过将专利文本内容表示成向量，用向量间夹角余弦计算两个向量之间的相似度，并对树结构的各部分进行加权求和得到两个专利文本之间的相似度：

$$SIM_{ij}=\sum_{m=1}^{n}\sigma_m SIM_m \tag{2-6}$$

其中，n 是专利文献的部件总数，σ_m 为第 m 个部件的相似度权重系数，SIM_m 为专利 i 和专利 j 的第 m 个部件的相似度。权重系数：

$$0\leqslant\sigma_m\leqslant 1\ (m=1,\cdots,n) \text{ 且 } \sum_{m=1}^{n}\sigma_m=1 \tag{2-7}$$

① Cascini G，Zini M. Measuring patent similarity by comparing inventions functional trees//2nd IFIP Topical Session on Computer-Aided Innovation held at the 20th World Computer Congress. Springer，2008：31-42.

对于两个专利的比较，该方法能够全面地考虑专利内容的相似度，结合专利文献结构上的关系，在一定程度上考虑了语义信息。但对于本书所构建的基于专利权人的技术树，更需要具有针对性，应更加深入地挖掘文本内容，若直接使用该方法，就会造成信息的冗余，影响对相似度的测量。

综上，针对技术树相似度，本书对专利文本的内容进行深入挖掘，将专利文本中的技术、产品、功能、效果等信息作为节点构成树状层次结构，构建技术树，然后采用语义相似度和层次关系相结合的方法进行计算。

七、案例推理技术

（一）案例推理技术的基本思想

案例推理技术是基于相似和类比推理的一个独立分类，是对人类认知过程的一种仿生。它是人工智能领域新近崛起的一种基于知识的问题求解和学习方法。

案例是一段带有上下文信息的知识，该知识表达了推理过程中能起关键作用的经验。其中，把当前需要解决的问题或情况称为目标案例；把记忆中的问题或情况称为源案例。①

案例推理技术是一种通过目标案例的提示得到历史记忆中的源案例，并由源案例指导目标案例求解的策略。案例推理技术不同于基于规则推理，它是指借用旧事例或经验来解决问题、评价解决方案、解释异常情况或理解新问题。因此，案例推理的核心思想是为解决一个实际新问题，即目标案例的解，首先在案例库中寻找相似的源案例，从过去相似源案例中获取解，并把它作为求解实际问题的起点，通过适应性修正而获得目标案例的解。

（二）案例推理技术的工作流程

案例推理技术的工作原理就是模仿人类的认知心理过程——利用已有的经验和知识来解决新问题。案例推理的工作流程简单说来分为以下几个步骤。

1）案例表示：对已完成案例以及需要分析的案例进行分析，提取问题特征，并将其定义为统一格式，即源案例和目标案例。

---

① 贺晓. 基于灰色关联的案例推理在智能诊断系统中的应用研究. 华中科技大学硕士学位论文，2005.

2）案例索引存储：对源案例进行索引，组织存储构建案例库。

3）案例检索：计算目标案例与案例库中源案例的匹配度，获取目标案例的相似案例。

4）调整修正风险案例：结合系统的学习能力和人工计算，对用户的新案例进行风险评估，作为此推理过程的最终解。

5）案例学习：判断新案例是否是有价值的案例，判断是否将其添加补充到案例库，结束推理过程。基于案例推理技术的评估模型如图 2-4 所示。

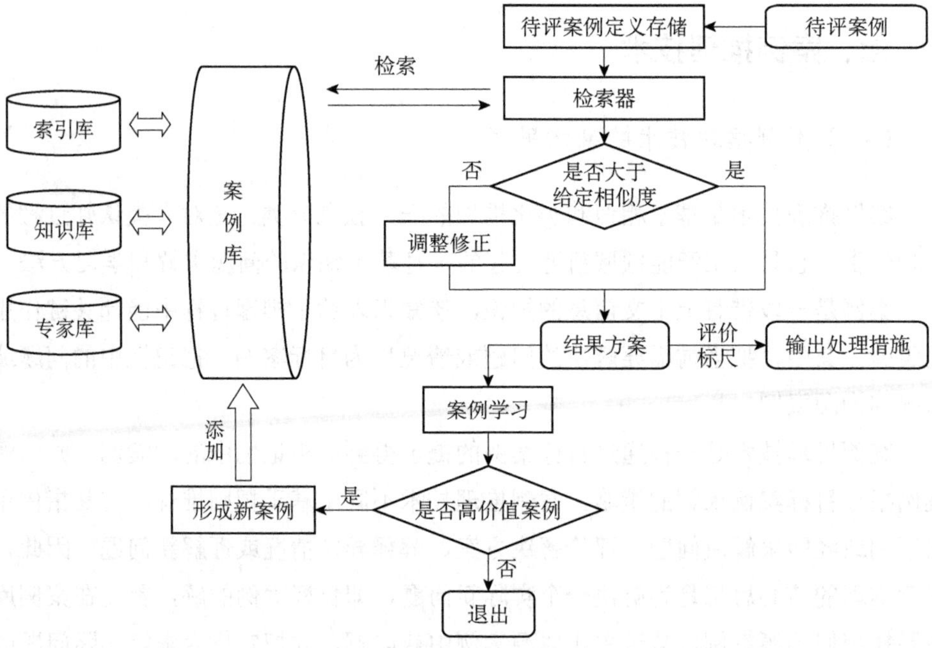

图 2-4 基于案例推理技术的评估模型

小 结

本章主要介绍了高新技术企业的相关概念，以及专利地图、文本挖掘、术语抽取、技术树、支持向量机和案例推理技术等的理论、方法，指出了相关技术与方法如何是在本书研究工作中得以改进并加以应用的。本章是本书的基础理论研究部分。

第三章

技术威胁相关概念

一、技术的概念和本质

技术是什么？技术为何会产生威胁？本节将重点对“技术威胁”中的“技术”的概念进行深入探讨，并从技术本质进行分析，探究技术为何会产生威胁。

（一）技术的概念

《现代汉语词典》中，技术指“人类在认识自然和利用自然的过程中积累起来并在生产劳动中体现出来的经验和知识，也泛指其他操作方面的技巧”①。

对技术的定义有“技能说”“手段说”“应用说”“知识说”“实践说”等。“技能说”认为技术就是经过熟练操作而获得的经验、技能和技艺。“手段说”是将技术理解为为了实现目的的物质手段体系的总和。“应用说”强调技术的主体因素，即“有意识地应用”，“应用说”的技术定义具有深刻的实践性和辩证的逻辑性，强调人类实践的主体性，因而把对技术本质的认识从狭隘的社会科学领域推进到从哲学方面进行反思。“知识说”将技术理解为一种知识，例如，德国的贝克曼给技术下定义为，指导物质生产过程的科学或工艺知识。“实践说”则强调人类的实践过程，认为科学是理论（知识），技术是实践。

综合国内外学者的研究观点，发现关于“技术”的定义主要集中在两大类：第一类倾向于在理论的维度上理解技术，认为技术是一种知识（或方法）体系，即作为知识的技术，包括技能、规则、理论等要素。邦格认为技术是按照某种有价值的实践目的来控制、改造和创造自然的与社会的事物和过程，并受科学方法制约的知识总和。第二类倾向于在实践的维度上理解技术，一种注重实践结果，另一种注重实践过程。其中，注重实践结果的观点认为“技术”是一种人类活动（或行为）的结果、产物、产品，即由技术实践所产生或制造的物质工具、设备

① 中国社会科学院语言研究所词典编辑室. 现代汉语词典. 7版. 北京：商务印书馆，2018：617.

或人工物①；注重实践过程的观点认为“技术”就是设计、制造和调整、运作和监控人工过程或活动本身②。

鉴于本书的研究对象为“技术威胁”中的“技术”，更多的是从实践角度探索“技术”的含义。综合上述研究，本书认为“‘技术’是技术主体在一定目的作用下，经历设计、制造以及运作等一系列活动，从而产生或制造物质工具、设备或人工物的过程”。

因此，可以看出，技术由四部分组成，即技术四元组 Technology={TS，TG，TP，TA}。其中，TS 为技术主体，TG 为技术目的，TP 为技术过程，TA 为技术成果，四者的关系如图 3-1 所示。

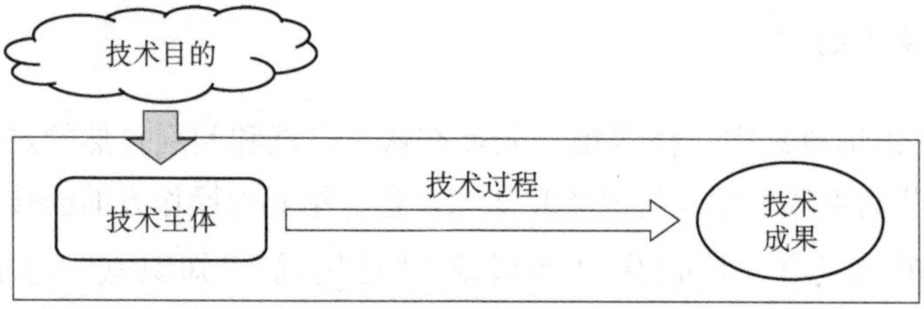

图 3-1 “技术”解析

（二）技术的本质

从技术的社会属性角度探讨技术的本质，一直有两种观点，即技术决定论和社会建构论，两者统称为技术价值论。

技术决定论认为，技术已经成为一种自主的技术，技术构成了一种新的文化体系，这种文化体系又构建了整个社会。因此，技术是一种自律的力量，它按照自己的逻辑前进，“技术规则”决定一切，支配着社会和文化的发展，技术的发展决定并支配着人类的精神和社会状况。③

社会建构论认为，技术发展囿于特定的社会情境，技术活动受到技术主体的利益、价值取向等社会因素决定。其中，技术主体是具有价值取向和利益需求的具体人群，而与主体相关的技术活动存在着复杂的社会利益和价值冲突，因此，技术是社会利益和文化价值倾向所建构的产物，技术体现了更广泛的社会价值和

① 李永红. 技术认识论探究——关于技术的现代反思. 复旦大学博士学位论文，2007.

② 陈昌曙，远德玉. 也谈技术哲学的研究纲领. 自然辨证法研究，2001，17（7）：39-42，52.

③ 王树松. 论技术合理性. 东北大学博士学位论文，2005.

技术主体的利益。①

综上可见，技术决定论与社会建构论从两个方面论述了技术的价值负载问题：一方面，技术遵循客观规律；另一方面，技术活动还具有特定的价值取向，这种特定的价值取向对于社会文化价值取向具有动态的重构作用。与此同时，技术是社会文化的产物，技术动态地反映了社会利益和社会价值取向。所谓价值负载，实质上是内在于技术的独特的价值取向与内化于技术中的社会文化价值取向和权利利益格局互动整合的结果。②由此可见，技术的本质决定技术发展的同时，必然会在不同的技术主体之间产生威胁。

二、威胁的概念和内涵

对普遍意义"威胁"的解释，大多立足"威胁"的制造者的角度，将"威胁"作为一个动词予以释义。本书关注的是研究对象所面临的威胁，即存在的威胁，这里的"威胁"是一个名词。从一般意义上讲，存在威胁就是研究对象的利益或安全可能受到危害性影响的一种状况，因此，本书所指的"威胁"指的是一种态势，反映研究对象在一定环境条件下所处态势的优劣。

深入探究"威胁"的概念，分析威胁的形成过程，威胁就是在一定环境条件下，威胁主体通过即将、正在进行或者已完成的活动，对威胁客体的利益造成损害，使其处于不利的状态。由此，本书将"威胁"可以表达为一个五元组，即Threat={TRE，TRS，TRO，TRI，TRC}，其中TRE为环境条件，TRS为威胁主体，TRO为威胁客体，TRI为威胁事件，TRC为威胁状态。

三、技术威胁的概念、内涵及特点

（一）技术威胁的概念和内涵

上述研究分别探讨了"技术"和"威胁"的概念及内涵，综合"技术"和"威胁"的含义，可知"技术威胁"即技术的威胁或技术引发的威胁，其主要涵

① 王树松. 论技术合理性. 东北大学博士学位论文，2005.

② 张艳. 技术价值评价的系统研究. 大连理工大学硕士学位论文，2005.

盖以下关键因素：TTRE（技术威胁环境）、TTRS[技术威胁主体（等同于技术主体 TS）]、TTRO（技术威胁客体）、TTRI[技术威胁事件（通过技术过程 TP，得到技术成果 TA）]、TTRC（技术威胁状态）。同时，针对当今知识经济时代的特点，本书给出“技术威胁”的定义如下：技术威胁是指在一定环境条件下，由技术威胁主体具有威胁性的具体技术事件引发的，破坏了技术威胁客体现有技术（体系）的垄断性、稳定性以及发展的可持续性，使其现有技术（体系）失去竞争优势，技术的可持续发展受到阻碍的状态，从而可以获知技术威胁，并将其表达为 Technology Threat={TTRE，TTRS，TTRO，TTRI，TTRC}。

技术威胁环境是指企业所处的外部环境，主要包括宏观环境、中观环境和微观环境。宏观环境主要是指那些来自于企业外部对企业发展战略产生影响的主要社会力量，包括政治（法律）、经济、社会文化以及技术等宏观因素，例如，政局的稳定性、社会技术总水平及变化趋势等。中观环境是指企业所面对的产业环境，企业所处的不同产业生命周期，将对企业产生不同的影响，例如产业技术更新的快慢、产业技术纠纷强度等。微观环境是针对单体企业而言，重点分析竞争对手、潜在竞争对手以及用户的需求变化对企业的影响。

技术威胁主体即技术威胁的制造者。由于本书中的“技术威胁”指的是“技术的威胁”或者“技术引发的威胁”，因此，技术威胁主体（技术威胁的制造者）指的是具有利益需求和价值取向的具体人群。通过上述研究可知，技术威胁主体也是技术的主体，技术威胁主体为企业的现实竞争对手或潜在竞争对手。

技术威胁事件即引发威胁的具体技术事件，本书指的是“技术主体（TS）通过技术过程（TP）形成技术成果（TA）”，该技术成果将对研究对象造成威胁，但由于技术威胁事件的形成是一个过程，因此决定了对技术威胁可以进行及时的识别、预警和防范。

技术威胁状态即技术威胁的出现使得技术威胁客体现有技术失去竞争优势，技术的可持续发展受到阻碍的状态。根据技术威胁对研究对象造成的损害程度，可以将技术威胁状态分为四个等级：轻微、中等、关注、严重。

“技术威胁”解析如图 3-2 所示。

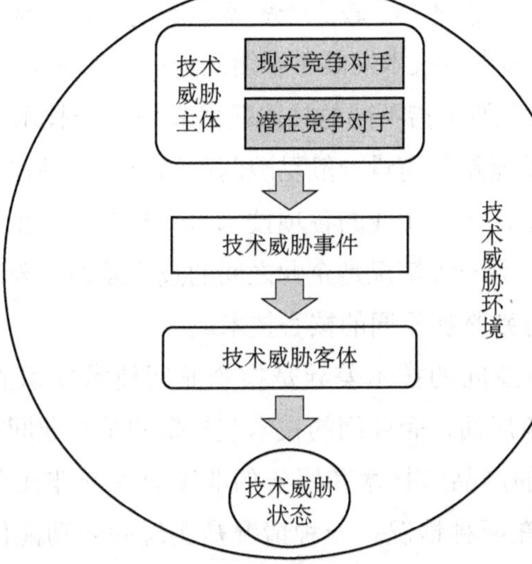

图 3-2　“技术威胁”解析

（二）技术威胁产生的原因分析

1. 技术的社会性和价值负荷是技术威胁产生的根本原因

社会建构论指出，技术发展囿于特定的社会情境，技术活动由技术主体的利益、文化选择、价值取向和权利格局等社会因素决定。其中，技术主体是具有价值取向和利益需求的具体人群，而与主体相关的技术活动存在着复杂的社会利益和价值冲突，因此，技术是社会利益和文化价值倾向所建构的产物，技术体现了更广泛的社会价值和技术主体的利益。①因此，技术本质明确地揭示了技术具有价值负载功能，即技术内在的独特价值取向与内化于技术中的社会文化价值取向以及权利利益格局相互作用从而协调、整合的结果。由此可见，技术的本质决定了技术发展的同时，必然会在不同的技术主体之间产生威胁。

2. 技术发展不平衡是技术威胁产生的直接原因

由于技术发展的不平衡，拥有技术的强者对弱者往往构成威胁、威慑甚至危害。技术强者通过技术的优势不仅在市场占有率上处于决定性位置，同时，采用技术标准、技术联盟等方式，严重威胁技术弱者的生存与发展。随着技术在社会经济发展中重要性日益加强，技术发展不平衡产生的影响愈发明显。技术作为现

① 王树松. 论技术合理性. 东北大学博士学位论文，2005.

代经济十分重要的生产要素之一，较之于资本、劳动力、土地等其他生产要素，其分布更加不平衡。①其中，技术发展不平衡涵盖以下三种情况。

1）技术差距。技术差距指不同的技术研发者在同一技术（体系）上相互之间的差距。企业间技术差距的衡量一般呈现两种结果：一种情况是企业之间技术水平在整体上存在差距，一个企业的各项技术水平相对另一个企业有差距，表现出整体上的技术落差；另一种情况是企业之间的技术差距，表现为核心技术分布不均匀，即不同企业分别掌握不同的核心技术。

2）技术差异。企业间的技术差异是指企业间技术知识的非重叠（或非冗余）程度。扩展到竞争层面，企业间的技术差异指的是企业间技术知识以及应用这些技术知识所产生的产品、技术和服务的非重叠（或非冗余）程度。企业间的技术差异一般表现在两种情况：一种情况是实现同一功能但采用不同的技术系统；另一种情况是技术系统相同，但相应的技术法规、技术标准和兼容性等不同。

3）技术研发不平衡。技术研发不平衡定位于企业未来的发展，其包含两个层面：技术研发实力差距和技术研发方向差异。②其中，技术研发实力差距是指不同企业之间由于知识含量、技术研发人员的数量和质量、企业文化等的不同，不可避免地在技术研发水平上有所不同；技术研发方向差异是指由企业未来技术战略定位而引发技术领域选择和技术战略定位的区别。技术研发不平衡直接决定了企业在未来竞争中面临的技术威胁，因此，应该进行动态监测，对企业的研发状况进行实时追踪。

（三）技术威胁类型

1. 技术差距威胁

技术差距威胁是指由于不同的技术研发者在同一技术（体系）上相互之间的差距而引发的技术水平高的企业对技术水平低的企业产生的威胁。知识经济时代，技术扮演着越来越重要的角色，技术强者采用各种方式获取利益，对技术弱者产生严重的技术威胁。综合起来主要有以下两种表现形式：①技术强者通过专

---

① 赖院根，朱东华. 组织间技术威胁的理论研究. 科研管理，2009，30（4）：123-129.

② 赖院根，朱东华. 组织间技术威胁的理论研究. 科研管理，2009，30（4）：123-129.

利布局、专利丛林等方式提前占领市场，抬高市场准入门槛，从而进行市场垄断、限制竞争对手；②技术强者通过知识产权诉讼、构建专利联盟等策略控制产品链的上游，从而获取巨额利润，技术弱者只能从事产品的下游加工，获取微薄利润。[①]

2. 技术差异威胁

技术差异威胁是指由企业间技术知识以及应用这些技术知识所产生的产品、技术和服务的非重叠程度而引发的威胁。假设同一技术系统中存在两种技术，两种技术相互竞争且互不兼容，当其中一种技术成为事实标准时，另一种技术就会被孤立，从而无法进入目标市场。例如，围绕下一代 DVD 标准之争，以索尼（Sony）公司为首的支持蓝光光盘标准和以东芝（Toshiba）公司为首的 HD-DVD 阵营互不相让，每一方都获得了多家电子设备厂商的支持。2008 年 2 月，随着东芝公司正式宣布放弃 HD-DVD 标准，由索尼公司研发的蓝光标准正式胜出。由于我国自主研发的下一代标准是基于 HD-DVD 标准的，这对当时我国许多企业未来产品的国际接轨产生巨大影响。

3. 技术研发威胁

不仅当前的技术不平衡可能给一个企业带来生存上的威胁，未来技术的发展也同样如此。技术研发可分为破坏性技术研发和延续性技术研发——与原有技术发展逻辑不同，超出原有技术路线，并且对原有技术有不可逆替代作用的技术称为破坏性技术，比如电灯替代蜡烛照明等，对应的技术研发模式称为破坏性技术研发[②]；沿着原有技术轨道发展的技术称为延续性技术，其相应的技术研发模式称为延续性技术研发。与技术研发模式相对应，技术研发威胁表现为两种形式：破坏性技术研发威胁和延续性技术研发威胁。其中，对于延续性技术研发引发的威胁而言，此时市场已经基本定型，新产品、技术或服务的出现会引起市场的微调，从而决定了形成的技术威胁相对较弱；而对于破坏性技术研发引发的威胁而言，由于此时市场是全新的，只要新技术对外部的技术环境兼容性好，适应性强，将会迅速占领市场，从而形成强劲的技术威胁。

---

① 赖院根，朱东华. 组织间技术威胁的理论研究. 科研管理，2009，30（4）：123-129.

② 克莱顿·克里坦森. 创新者的窘境. 胡建桥译. 2 版. 北京：中信出版社，2014：14-15.

4. 替代品的威胁

功能或用途基本相同的不同种类的商品，在满足消费者需求时可相互替代，它们之间互称为替代品。[①]例如，数码相机对传统胶片相机的冲击，使得柯达等老牌胶片相机的巨头破产，随着智能手机的出现，数码相机逐步淡出人们的视野。随着科技的高速发展，替代品有的来自同一技术领域，有的则跨度相当大，例如，网络功能对航空、铁路运输的冲击，通过 NetMeeting，职场人员可以召开视频会议而减少出差的频率，从而对航空、铁路的运输产生一定的影响[②]；再如，电商对实体店铺产生冲击，中关村 e 世界终于未能抵挡住网络卖场的冲击，关门停业。

（四）技术威胁的特点

1. 破坏性

无论什么性质和规模的技术威胁，都会对威胁客体造成严重的破坏，破坏了威胁客体现有技术的垄断性、稳定性以及发展的可持续性，使其现有技术失去竞争优势。

2. 客观性

技术的本质表明技术活动受到技术主体的利益、文化选择、价值取向、权利格局等社会因素影响，技术体现了更广泛的社会价值和技术主体的利益，这就决定了技术威胁的存在是不以人的意志为转移的，是客观存在的。因此，对待技术威胁不应逃避，而应考虑如何有效应对。

3. 渐进性

技术自身发展是一个从量变到质变的过程，技术威胁的形成也不是一蹴而就的，而是由技术本身及技术环境中的不利因素的量变积累而渐进形成的。因此，只要日常对威胁客体所处的外部环境进行实时监测，对竞争对手的研发动向和技术战略予以密切关注，准确识别潜在的竞争对手，及时捕获技术威胁的微信号，就能对技术威胁进行有效预警和防范。

---

① 郑健壮. 微观经济学. 杭州：浙江大学出版社，2010：29.

② du Preez G T，Pistorius C W I. Technological threat and opportunity assessment. Technological Forecasting and Social Change，1999，61（3）：215-234.

4. 复杂性

由于技术发展日新月异、新兴技术层出不穷，技术替代经常是跨行业区域的，这就决定了准确、及时地识别技术威胁的复杂性，对技术威胁识别时需要多维度地进行分析。

小 结

本章主要介绍了高新技术企业的相关概念，以及专利地图、文本挖掘、术语抽取、技术树、支持向量机、案例推理技术等的理论方法，指出了相关技术与方法如何在本书研究工作中得以改进并加以应用的。本章也是本书的基础理论研究部分。

第四章

高新技术企业技术威胁模型

高新技术企业是在国家重点支持的高新技术领域内，持续进行研究、开发与技术成果转化，形成企业核心自主知识产权，并以此为基础开展生产经营活动的企业。目前，国家重点支持的高新技术领域包括电子信息、生物与新医药、航空航天、新材料、高技术服务、新能源及节能、资源与环境、先进制造与自动化。① 相对于一般或传统企业而言，高新技术企业建立在高新技术基础上，具有知识密集、技术密集的特征，持续性的技术创新是高新技术企业的内生特性。但高新技术的复杂性、创新性与高新技术企业的风险性呈同步增长趋势，决定了高新技术企业的高风险性。另外，随着技术的快速发展、多学科知识的融合，高新技术企业所涉及的技术不断向大型化、集约化、复杂化、多学科方向发展，使得高新技术企业面临的技术威胁越来越复杂、激烈。针对该问题，本章面向高新技术企业构建了技术威胁三维模型：技术竞争环境维度、技术威胁制造者维度、技术威胁事件维度，并对各维度进行深入探究。在此基础上，针对技术威胁事件维度，构建技术威胁事件七元组，应用自然语言处理和 Web 挖掘技术，结合 Web 新闻数据，抽取技术威胁事件，从而助力于高新技术企业的技术威胁识别和技术战略决策的制定工作。

一、理论研究框架

通过第三章技术威胁概念的梳理，获知技术威胁的重要影响因素为技术竞争环境、技术威胁制造者和技术威胁事件。技术威胁三维模型如图 4-1 所示。

后续研究将重点从技术竞争环境、技术威胁制造者和技术威胁事件三个维度展开。其中，技术竞争环境主要从微观环境、中观环境和宏观环境角度展开研究；技术威胁制造者重点对技术威胁制造者的定义、类型、个体信息进行分析；技术威胁事件详细解析了技术威胁事件的定义、类型、构成要素。

① 科技部 财政部 国家税务总局关于修订印发《高新技术企业认定管理办法》的通知. https://www.most.gov.cn/xxgk/xinxifenlei/fdzdgknr/fgzc/gfxwj/gfxwj2016/201602/t20160205_123998.html.（2016-02-04）[2023-01-15].

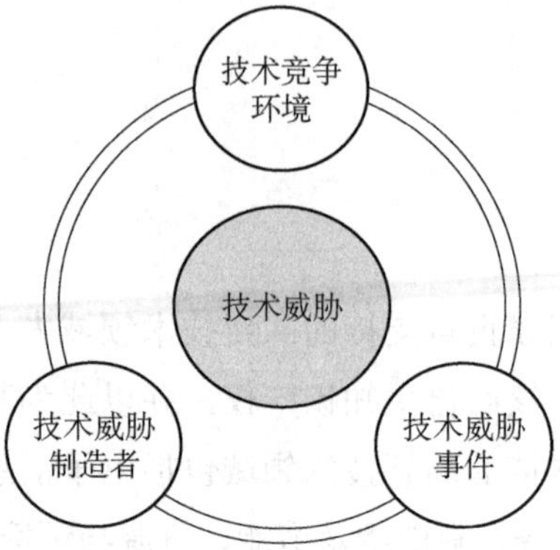

图 4-1 技术威胁三维模型

二、技术竞争环境维度

通过技术威胁概念的研究可知，技术威胁是由企业外部因素引起的，因此，本书重点对企业外部竞争环境展开研究，识别技术威胁的影响因素。

在当今知识经济时代，企业始终处于一个动态、复杂多变的外部竞争环境之中，企业的生存与发展在很大程度上取决于它与变化着的外部竞争环境相适应的程度。因此，本节着力于从企业发展的技术相关层面，重点对企业外部环境进行分析，以识别企业技术威胁的影响因素。

根据对企业的影响程度和影响范围，本书将企业外部环境分为微观环境、中观环境和宏观环境三个层面，并分别探讨不同环境层面的促进技术威胁产生的因素。

（一）微观环境

微观环境，主要针对单体企业而言，重点分析竞争对手以及用户的需求变化产生的技术威胁因素。微观环境下，单体企业的技术竞争优势主要受到竞争对手、用户需求变化两方面的影响。

1. 竞争对手

竞争对手主要分为直接竞争对手和潜在竞争对手，具体内容见本章“技术威胁制造者维度”内容。竞争对手引发的技术威胁主要分为三个类型：①技术实力威胁。技术实力强的企业通过研发新技术、新产品，申报专利、构建技术标准以及技术壁垒等手段提高市场准入门槛，用以控制市场、限制竞争对手，从而对技术实力弱的企业形成技术威胁。例如，日立、松下、三菱、东芝、JVC、时代华纳六大公司结成联盟（简称 6C 联盟），发表了关于“DVD 联合许可”的声明，要求全球所有从事 DVD 专利产品生产的厂商必须向 6C 联盟购买专利许可。在 6C 联盟的打压下，2004 年，我国大批本土 DVD 企业面临困境，深圳宝安区 DVD 工厂从 140 多家锐减至 35 家左右。[①]②技术差异威胁。同一技术系统中的多种技术，当其中一种成为市场上的事实标准时，与其相竞争的不兼容技术就会被孤立，进而很难进入目标市场。20 世纪 80 年代，索尼力推的录像机格式 BETA 标准不敌 JVC 推崇的 VHS 格式，索尼公司在损失大量专利费的同时还失去了对市场的主导地位。[②]近几年来的新能源技术标准之争也是该类技术威胁的典型案例。[③]对于与这些事件相关的组织来说，技术差异直接威胁到其利益与安全。③其他威胁。其他威胁既包含技术研发威胁，也包含替代品的威胁，它们都相对隐蔽，不易被识别。其中，技术研发威胁需要对直接竞争对手和潜在竞争对手进行长时间的监测、跟踪，从而发现其研发动向的发展变化情况；而对于替代品，更多的是通过观测市场用户的需求，以用户需求为导向，反向追踪替代品的生产者和制造者，从而识别其造成的技术威胁。

2. 用户的需求变化

著名管理学家彼得·德鲁克指出，企业不是由产品决定的，而是由用户决定的。用户的需求是企业整个活动的中心和出发点。高新技术企业作为技术、产品和服务的提供者，其最终目的是促成用户的购买并以此满足用户的特定需求，因此，要对用户的相对满意程度与利益进行分析，把用户需求（包括潜在需求）作为新技术、新产品研发的源头。[④]但是，全球经济一体化和技术的快速发展使得高新技术企业面临的外部竞争环境发生很大变化：产品竞争日益激烈，产品生命周期缩短，消费者需求呈现出多样性、个性化以及可诱导性等趋势和特征，因此，如何将产品或技术的创新和用户需求有效匹配非常重要。如果在技术或产品研发过程中，不明确用户的需求，只选择自己擅长的技术进行产品开发，或者按

---

① 张利英，郭建平. 21 世纪初世界科技走向及我国科技安全环境研究. 科技进步与对策，2004（2）：14-16.

② 赖院根，朱东华. 组织间技术威胁的理论研究. 科研管理，2009，30（4）：123-129.

③ 马建平，庄贵阳. 新能源技术标准之争落子何处. 董事会，2010（2）：58-61.

④ 袁泽沛，安林波. 浅论顾客导向和竞争者导向的协调. 科技进步与对策，2003，20（11）：112-114.

照自己所理解的用户需求进行技术创新，导致产品无法满足用户需求，从而引发技术威胁。

例如，诺基亚始终以“科技以人为本”的理念作为研发宗旨，在产品设计时，诺基亚总是想方设法去了解用户需求，然后尽可能地满足他们的需求。因此，诺基亚自认为非常了解用户，但是诺基亚为什么会输给苹果？很重要的一点是，诺基亚引以为傲的大规模定制化生产模式已经不再适用于当前用户追求个性化的极致消费体验需求，诺基亚一味地推出一款又一款的手机、一个接一个服务，用户对此却不买账。然而，苹果手机没有像诺基亚那样推出多型号、款式、种类的手机及服务，看似没有细分用户需求，但是苹果手机划时代的设计产生的品牌效应以及丰富的网络应用开拓了一片崭新的个性化世界，为用户带来全新的体验，从而使得诺基亚在面对苹果的技术创新时，显得如此不堪一击。①

（二）中观环境

中观环境主要是指企业所属的产业层面，根据产业生命周期的各个阶段对企业面临的技术威胁进行识别。在分析产业环境中诱发企业技术威胁的相关因素时，本节主要从“产业生命周期”视角展开探讨。

市场经济实践表明，以一定的核心技术或工艺为基础形成的产业，从其产生、发展直至消亡都遵循一定的生命周期规律，企业生命周期的基本过程包括萌芽期、成长期、成熟期与调整期四个阶段。同时，为了更好地揭示诱发组织技术威胁的因素，结合产业生命周期的本质规律，本小节将产业生命周期定义为以下几个阶段：萌芽期（自然垄断）、成长期（全面竞争）、成熟期（产业重组）、调整期（升级优化）、衰退期（产业转移）。

1. 萌芽期：自然垄断

科学的新发现、市场的新需求以及出于国家安全的战略考虑，都将激发新兴产业技术的出现或者原有产业技术的相互融合，从而促使新的高新技术产业的形成，进入产业萌芽期。②产业萌芽期是指新技术或新工艺从出现到成熟，形成生

① 王维焕. 巨星的陨落——诺基亚失败的财务与战略分析. 厦门大学硕士学位论文，2013.

② 费钟琳，魏巍. 扶持战略性新兴产业的政府政策——基于产业生命周期的考量. 科技进步与对策，2013，30（3）：104-107.

产能力进入市场，为目标消费者所认识和接受的时期。因此，在该阶段，高新技术企业面临的技术威胁主要是技术研发威胁。

2. 成长期：全面竞争

随着新技术的不断改进，产业技术日趋完善与成熟，产品质量也日趋稳定，同时，市场不确定因素的减少，市场需求逐步扩大并且迅速增长，技术和垄断优势逐渐丧失，该阶段的竞争主要演变为市场份额和成本之争，产业风险较大程度地释放，加上产业发展的需要，政府的扶持与鼓励，高额利润的吸引，许多企业进入该产业，促进产业迅速发展，并逐渐形成了一种类似“诸侯割据”纷争的竞争状态。[①]因此，在该阶段，高新技术企业面临的技术威胁主要是技术差距威胁和技术差异威胁。

3. 成熟期：产业重组

在该阶段，产业技术完全成熟、产品质量非常稳定，主导产业和上、中、下游产业链已经明确并成形，具有良好的产业支撑及配套条件，产业具有较强的经济实力和较高附加值的产出，市场需求的增长速度减缓，市场竞争主要表现为差异化、成本和规模之间的竞争。因此，在该阶段，高新技术企业面临的技术威胁主要是技术差距威胁和技术差异威胁。

4. 调整期：升级优化

高新技术产业生命周期不同于其他一般产业的生命周期，经过成熟期，它不会很快转向衰退期，而是进入产业结构优化升级的调整期。在调整期内，通过不断地技术创新，力求实现产业发展新的高潮，该阶段对自主创新和知识资本的重视达到前所未有的程度。为此，企业不断提高产品的科技含量，其中，一些企业向产业链上端移动，寻求优势地位；一些企业通过技术创新开辟新的技术领域，出现了新的产业萌芽，从而开拓了一个新产业。产业不断优化升级，产业发展重点在于产业“知量”——产业中的知识含量。[②]因此，在该阶段，企业面临的技术威胁主要是由于技术研发，出现替代品（新技术）而引发的威胁。

---

① 费钟琳，魏巍．扶持战略性新兴产业的政府政策——基于产业生命周期的考量．科技进步与对策，2013，30（3）：104-107．

② 傅首清，赵豪迈，邱菀华．高技术产业生命周期及其非技术因素分析．北京航空航天大学学报（社会科学版），2010，23（1）：75-80．

5. 衰退期：产业转移

科技的快速发展以及产业成本的不断提高使得产业利润率大幅度下降，或者由于技术突破，出现了新的替代产业，市场需求不断地减少和萎缩，从而缩短了该产业的生命周期，产业开始逐渐衰退。但是，由于在前期发展过程中，高新技术产业内部已经形成巨额的金融资本、大量的有形或无形的知名品牌，以及丰富的高素质人才资源，随着产业的衰落，这些资源开始转移，在全球范围内进行重新配置。因此，在该阶段，企业面临的技术威胁主要是由于技术研发，出现替代品（新技术）而引发的威胁。

（三）宏观环境

宏观环境是对企业生存与发展起到潜在或间接作用的外在社会环境，主要包括政治（法律）环境、技术环境、经济环境和社会文化环境，指那些来自企业外部但对企业发展战略产生影响的主要社会力量。宏观环境是企业面临的最外层的环境，因此宏观环境对企业的影响相对间接。其中，与企业技术威胁相关的因素主要是政治环境和技术环境。高新技术企业外部环境威胁见图 4-2 。

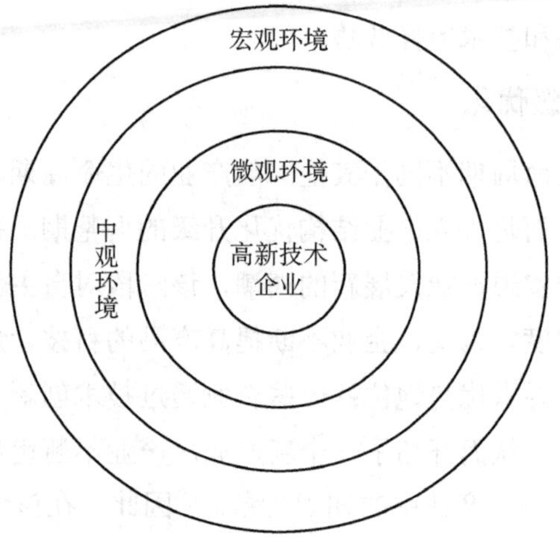

图 4-2 技术竞争外部环境

1. 政治环境

政治环境，狭义上指政治环境，广义上包括政治环境和法律环境。本书遵循广义上的概念，即政治环境是指对企业的技术研发、生产经营活动具有影响的政治力量以及相关的法律法规等因素。其中，政治环境主要包括政府对外来企业的态度、政府设置的技术贸易壁垒等；法律环境包括政府制定的对企业技术研发、生产经营活动具有刚性约束力的法律法规等，如税法、环境保护法、反不正当竞争法、外贸法规等。[①]政治环境是企业技术研发、生产经营过程中面临的最重要的外部环境，政治环境的变动给企业的发展带来不确定性，为技术威胁的产生提供机会。

2. 技术环境

技术环境主要探讨社会技术总水平、技术发展变化整体趋势以及技术突破、技术变迁等对企业产生的影响，同时也包含技术与政治、经济、社会文化环境之间相互作用的表现等。[②]技术环境不仅包括那些引起革命性变化的重大技术发明，还包括与企业生产、研发相关的新工艺、新技术、新材料的出现、应用前景以及发展趋势。例如，新技术的出现能否降低产品与服务成本，同时提高产品与服务质量？能否为企业的技术研发、生产经营活动提供更多的创新产品与服务，例如智能手机、网上银行等？另外，技术环境不仅要考虑与企业所属产业技术领域直接相关的技术手段的发展变化，还应及时掌握国家对科技开发的支持和投资重点、技术商品化和技术转移速度、专利及其保护情况等。

三、技术威胁制造者维度

（一）谁是技术威胁制造者

企业面临的技术威胁制造者通常是企业的竞争对手。竞争对手是指对企业发展可能造成威胁的任何企业。竞争对手可能通过争夺资源（人才资源、市场资源、技术资源等）、破坏竞争规则、改变产业方向等手段赢利，甚至阻碍企业的发展。依据竞争事实的形成与否，可以把竞争对手分成两类：直接竞争对手与潜在竞争对手。

竞争对手是一个微观层次上的概念，指企业从自己的视角出发，去观察竞争环境中与其相似的竞争者，提供那些与本企业采用相同或相类似的技术，提供相

---

① 秦勇，李东进. 管理学：理论、方法与实践. 北京：北京交通大学出版社，2013：48-49.

② PEST 分析模型. https://zhuanlan.zhihu.com/p/212367837.（2020-09-02）[2022-11-30].

类似的产品或服务，并且所服务的目标顾客也相似的其他企业。[①]但在当今知识经济时代，技术多元化发展，上述竞争对手的概念更多的是指直接竞争对手。还有一类经常被忽略的对手，即潜在竞争对手。潜在竞争对手是指暂时对企业不构成威胁但具有潜在威胁的竞争对手，或者已经对企业形成威胁之势，但企业尚未察觉的竞争对手。企业往往关注直接竞争对手，却忽略了潜在竞争对手，潜在竞争对手造成的威胁不易被识别和预防，然而其对企业的发展会造成破坏性威胁。

直接竞争对手给高新技术企业带来的技术威胁最为直接，冲击力也最大，但是直接对手容易被识别，直接竞争对手一般是在技术研发水平、技术研发方向、市场定位上相同或相似的企业，例如手机生产商苹果和三星。

潜在竞争对手不易识别，但大致来说通常来自以下几类企业。

1）不在同一产业技术领域，但具有一定的技术水平，并且对本技术领域的用户需求状况、市场价格水平等都比较了解，能够轻易克服该技术领域进入壁垒的企业。同时，如果进入该技术领域能显著提高企业产品销量，增强企业竞争优势，就会增加企业进入该技术领域的可能性。该类企业通常为从事相似产品或互补产品技术研发的企业，例如，本田最初是生产自行车助力发动机起步的，后来逐步发展为汽车生产商；再如，华为最初以生产程控交换机等通信设备起家，后来大规模进军手机市场，并取得了可喜的业绩。

2）技术战略延伸促使加入同一产业内的不同技术领域竞争的企业。例如，海尔、海信两大企业都力图成为我国家电业的领先企业，海尔主要从事白色家电的生产，如空调、电冰箱、洗衣机等，但后来开始进军黑色家电领域，如电视机、家庭影院等；而海信在加强彩电生产的同时，开始生产空调等白色家电。海尔和海信在中国家电市场上的竞争不可避免。

3）进入该产业技术领域会产生明显协同效应的企业。如果进入一个新的技术领域，通过整体性协调后，企业产生的整体功能将显著增强，即明显的协同效应，从而为企业带来竞争优势，则该企业进入本技术领域的可能性就很大。例如，吉利并购澳大利亚汽车自动变速器公司（DSI）。吉利是一家以汽车及汽车零部件生产经营为主业的大型民营企业，澳大利亚 DSI 是全球第二大自动变速器公司，其产品以大排量为主，能够与吉利汽车的小排量形成互补，从而为吉利

---

① 张虎胆. 基于专利网络方法的技术竞争对手识别研究. 武汉大学博士学位论文，2013.

汽车摆脱价格战、重视技术与质量、走向国际化的转型升级战略提供支撑。①

4）为了实现业务转型、加速企业发展并减少竞争对手、追求规模经济效益、扩大或垄断市场等而进行兼并或收购的企业。例如，惠普收购康柏，均为信息技术巨头的惠普、康柏选择合并，目的在于巩固产品提供商的地位，优化成本结构，从而力求在提供方案和服务上寻求突破，如果整合成功，合并后的新惠普将确立并维持在个人电脑、打印领域等业务上全球第一的位置。②

5）前向或后向整合的供应商或制造商。例如，由制造商向供应商的后向整合，抑或从供应商向制造商的前向整合，引发其前向或后向整合的原因大多是政策上的优惠，例如，当国家采取按最终产品征税的政策时，许多企业开始进行纵向兼并，以增强企业的竞争力。③

6）生产具有替代功能产品的不同产业领域的企业。该类型企业比较隐蔽，难以识别和发现。例如，随着网络技术的快速发展，航空公司的销售业绩受到很大程度的影响，以往需要商务出差解决的问题，通过网络会议即可解决，从而对航空公司的发展产生影响。④

（二）技术威胁制造者的类型

根据产生技术威胁强度的大小，将技术威胁制造者分为四类。

1. 核心技术威胁制造者

核心技术威胁制造者是重点识别对象，指在激烈的市场竞争环境中与本企业直接存在竞争关系的企业。⑤它们与本企业有相近或相同的技术研发重点、技术研发团队以及技术合作联盟，有着相同或相似的客户群体、向顾客提供的是相同的技术产品和技术服务、市场份额相似、竞争地位同等以及技术实力、规模相近。核心技术威胁制造者与企业形成的竞争关系最为显而易见，同时也最为激

① 孙海奇，乔宝辉. 浅谈企业并购的协同效应分析——基于吉利汽车并购 DSI 公司的案例分析. 东方企业文化，2013（21）：92.

② 周云飞. 兼并收购案例汇编. http://doc.mbalib.com/view/ca3f 0812ed9db891dee76eb9edf31c9e.html.（2003-08-01）[2022-11-30].

③ MBA 智库・百科. 潜在竞争对手. http://wiki.mbalib.com/wiki/潜在竞争对手.（2015-03-09）[2022-11-30].

④ du Preez G T，Pistorius C W I. Technological threat and opportunity assessment. Technological Forecasting and Social Change，1999，61（3）：215-234.

⑤ 王德恒，吴潇. 竞争对手识别研究. 商业研究，2003（17）：30-32.

烈。对于核心技术威胁制造者的监测、追踪直接关系到本企业的生死存亡，需要时时监控其活动，把握其动向。

2. 次要技术威胁制造者

次要技术威胁制造者有着和本企业相似的技术产品和技术服务，或者是技术实力、规模相近的同类企业，但是由于企业之间的技术发展战略和目标与本企业的战略目标并不发生冲突，因此避免了直接、持续的竞争。[①]例如，松下将下一代平板电视的发展重点放在等离子上，夏普则聚焦液晶，从而并不形成直接竞争。对于次要技术威胁制造者，需要密切关注其战略规划，一旦其战略规划发生改变，则次要技术威胁制造者往往转变为核心技术威胁制造者。因此，次要技术威胁制造者所产生的威胁仅次于核心技术威胁制造者，但是高于外围技术威胁制造者。

3. 外围技术威胁制造者

外围技术威胁制造者指在技术服务和产品上有相似之处、有可能对本企业构成技术威胁的企业。它们以技术服务和产品上的交集为基础，与本企业生产的技术服务和产品并不相同，可能有功能相似之处，即相交而非重叠。例如平板电脑和笔记本电脑企业，由于它们向顾客提供的服务有相似之处，如可以阅读文件、看电影等，所以在某种程度上会发生组织之间的竞争关系，这类竞争对手即外围技术威胁制造者。

4. 潜在技术威胁制造者

潜在技术威胁制造者往往比较隐蔽，难以直接识别，并且在当今知识经济时代，技术生命周期短、交叉技术发展迅速，在如此动态的竞争环境中，潜在技术威胁制造者的识别很难通过生产的产品或者提供服务的相似度来判断，而需要通过深层次的客户需求共性分析才能获知，即存在差异甚至是完全不同属性的产品或服务，但同时都能满足客户的最终需求。

（三）技术威胁制造者个体信息

对技术威胁制造者个体信息的分析，有助于对技术威胁制造者的特点进行更

---

① 王德恒，吴潇. 竞争对手识别研究. 商业研究，2003（17）：30-32.

为详细的掌握，从而对技术威胁制造者将会引发的技术威胁强度做出预判。其中，技术威胁制造者的个体信息主要包括以下几点。

1. 技术威胁制造者所处行业

技术威胁制造者所处的行业决定了技术威胁制造者参与竞争的性质和方式。[①]有的行业是新兴行业，例如电动汽车行业，在这个行业中，技术研发成为技术威胁的主要来源；有的行业属于成熟行业，市场布局相对稳定，此时，更多的是技术差异的威胁。行业的性质决定了技术威胁制造者在行业竞争中采取的技术竞争策略，也决定了技术威胁制造者竞争的动机。

2. 技术威胁制造者规模

技术威胁制造者规模在一定程度上反映了技术威胁制造者在行业中所处的地位，企业规模决定了其技术研发能力、技术标准制定、产品推广能力等，对行业未来发展的格局和趋势具有举足轻重的影响，直接决定了其他企业的生死存亡。正因为如此，技术威胁制造者的规模直接决定了对企业形成的技术威胁的强度。

3. 技术威胁制造者的技术战略

技术威胁制造者的技术战略很大程度上决定了企业能否持续保持其自身的竞争优势，技术战略历来被视为企业的战略核心。在分析技术威胁制造者的技术战略时，应重点关注：①技术威胁制造者的技术能力水平和技术资源状况，代表了技术威胁制造者参与市场竞争对其他企业构成技术威胁的技术基础力量；②技术研发投入强度代表了企业对技术的重视程度，从而决定了企业对自身未来发展的定位；③技术选择模式代表了对未来进行研发核心技术以及研发核心技术所采取的方式进行识别和选择，核心技术的选择明确了企业未来的技术走向，研发模式的选择决定了未来研发合作关系。

4. 技术威胁制造者提供的产品和服务

市场竞争最直接的竞争就是产品和服务的竞争。不同企业提供的产品和服务的关系，直接决定了企业之间的关系。不同企业提供的产品和服务如果是协同互补，则企业之间将会成为合作伙伴，例如三星携手中国电信共同推出新一代年度高端商务旗舰手机——“心系天下”W2015；相反，如果提供的产品或服务功能

---

① 王德恒，吴潇. 竞争对手识别研究. 商业研究，2003（17）：30-32.

相似，则会产生激烈竞争，例如，对于苹果推出的iPhone 5S，三星精心准备了骁龙800版Galaxy Note 3、骁龙800版Galaxy S4以及搭载新八核处理器Exynos 5420的Galaxy Note 3。其目标只有一个——围剿同月发布的新一代iPhone 5S。

四、技术威胁事件维度

（一）“事件”的定义和表示

1.“事件”的定义

“事件”的定义是一个比较复杂的问题，目前还没有形成统一的认知。国内外相关学者分别从哲学、语言学、认知科学、知识表示、信息以及本体研究等领域对“事件”进行诠释。以下是从不同角度给出的“事件”的定义：①认知科学的研究学者主要从大脑记忆原理和事件结构方面对“事件”展开研究。有学者从语义理解的角度，围绕动词及其属性对“事件”进行定义。[①]有学者指出“事件”是被旁观者观察到的对现实世界产生的行为，可以通过事件的时空结构来解释事件。[②]②语言学的研究学者从语言学角度给出了“事件”的结构。有学者将语言学中的SVO（subject-verb-object，主–动–宾）结构与事件结构相对应，对“事件”的定义进行探讨。[③]语言学家在考虑动词的同时，对动词的结构信息高度关注，通过谓词分解和动词具体化的方式来解释语句，提取语句中的事件。③在知识表示领域，相关研究学者主要关注“事件”的动态性，应用动态知识表示方法对事件进行描述，并重点对事件的结构、表示以及事件的推理进行研究。④在信息领域，“事件”被理解为是细化了的用于检索的主题。⑤在本体研究领域，“事件”被定义为在特定时间和环境下发生的，由若干角色参与、并表现出若干动作特征的一件事情。[④]

针对本章研究的研究内容，我们遵循本体研究领域研究学者对事件进行的定

① Tenny C，Pustejovsky J. Events as Grammatical Objects：The Converging Perspectives of Lexical Semantics and Syntax. Stanford：CSLI Publications Stanford University，2000：11-19.

② Zacks J M，Tversky B. Event structure in perception and conception. Psychological Bulletin，2001，127（1）：3-21.

③ Chang J H. Event structure and argument linking in Chinese. . Language and Linguistics，2003，4（2）：317-351.

④ 张旭洁，刘宗田，刘炜，等. 事件与事件本体模型研究综述. 计算机工程，2013，39（9）：303-307.

义，即“事件”是指在特定时间和环境下发生的，由若干角色参与并表现出若干动作特征的一件事。

2.“事件”的表示

由于“事件”（event，E）是指在特定时间和环境下发生的，由若干角色参与，并表现出若干动作特征的一件事情。因此，从形式上，事件可定义为一个六元组：E=<A，O，T，V，R，L>。其中，事件六元组中的相关元素被称为事件要素。

A（动作）：事件的发展变化过程及特征，是对工具、方式、方法等的描述。

O（对象）：指事件的参与对象，对象可分别是动作的施动者（主体）和受动者（客体）。其中，对象包括参与事件的所有角色。

T（时间）：事件发生的时间段，从事件发生到事件结束，分为绝对时间段和相对时间段两类。①

V（环境）：事件发生的外部环境及其特征等，例如微观环境、中观环境以及宏观环境等。

R（结果）：事件发生后所导致的结果及产生的影响，特别是对事件对象带来的影响。

L（语言表现）：事件的语言表现规律，例如核心词集合等。核心词为描述事件的文档中常用的标志性词汇。

（二）技术威胁事件的定义和类型

1. 技术威胁事件的定义

通过上述研究可知，“技术威胁事件”指的是在特定的时间、环境下发生的，由现实竞争对手或者潜在竞争对手参与，表现出若干与技术相关动作特征的一件事。该事情的发生将会破坏企业原有技术的稳定性、垄断性以及发展可持续性，导致企业原有技术失去竞争优势。

2. 技术威胁事件的类型

通过第三章第（三）部分技术威胁类型的研究，获知引发企业技术威胁的类型主要为技术差距威胁、技术差异威胁和技术研发威胁，表现形式分别为：①进

---

① 刘宗田，黄美丽，周文，等. 面向事件的本体研究. 计算机科学，2009，36（11）：189-192，199.

行专利布局、构建专利池；②知识产权诉讼等；技术标准的争夺等；③渐进性技术创新研发威胁和根本性技术创新研发威胁。因此可知引发技术威胁的事件主要分为三类：①专利申请事件。通过专利申请的趋势，可以获知企业的专利布局和专利池构建情况，以及技术标准的设置状况，可以预判技术威胁的情况。②技术诉讼事件。通过对技术诉讼事件的追踪，可以明晰正在发生的技术威胁的情况。③技术研发事件。无论是渐进性创新还是根本性创新，都是推出新技术、新产品或者新服务，通过对这些事件的追踪，能有效识别技术威胁。

（三）技术威胁事件的构成要素

形式上，技术威胁事件可被表示为TRE，本书将其定义为一个六元组：TRE=<TREA，TREO，TRET，TREV，TREP，TREL>。其中，技术威胁事件六元组中的元素被称为技术威胁事件要素。

1）TREA（技术威胁事件动作）：技术威胁事件的发展变化过程及特征，是对工具、方式、方法等的描述。例如发布新产品、推出新技术等。

2）TREO（技术威胁事件对象）：指引发技术威胁事件的参与对象——技术威胁主体和技术威胁客体。针对技术诉讼事件，技术威胁主体为竞争对手或者潜在竞争对手，技术威胁客体为所研究企业；针对专利申请事件和技术研发事件，技术威胁主体为竞争对手或者潜在竞争对手，技术威胁客体为受到技术威胁事件所产生的研发成果冲击的企业。

3）TRET（技术威胁事件时间）：指技术威胁事件发生的时间段，从事件发生到事件结束的整个过程。对比技术威胁事件发生时间内技术威胁事件与企业活动轨迹之间的相关性，深层次挖掘技术威胁事件对组织的作用和影响。

4）TREV（技术威胁事件环境）：技术威胁事件发生的外部环境，例如宏观环境（政治环境、技术环境）、中观环境（产业生命周期、产业内部竞争环境）和微观环境（竞争对手、潜在竞争对手和替代品）。

5）TREP（技术威胁事件结果）：技术威胁事件发生后所导致的结果及产生的影响，特别是对技术威胁事件的受动者带来的影响。例如，技术威胁事件产生后，受到技术威胁的企业会破产。

6）TREL（技术威胁事件语言表现）：技术威胁事件的语言表现规律，例如，核心词集合等。本书具体是指技术威胁事件相关文档中，描述语言常用的标志性词汇，例如指控、诉讼、侵权、推出、发布、研发等。

五、面向 Web 新闻的技术威胁事件抽取

关注产业发展环境对于高新技术企业所面临的技术威胁的识别具有重要的情报价值，其中，产业发展环境的情报信息获取的重要的信息源集中于各门户网站实时发布的新闻，因其及时性和权威性为业界人员所广泛关注。通过对新闻事件的深入解读，对于高新技术企业而言，可以掌握技术竞争对手的技术研发策略和整个技术竞争环境。但在当今大数据时代，海量的新闻信息如果仅仅依靠人工搜集新闻并解读，处理成本极高，费时费力，回报率低。针对上述问题，本节研究构建了基于 Web 新闻的技术威胁事件抽取框架，对新闻文本进行事件抽取，首先设计触发词表识别企业关注的事件类别，然后根据触发词抽取新闻中事件元素，最后对抽取结果进行规范化处理并存入结构化数据库，对技术威胁事件类别、时间、地点等数据进行进一步的针对性挖掘分析，了解与技术竞争对手在不同方面的技术竞争情况，助力于高新技术企业技术研发策略的制定。

（一）基于模式匹配的事件抽取

事件抽取通常被划分为两个子任务[①②]，即事件触发词识别/分类及事件元素识别/分类。事件触发词识别/分类的目标是从候选文本中识别出触发事件的核心词（通常为动词或者名词），并判断其类型和子类型；事件元素识别/分类的目标则是从已识别的事件中标注事件的参与者及属性（包括事件发生的时间、地点和人物等信息）。

基于模式匹配的抽取方式是指根据规则设计模板，根据触发词识别事件类别，依据模板进行抽取事件元素。基于模式匹配的事件抽取流程如图 4-3 所示。

① Ji H，Grishman R. Refining event extraction through cross-document inference//Proceedings of Association for Computational Linguistics（ACL）-08：HLT. 2008：254-262.

② Yang B S，Mitchell T. Joint extraction of events and entities within a document context//Proceedings of NAACL-HLT. Stroudsburg：NAACL，2016：289-299.

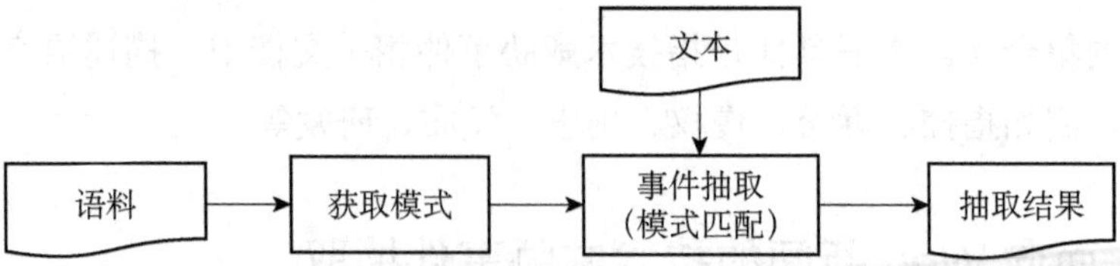

图 4-3 基于模式匹配的事件抽取流程

模式匹配方法的关键是模式的构建，常见的构建方法有语义角色标注法①和事件本体法②。语义角色标注法则是将事件元素通过与语义角色的映射关系进行匹配抽取。事件本体法则是根据定义的事件实体元素、事件类别和事件间关系描述出事件的特征，基于事件特征进行事件元素匹配抽取和事件关系识别。③

本书参考总结上述两种方法，为提高事件抽取的性能设计两套模板构建方法。一方面，本书利用 pyltp 进行语义角色标注，根据标注结果施事者（A0）、谓词、受事者（A1）、时间（TMP）和地点（LOC）构建模板〈TMP，LOC，A0，v，A1〉。当模板中语义角色出现时根据映射关系匹配抽取事件元素时间、地点、主体、动作和对象。另一方面，本书借鉴事件本体法的思路，句子的特征使用依存语法来表示。利用 pyltp 进行依存句法分析，针对句中每一个词分析依存语法关系描述上下文特征。利用 pyltp 进行词性标注，根据句法分析的主谓关系（SBV）和动宾关系（VOB），以及词性标注的时间（nt）和地点（ns）构建模板〈nt，ns，$SBV_{subject}$，v，VOB_{object}〉。当句中出现模板元素时，匹配抽取事件的时间、地点、主体、动作和对象。

事件结果和语言表现的抽取同样采用模式匹配的方式。事件结果抽取以结果触发词为模板采用正则表达式匹配。语言表现的抽取则依据语义角色标注，以谓词标注为模板，匹配抽取核心动词。综合上述方法，基于模式匹配抽取事件的时间、地点、主体、动作、对象、结果和语言表现。

（二）整体抽取框架

基于模式匹配的技术威胁事件抽取主要分为两个核心步骤，分别是事件类别识别和事件元素识别。整个抽取流程如图 4-4 所示。

---

① 王明轩，刘群. 基于深度神经网络的语义角色标注. 中文信息学报，2018，32（2）：50-57.

② 杨选选，张蕾. 基于语义角色和概念图的信息抽取模型. 计算机应用，2010，30（2）：411-414.

③ 秦彦霞. 多层次表达的事件抽取方法研究. 哈尔滨工业大学博士学位论文，2018.

图 4-4　技术威胁事件抽取过程

将从互联网站上获取的新闻整合成新闻集，对其进行文本预处理，重点完成“依存句法分析”和“语义角色标注”工作，在此基础上，进行后续的“事件类别识别”和“事件元素识别”两部分研究工作，从而获取技术威胁事件。该部分研究主要以角色标注、依存关系、词性标注为基本元素自动抽取具有情报价值的技术威胁事件，结构化地呈现信息内容，快速、直观地为企业提供情报信息。其中，“事件类别识别”主要用于构建触发词集；“事件元素识别”主要用于完成技术威胁事件的抽取。

根据本章第（四）部分定义的技术威胁事件的构成要素，技术威胁事件可表示为 TRE，本书将其定义为一个六元组：TRE=〈TREA，TREO，TRET，TREV，TREP，TREL〉，其中，技术威胁事件六元组中的元素被称为技术威胁事件要素，分别为“技术威胁动作”“技术威胁对象”“技术威胁时间”“技术威胁环境”“技术威胁结果”“技术威胁语言表现”。本书根据网络新闻自身的独特性，将技术威胁事件完善为一个七元组结构（技术威胁时间、技术威胁地点、技术威胁主体、技术威胁动作、技术威胁客体、技术威胁结果、技术威胁语言表现），并根据该元组进行技术威胁事件抽取。

（三）技术威胁事件类别的识别

事件类别的确定是事件抽取中的关键步骤。类别的识别任务可采用触发词进行处理，触发词一般是可代表该事件的事件中的动作，各类事件有特定的对应触发词。通过了解竞争中企业所关注的技术威胁事件，能够确定事件类别，设计各类触发词。

1. 技术事件类别的确定

大数据环境下企业间技术竞争关系是多维的，在企业的战略层、研发层、产品层、用户层、推广层等多个维度都存在竞争，每个维度的竞争对手都应被关注。①其中，用户层的竞争体现在口碑的竞争，推广层则主要针对产品营销和推

① 秦彦霞. 多层次表达的事件抽取方法研究. 哈尔滨工业大学博士学位论文，2018.

广类的竞争行为，本书对此不做讨论。本书根据战略层、研发层、产品层的竞争维度确定技术威胁事件类别，其中，战略层包括企业合同签订、企业兼并和重大政策实施等事件；研发层包括企业产品的设计、研发事件以及技术侵权诉讼等事件；产品层包括产品发布、新品上市等。

2. 触发词表设计

根据确定的事件类型，设计各类事件的触发词。触发词对技术威胁事件句的识别尤为重要，本书结合前文确定的事件类别，借鉴相关学者的研究观点，①②总结初始触发词表，再根据 Python 中文近义词工具包 Synonyms 进行扩展，最后人工筛选汇总得到事件触发词表，详情如表 4-1 所示。

表 4-1　事件触发词

层次	事件类别	触发词
战略层	合同类	签订、签发、签署、签了、订立、签下、草签、续签、补签、缔结、协定、签有、议定、制订、续约、签约、解约、加盟
	政策类	印发、出台、下发、披露、颁布、宣布、发文、下达、批转、报送、刊发、编印、试行、实施、施行、颁行、废除、指示
	经营类	兼并、并购、收购、融资、转让、许可
研发层	研发类	设计、研发、开发、研制、试制
产品层	生产类	生产、制造、制作、加工、打造、精制、推出、发布、采购、装配、产出、仿造、订制、发售、发行、面世、问世、上架、下架、上线、下线、开售、曝光

（四）技术威胁事件元素的识别

事件元素识别是事件抽取的又一关键任务，由触发词识别技术威胁事件句，对技术威胁事件句按定义的模式进行元素识别。事件由基本元素进行描述，在技术威胁事件句中根据技术威胁事件时间、技术威胁事件地点、技术威胁事件主体、技术威胁事件动作、技术威胁事件客体、技术威胁事件结果、技术威胁事件语言表现匹配各元素。

整个过程分为以下几步：①对每条新闻进行分句、分词、词性标注、依存句法分析、语义角色标注；②当语义角色标注不为空时，基于语义角色标注的结果结合事件触发词进行技术威胁事件主体、技术威胁事件客体、技术威胁事件时

① 陈贺. 财经领域事件抽取技术的研究与应用. 北京理工大学硕士学位论文，2017.

② 高精鍊. 电子商务领域事件语义形式化描写研究. 武汉大学博士学位论文，2015.

间、技术威胁事件地点的抽取，以此为基础，实现技术威胁事件结果和技术威胁事件语言表现的抽取；③当语义角色标注结果为空时，进行依存句法分析，为每个词建立依存句法关系字典，记录该词所有的依存关系，根据事件触发词和依存句法关系抽取技术威胁事件主体和技术威胁事件客体，以此为基础，实现技术威胁事件时间、地点、结果和语言表现的抽取。对抽取的时间、地点进一步处理，规范化时间格式为年-月-日，规范化地点格式为省-市-区。技术威胁事件元素识别技术路线如图 4-5 所示。

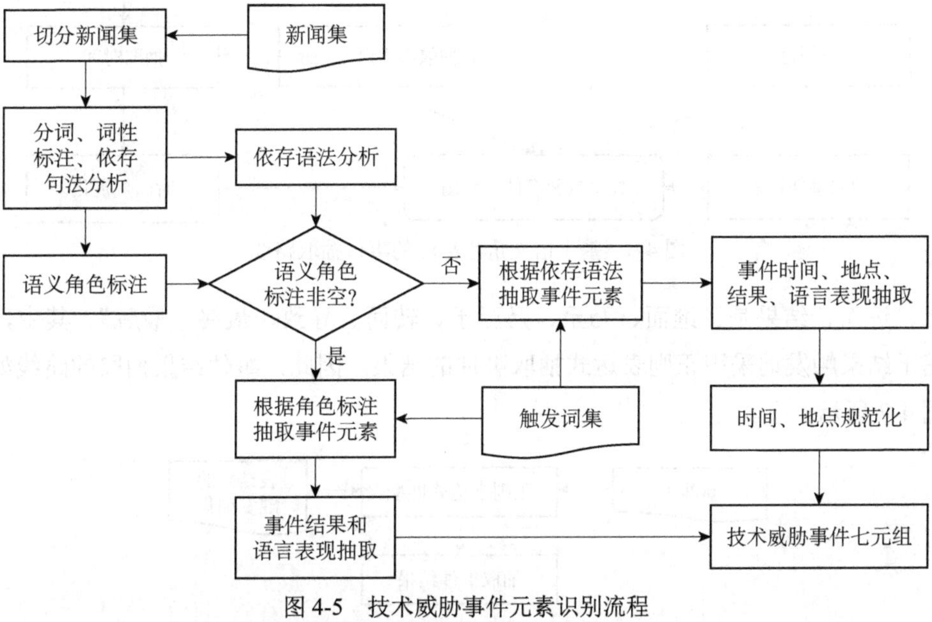

图 4-5　技术威胁事件元素识别流程

1. 基于语义角色标注的事件元素识别

根据词性标注的结果，判断句子中的谓语动词是不是属于触发词，若是，则该句子为技术威胁事件句。对技术威胁事件句中语义角色标注为“A0”“A1”“TMP”“LOC”的元素进行抽取，分别得到事件的主体、对象、时间、地点。由于事件中的时间元素的重要性和“TMP”标注存在遗漏，将抽取词性标注为时间名词的“nt”的对象作为抽取时间元素的补充。对时间和地点的结果规范格式。基于语义角色标注的事件抽取的路线如图 4-6 所示。

事件的结果也基于触发词进行识别，根据观察新闻，可由表结果的词来做触发词。观察总结结果触发词有“所以、从而、从此、于是、以致、以至于、以

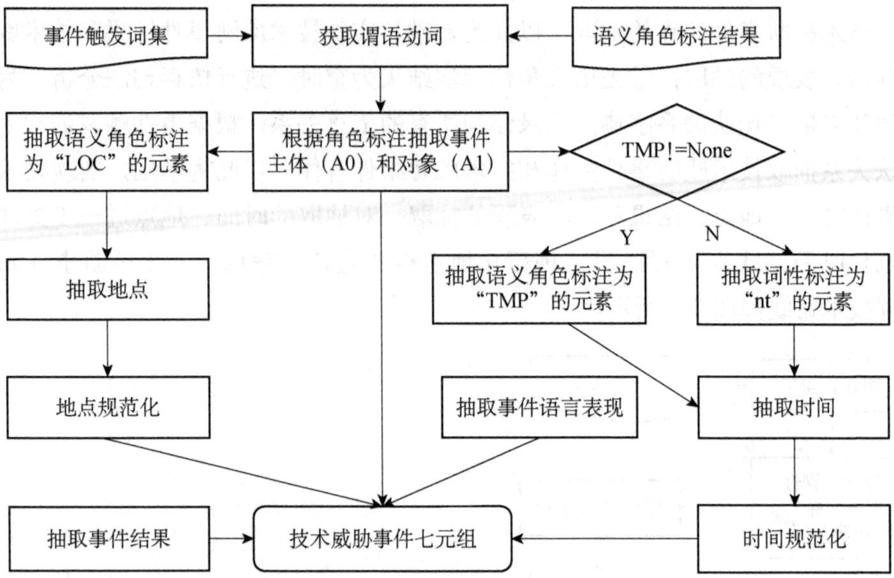

图 4-6　基于语义角色标注的事件抽取路线

至、进而、结果是、继而、乃至、乃至于、转而、导致、最终、最后”。其中，基于结果触发词采用正则表达式抽取事件的结果，因此，事件结果抽取的路线如图 4-7 所示。

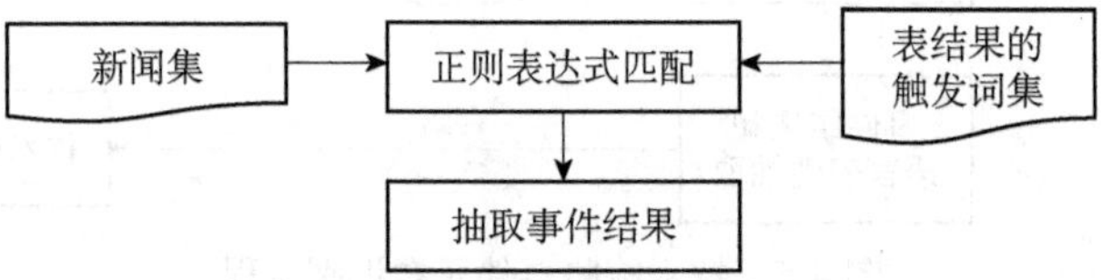

图 4-7　事件结果抽取路线

事件的语言表现就是事件的语言表现规律，例如，核心词集合等。本书具体是指新闻中描述技术威胁相关事件所用语言的常用标志性词汇，例如，指控、诉讼、侵权、推出、发布、研发等。本书根据对新闻文档的观察，基于语义角色标注的结果抽取出新闻中后 1/3 句子中的核心动词作为语言表现，详情如图 4-8 所示。

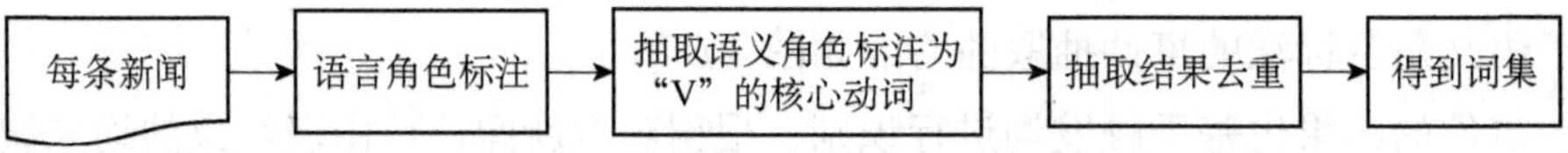

图 4-8　技术威胁事件语言表现抽取过程

2. 基于依存语法的事件元素识别

当未能成功实现语义角色标注时，需要应用依存句法分析进行事件抽取，使抽取结果更加完善。为事件抽取句每个词构造一个依存关系字典，以谓语动词为中心，根据主谓关系（SBV）、动宾关系（VOB）抽取事件的主体和对象，并对事件的主体和对象进行词语的前后扩展，使抽取得更详细。抽取词性标注为时间名词的“nt”和标注为地名的“ns”的对象作为时间元素和地点元素，事件结果和语言表现的抽取过程同图 4-7 与图 4-8 所示，最后将各抽取元素存入数据库。其中，基于依存句法分析的事件抽取路线如图 4-9 所示。

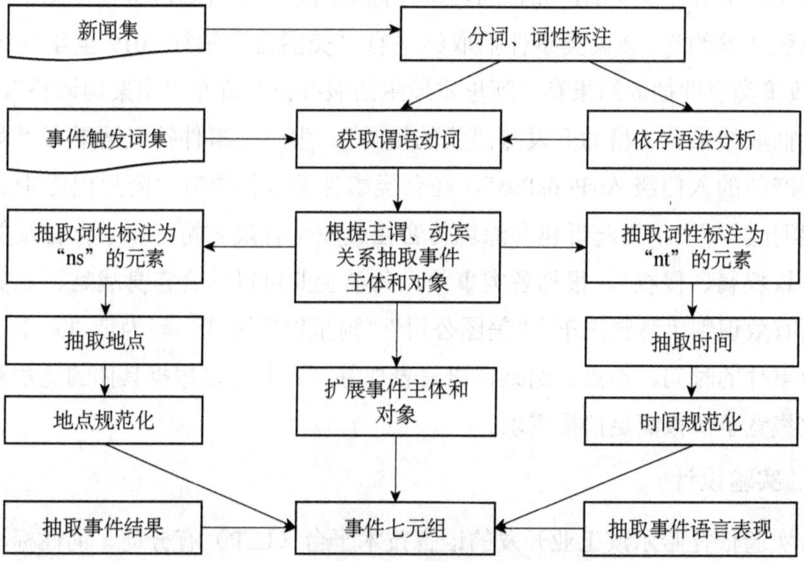

图 4-9　基于依存句法分析的事件抽取路线

（五）实证研究

1. 实验数据

本书在新浪、搜狐滚动新闻科技板块中收集了 2019 年 1—3 月份的新闻 393 篇，以此新闻集进行实验。采用前文的方法抽取得到合同类、会议类、政策类、研发类、生产类和经营类 6 大类 38 小类事件，共 393 条记录，详情如表 4-2 所示。

表 4-2 抽取结果数

层次	类别	事件类别数	记录数
战略层	合同类	5	30
	会议类	6	17
	政策类	7	88
研发层	研发类	3	29
产品层	生产类	12	188
推广层	经营类	5	41
合计		38	393

从数据库中可以发现，如合同类事件抽取结果有“拜腾汽车与多家销售及服务合作伙伴签约”，会议类事件抽取结果有“美图公司举行 2019 全年业绩发布会”，政策类事件抽取结果有“阿里本地生活服务公司宣布组织架构调整”，研发类事件抽取结果有“格力开发测温仪的模具”，生产类事件抽取结果有“苹果供应商生产新的入门级 AirPodsPro”，经营类事件抽取结果有“阿里巴巴影业收购天津银河酷娱”“华为起诉包含深圳传音控股股份有限公司等多家传音及关联公司著作权权属、侵权”。根据各类事件，各类企业可以结合自身战略、业务和经营方面有效识别“拜腾汽车”“美图公司”“阿里巴巴影业”等为竞争对手，并了解竞争事件的时间、地点、结果、语言表现等。企业可以根据具体的竞争对手进一步收集竞争情报满足情报需求。

2. 实验设计

本实验依托哈尔滨工业开发的语言技术平台（LTP）有分词、词性标注、命名实体识别、依存句法分析、词义消歧、语义角色标注的功能。LTP 采用了 CRF 进行分词；用支持向量机加入偏旁部首特征进行词性标注；使用高阶特征采用基于图的方法和基于柱状搜索的解码算法，进行两阶段依存句法分析。LTP3.3.0 版则加入了聚类特征和优化算法；使用最大熵分类器和整数线性规划的方法进行语义角色标注，LTP3.4.0 版则在其中加入了 Bi-LSTM 模型。pyltp 是 LTP 的 Python 封装，可以进行分词、词性标注、命名实体识别、依存句法分析、语义角色标注。本书运用 pyltp 对新闻进行分词、词性标注、依存句法分析、语义角色标注的处理。实验中，我们随机选取 373 篇文档作为训练集，20 篇文档作为测试集。本书采用如下评测标准。

1）事件触发词识别/分类：一个事件触发词被正确识别当且仅当该事件触发词在文本的位置和类型与标准标注文档中的候选事件触发词的位置和类型完全匹配。

2）事件元素识别/分类：一个事件元素被正确识别当且仅当该事件元素在文本的位置和类型与标准标注文档中的候选事件元素的位置和类型完全匹配。①

与大多数事件抽取研究的评价方法一致，我们采用正确率（PRE）、召回率（REC）以及 F-测度值对实验结果进行评价。

$$\text{PRE} = \frac{\text{系统正确标注结果的总数}}{\text{系统标注结果的总数}} \tag{4-1}$$

$$\text{REC} = \frac{\text{系统正确标注结果的总数}}{\text{语料中标注结果的总数}} \tag{4-2}$$

$$F - \text{测度} = \frac{(\beta^2 + 1) \times \text{PRE} \times \text{REC}}{\beta^2 \times \text{PRE} + \text{REC}} \tag{4-3}$$

本部分设置 β 值为 1，即召回率与正确率同等重要。技术威胁事件抽取的语料来自收集的新浪、搜狐滚动新闻科技板块搜集的 393 篇新闻报道。针对每个实体抽取任务分别获取其正确率和召回率，事件抽取结果如表 4-3 所示。

表 4-3　技术威胁事件抽取结果

抽取信息	语料标注结果	正确结果数	程序识别结果	正确率/%	召回率/%
事件时间	429	357	392	91.07	83.22
事件地点	132	107	119	89.92	81.06
事件主体	590	497	532	93.42	84.24
事件动作	733	672	702	95.73	91.68
事件客体	692	629	657	95.74	90.90
事件结果	69	57	61	93.44	82.61
事件语言表现	759	635	715	88.81	83.66
系统	3404	2954	3178	92.95	86.78

根据 F-测度公式的计算，整个系统的 F-测度为 89.76%，同时系统整体的正确率和召回率分别是 92.95%和 86.78%，其效果优于目前业界的均值 83%，从而验证了该方法的有效性。

① 贺瑞芳，段绍杨. 基于多任务学习的中文事件抽取联合模型. 软件学报，2019，30（4）：1015-1030.

小 结

为了系统、全面地分析高新技术企业面临的技术威胁状况，本章分别从技术竞争环境、技术威胁制造者以及技术威胁事件三大维度构建高新技术企业技术威胁理论模型，并针对各维度进行深入探讨分析和解读。本章为后续高新技术企业技术威胁的识别和预警奠定了理论基础。

第五章

中文专利技术-功效二维词模型的构建

专利是产品设计知识的重要来源，能及时反映新技术、新产品和新工艺方面涉及众多学科领域的最新研究成果，具有较强的实用性。[①]应用自然语言处理和文本挖掘技术对专利文献中的非结构化数据（如摘要、权利要求书、说明书内容等）进行深入的挖掘分析，从而有目的地获取蕴藏于产品专利中的设计知识，有助于缩短新产品的开发周期，减少新产品的开发风险。对专利技术的技术组件、技术结构、技术功效等相关信息的准确识别和界定，是专利的非结构化文本挖掘分析过程中的基础性工作，对于挖掘分析结果的有效性而言是非常重要且关键性的工作，直接决定着文本分析结果的准确性和有效性。其中，最为重要的就是“技术词”和“功效词”的提取工作。技术词是指某一领域中有特殊意义的专业词汇，包括技术、工具、材料等，具有非常强的领域相关性。[②]技术词主要分为组件技术词、结构技术词、原理技术词。功效词是指描述技术产生的功效或者效果的词或短语，包括属性、预期获得的功能、产生的效果等。[③]功效词主要分为目的功效词和手段功效词。以往对专利文本结构的深入解读分析，大多针对技术词抽取展开，而对功效词的研究较少，同时，一些研究主要是针对英文专利开展，而针对中文专利的语法结构解析尚有欠缺。[④⑤]

随着知识产权意识的不断提升和知识产权环境的不断改善，专利申请数量激增。面对中国国内市场技术的快速发展，如何有效地利用专利信息，进行技术创新，同时规避侵权风险，亟须对海量的中文专利展开深入的分析研究。针对上述问题，本章针对中文发明专利和实用新型专利文献的结构展开深入分析，解读中文专利文献各部分包含内容及特点，针对两类重要词“技术词”和“功效词”，

---

① 邱清盈，张惠，冯培恩. 专利知识辅助产品创新的方法. 浙江大学学报（工学版）：2011，45（2）：228-233，246.

② 蒋婷，孙建军. 基于 SVR 模型的中文领域术语自动抽取研究——面向图书情报领域. 情报理论与实践，2016，39（1）：24-31，15.

③ 胡秩. 一种基于条件随机场的专利功效标注方法. 计算机光盘软件与应用，2014（16）：115-117.

④ 张惠，邱清盈，冯培恩，等. 产品专利设计知识获取方法研究. 哈尔滨工程大学学报，2009（7）：67-73.

⑤ 王朝霞，邱清盈，冯培恩，等. 机械产品专利技术方案信息抽取方法. 机械工程学报，2009，45（10）：198-206.

从文本结构、文本语法、线索词特征进行解析和归纳，结合信息熵和LDA主题模型，识别提取规则及设置提取算法，并最终构建中文专利技术-功效二维词模型，力求准确识别和界定专利技术的技术组件、技术结构、技术功效等相关信息，从而为中文专利的非结构化文本挖掘提供方法支持。

一、基于中文专利文本结构特征的技术-功效词规则提取

（一）中文专利文本的结构分析

专利文献作为具有法律效力的文本有固定的格式，例如中文发明专利和实用新型专利文献主要包括标题、说明书摘要、权利要求书、说明书、说明书附图。

1）标题：一般是产品或结构的名称，例如“二氧化碳气体吸收剂”；但有些专利标题中包含手段功能，例如“一种适用于深山的桥梁建设选址方法”。

2）说明书摘要：为检索专利提供方便途径，对专利技术的结构组成做概括性描述，同时因为有撰写字数要求，所以虽然摘要包含技术词和功效词，但通常较为概括，不能全面体现技术。

3）权利要求书：主要说明专利涉及哪些内容，专利技术的原理效应、组成部分和结构特征，对专利所使用通常的技术具有较为全面的阐述。因此，通常权利要求书在专利文档中占据非常重要的位置，是专利价值的一个重要体现部分，以此作为侵权范围的参考。

4）说明书：是对专利内容更为详细描述，用于解释权利要求书，为其提供依据。主要有技术领域、背景知识、发明内容、附图说明和具体实施方式五个部分。其中，技术领域主要用于描述专利技术所属领域或所应用领域；背景知识主要用于叙述现有产品某些功能和性能的不足；发明内容描述方案的目的、手段、功能、效应、原理、结构方案及其优点；附图说明一般标注各零部件名称；具体实施方式描述方案的工作原理及其实现结构。①

5）说明书附图：方案的图形表示。

基于此，本书将技术词和功效词在专利文献中的分布进行了总结（表5-1）。

---

① 张惠，邱清盈，冯培恩，等. 产品专利设计知识获取方法研究. 哈尔滨工程大学学报，2009（7）：67-73.

表 5-1　技术–功效词专利文献分布

名称	技术词	功效词
标题		
说明书摘要	√	√
权利要求书	√	
说明书	√	√

说明书摘要包含专利的功效词和技术词，虽然摘要比较精简，但能比较清楚、准确地反映专利技术的功效信息，即所申请的专利可以实现的预期效果或结果（如用途、成本、性能等），而在专利的技术性能反映方面较为概括，不够全面系统，因此本书选择说明书摘要作为功效词的文本来源。权利要求书包含专利技术的原理效应、组成部分和结构特征，对专利所使用的技术有较全面的阐述，本书选择权利要求书作为技术词的文本来源。说明书虽然也包含技术词和功效词，但与权利要求书和摘要相比，权利要求书更侧重于公开新的技术范围，摘要中所表述的功效语句则与说明书基本一致，因此，综合文本内容反映信息量和数据处理性能两方面考虑，本书不将说明书作为技术词和功效词的来源。

（二）基于专利结构特征的识别规则（规则 1）

通过 2.1 节分析结果，本书提出基于专利结构特征的识别规则 1。

1）将专利文献中权利要求书整体内容作为专利技术词的来源（规则 1.1）。

2）将专利文献中说明书摘要作为专利功效词的来源（规则 1.2）。更具体地对摘要中功效词的分布进行分析，可以发现功效词的位置较为固定。专利说明书摘要的内容通常具有一定的顺序，通常是“介绍专利内容—解释工作原理—介绍专利创新点—实现功能和效果”。因此，包含有关功效词的描述性信息通常在专利说明书摘要的末尾。

二、基于专利语法特征的识别

（一）专利语法特征分析

语法是一种将词组合为句子的规则系统，包括词的构成、变化以及组合规则。在自然语言处理中，语法分析就是对文本的结构特性进行分析。从语法特征角度分析技术词和功效词的语法特征时，可通过名词、动词、动名词组合等形式来理解句子的语意。根据前人的调研和研究，技术词主要是名词或名词短语，功效词主要是“动词+名词”短语，或形容词短语，或副词短语等。但这种划分比较宽泛，应用在技术词和功效词抽取上会产生大量的噪声数据。因此，本书对技术词和功效词的语法特征进行细化，从而提高技术词和功效词抽取的准确率。

总结技术词和功效词的语法特征，使用中国科学院计算技术研究所汉语词法分析系统（ICTCLAS）词性标记集来识别词性，常用词性如表 5-2 所示。

表 5-2 ICTCLAS 词性标记

标签	词性标记	标签	词性标记
n	名词	d	副词
v	动词	a	形容词
t	时间词	f	方位词
s	处所词	b	区别词
m	数词	z	状态词
r	代词	q	量词
p	介词	c	连词
u	助词	e	叹词
y	语气词	o	拟声词
w	标点符号	k	后接成分

（二）基于语法特征的技术词识别规则（规则 2）

以往在对中文专利文本进行预处理时，习惯性地应用停用词对其进行删除，但有些词并未收录于停用词表中，由于这些词在文本中具有不同的词性，其中某些词性起到停用词的作用，因此需要对具有停用词属性却不存在于停用词表的词进行词性过滤。例如，“中”并不存在于停用词表中，当“中”在字符串“中心孔”中，“中心孔”是一个整体，为名词，不需要删除；而在字符串“信号塔中”，“中”是一个方位词，对技术词的抽取意义不大，相当于停用词。另外，针对中文专利文献的撰写特点，通过大批量中国专利数据的分析，有些词未出现在停用词表中，同时仅仅结合词性分析无法有效识别的一些惯性写作用语，如“其特征在于”“包括以下步骤”“根据权利要求”等，对于这类短语，在针对技术词抽取的专利文本中是没有意义的。因此，本书将这类词进行汇总，补充进停用词表，从而在后续中文专利非结构化文本分析时，减少噪声数据。综上，本书提出基于语法特征的技术词识别规则，即规则 2：当某词未出现在停用词表，并且其词性为表 5-3 所示的词性时，需要将其作为停用词进行过滤。另外，某词未出现在停用词表中，但为惯性写作用语，将其汇总补充进停用词表，后续文本分析时，将其作为停用词进行过滤。

表 5-3　特殊词的词性标记

标签	词性标记	标签	词性标记	标签	词性标记
t	时间词	f	方位词	y	语气词
m	数词	q	量词	z	状态词
r	代词	k	后接成分	c	连词
p	介词	s	处所词		
d	副词	o	拟声词		

（三）基于语法特征的功效词识别规则（规则 3）

经过分析，专利摘要中的功效词（或短语）通常表述方式比较丰富，但语法相对固定。通过对中文专利文本大批量地统计分析，并结合前人的研究成果，[①]对基于中文专利语法特征的功效词的词性组合进行了总结，得出规则 3：当按照表 5-4 的词性组合固定成词，该词语可以提取为功效词。

表 5-4　基于中文专利语法特征的功效词识别规则

词性标记	释义	词性标记	释义
a	形容词	d	副词
v+a	动词+形容词	v+n+v	动词+名词+动词
n+a	名词+形容词	n+n+a	名词+名词+形容词
v+a+a	动词+形容词+形容词	v+n+n	动词+名词+名词
a+a	形容词+形容词	v+v+n+n	动词+动词+名词+名词
d+n+n	副词+名词+名词	v+a+n+n	动词+形容词+名词+名词
v+d	动词+副词	v+d+n+n	动词+副词+名词+名词
v+n+m	动词+名词+数词	v+n+n+n	动词+名词+名词+名词
v+n+n+n+n	动词+名词+名词+名词+名词		

通过第（二）部分和第（三）部分的研究工作，得到候选技术词，但由于仍

① 陈颖，张晓林. 专利中技术词和功效词识别方法研究. 现代图书情报技术，2011（12）：24-30.

然有大量噪声数据，为了将非结构化文本挖掘得更加精准，后续展开基于信息熵和 LDA 主题模型的专利技术词识别和基于线索词的专利功效词识别研究工作。

三、基于线索词的专利功效词识别规则

（一）线索词

线索词是指在句子中能起到指示作用的词或短语。在专利说明书摘要中，功效语句通常位于结尾，且关于专利功效词的线索词构词相对固定，其句式往往由两个及以上的名词、形容词、动词及其短语等组合而成。专利中的线索词通常分为两类：一类是间接线索词，没有实质含义，但能起到指示专利所要表达的功效的作用，如“用于……”“具有……”后面所接短语可以用来说明专利用途和优势等；另一类是直接线索词，通常用来揭示专利所采用的技术方案及所达到目标、效果的情况，如“提高（效率）”“减少（成本）”等。这两类线索词通常同时存在于句子之中，通过对这些词的分析可判断功效词的大致位置并得到具体的功效内容。

（二）基于线索词的专利功效词识别规则（规则 4）

基于线索词概念，分析中文摘要中的线索词，提出基于线索词的专利功效词识别规则。首先识别间接线索词，锁定功效短语所在位置，然后以直接线索词为基础，确定句子中存在的功效词。

1. 识别直接线索词，获取功效词种类（规则 4.1）

其中，功效词种类主要包括以下几类。

1）表明工程量的动词：“减少”“增加”“降低”“提高”“缩短”“延长”等。

2）表明性能的名词：“效率”“能耗”“速度”“稳定性”“耐久性”“转化率”等。

3）表明用途的短语：“用于”“用来”“为了”“应用于”“适用于”等。

4）表明操作状态优化的形容词：“快速”“准确”“简单”“好”“强”“高”“全面”“新颖”等。

5）表明效果的名词或动词：“提供”“能够”“具有”等。

2. 识别间接线索词，获取功效词存在的句式（规则 4.2）

其中，功效词存在的句式通常包括以下几类。

1）具有……的优势/特点。例如，本发明具有操作弹性大，吸收阻力小、硫磺不堵塔、净化度高的特点。其中，功效短语为“操作弹性大”“吸收阻力小”“硫磺不堵塔”“净化度高”等。

2）可以/能够……。例如，本发明能够高速吸收 CO_2、节约能源降低消耗、再生能耗低、降低腐蚀性、复合吸收剂无毒、绿色环保。其中，功效短语为“高速吸收 CO_2”“节约能源降低消耗”“再生能耗低”“降低腐蚀性”“复合吸收剂无毒”“绿色环保”等。

3）有助于……。例如，本发明的应用方法有助于提高吸收剂的吸收反应速率，对增强镁基 CO_2 吸收剂的工程适用性具有重要意义。其中，功效短语为“提高吸收剂的吸收反应速率”“增强镁基 CO_2 吸收剂的工程适用性”等。

4）不仅……而且……。例如，本发明通过在吸附剂中引入镁离子，不仅提高了 CO_2 的吸附容量，而且还增强了材料对 CO_2/N_2 的吸附选择性。其中，功效短语为“提高 CO_2 的吸附容量”“增强材料对 CO_2/N_2 的吸附选择性”等。

5）应用于/适用于……。例如，本发明通过在钙基原料中掺杂 0.1%—3%的藻类原料，并在造粒方法上进行优化，从而改善钙基 CO_2 吸附剂的循环稳定性，且制备方法简单，适用于大规模生产。其中，功效短语为“改善钙基 CO_2 吸附剂的循环稳定性”“制备方法简单”“适用于大规模生产”等。

当然，针对功效词识别的线索词不止以上所提到的词或句式，在进行专利工作时仍需不断积累完善，并适当地将上述线索词的同义词加入线索词库，从而使规则更加全面。

四、中文专利技术–功效二维词模型构建研究

基于中文专利文本结构、文本语法、线索词特征以及统计特征依次递进地识别技术词和功效词，构建技术–功效二维词模型，可有效防止信息遗漏、误分等情况。

（一）技术–功效词二维模型

技术–功效词二维模型构建整体流程如图 5-1 所示。

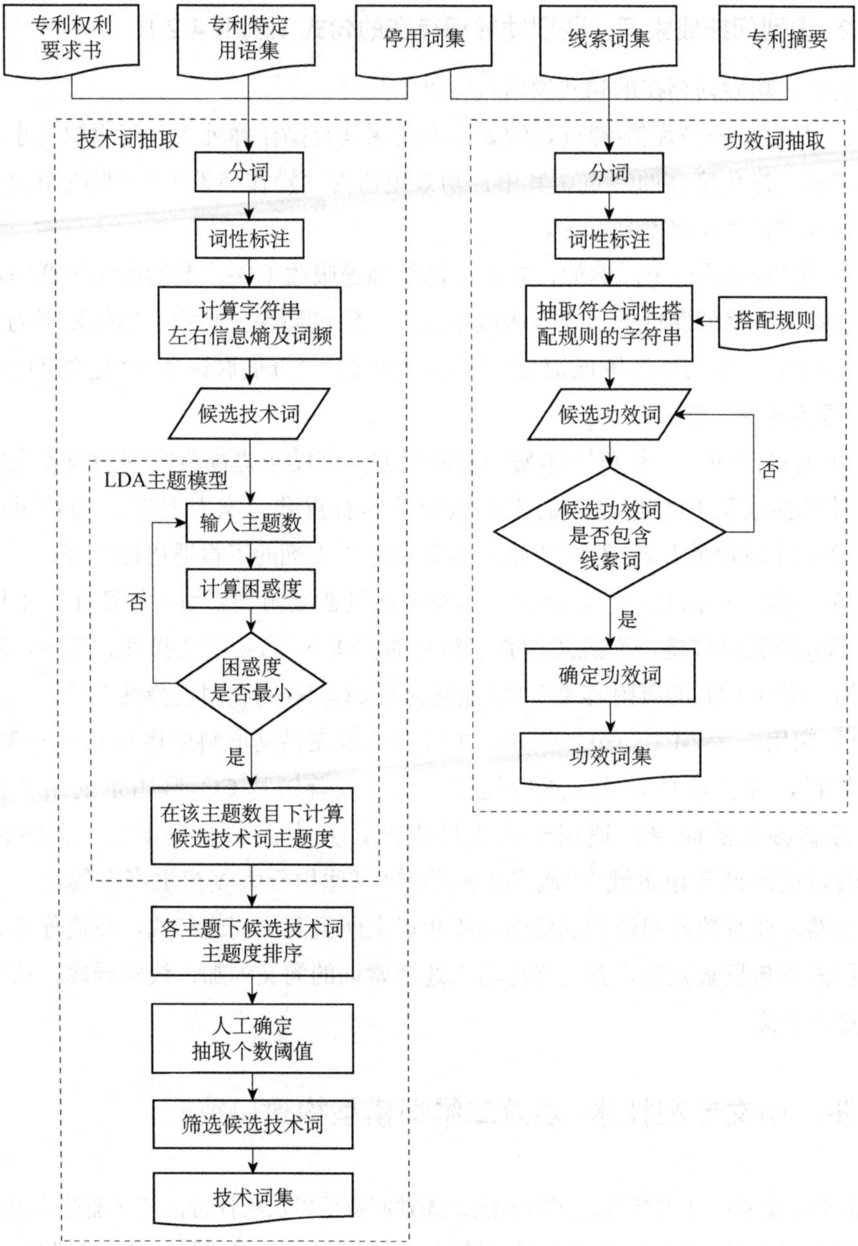

图 5-1 技术–功效词二维模型构建流程

（二）功效词识别算法

功效词识别算法所需外部资源包括停用词表、中文分词工具 Jieba。

在进行功效词抽取之前，需要进行文本预处理的操作，主要包括分词、去除停用词和词性标注。本书使用 Jieba 中文分词进行分词。Jieba 中文分词是最常见的中文分词工具之一，它以“最大匹配”作为匹配规则，可提供中文分词、关键词抽取等多种功能。在分词后，针对专利摘要进行去除停用词操作，由于专利摘要中专利特定较少，因此本书选取通用的停用词集《哈工大停用词表》作为功效词的停用词表，它包含绝大部分具有通用性且对于所要处理的文本无实际意义的词汇，如“此”“然后”“怎么”“哈”“嘿”“呵”等词。《哈工大停用词表》部分停用词如表 5-5 所示。

表 5-5　《哈工大停用词表》部分示例

具体词示例			
不怎么	哪	处在	按时
不怕	哪个	处处	按期
不惟	哪些	处理	按照
不成	哪儿	复杂	按理
不消	啊哈	大	据我所知

Jieba 中文分词工具同样提供了词性标注功能，因此直接使用 Jieba 即可完成词性标注的工作。针对去除停用词后得到的文本片段，进行词性标注操作。在完成文本预处理后，得到的文本片段保留了原有含义且较为完整，同时使用较成熟的词性标注工具可以有效解决句子中“一词多词性”的现象，词性标注较为准确，这对之后的工作十分重要。

其中，中文专利功效词具体抽取流程如图 5-2 所示。

1）删除停用词，并利用规则 3 抽取出候选功效短语。将专利摘要作为功效短语的来源，利用停用词表去除对分析功效点没有意义的词，并进行词性标注，抽取出符合规则 3 的词性搭配规则的功效短语。

2）利用规则 4 抽取出功效词集。在去除重复的候选功效短语后，筛选出包含线索词及与其同义词的功效短语，并输出至功效词集。

（三）技术词识别算法

技术词识别算法所需外部资源与识别功效词类似，为停用词表、中文分词工

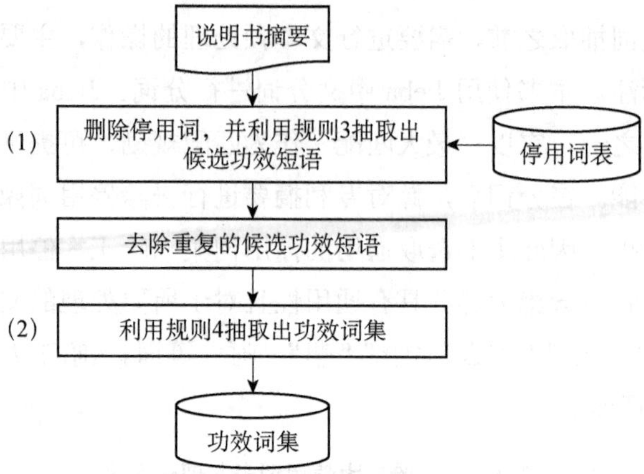

图 5-2　功效词识别流程

具 Jieba。由于技术词的抽取更为复杂，仅仅依赖通过专利文本结构特征和语法特征获得的规则，无法很好地去除噪声数据和有效识别技术词，因此，需要引入信息熵和 LDA 主题模型完善技术词的抽取。具体流程如图 5-3 所示。

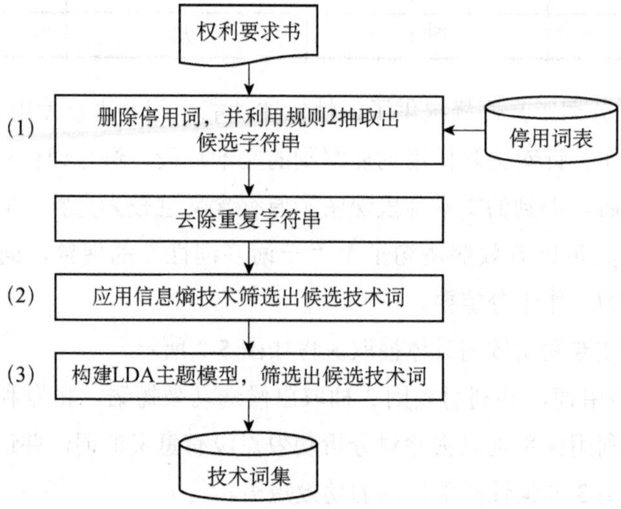

图 5-3　技术词识别流程

1. 对文本进行切分，删除停用词，并利用规则 2 抽取出候选字符串

在对技术词进行抽取之前，针对专利权利要求说明书同样要进行文本预处理的操作，包括分词、去除停用词和词性标注。Jieba 作为分词工具，其切分出的词相对较短，有利于召回技术词。分词后，在《哈工大停用词表》的基础上，添

加常用专利特定用语的部分。通过使用已总结好的停用词集去除停用词，将语料中的每一个句子切分成相对较小的片段；同时对文本进行词性标注，与功效词文本预处理不同的是，技术词的词性标注是为了以规则2为基础进行基于词性过滤的文本再次切分过程。通过这两个操作，得到切分后的字符串集合，例如，所得到的切分后的字符串为“自动/核酸/提取仪”，通过遍历以词为基础的字符串，只需将“自动”“核酸”“提取仪”“自动核酸”“核酸提取仪”“自动核酸提取仪”作为候选技术词即可，不会出现“自动核”“酸提”这类的无意义字符串，大大减少了候选技术词的数量，提高了抽取效率。

目前，技术词抽取工作大多针对技术词的高频特征和单元性展开，而对于专利技术词抽取中存在的“技术词”具有“领域相关性强”和“低频技术词多”的问题缺少有效的处理方法。鉴于以上问题，本书提出了一种将信息熵与LDA主题模型相结合进行技术词识别的方法，根据中文专利中技术词的特点，分别从“技术词的完整性或单元性”和“技术词的领域性”两个角度考虑，开展后续研究工作。其中，信息熵确保了技术词的完整性，LDA主题模型极大地提高了低频词识别的准确度，特别是有效解决了专利技术新颖导致技术词低频而无法识别的问题。

2. 应用信息熵技术筛选出候选技术词

通过计算字符串左右两边界的信息熵，结合词频对字符串进行过滤，能够将技术词范围进一步缩小。信息论中的信息熵是指某一事件可能产生的信息量的期望，是对单个随机变量考虑到其所有可能取值，即不确定性的一种量化表示。[①] 随机变量越不确定，熵值越大。针对技术词的单元性，本书将信息熵应用于技术词的抽取，分别对字符串的左右两边界进行信息熵的计算。字符串的边界所连接的字越不确定，该字符串的边界信息熵越高，则越可能是一个完整的词。

左、右信息熵的公式如下：

$$LE(s)=-\sum_{l\in L}p(ls|s)\log_2 p(ls|s) \tag{5-1}$$

$$RE(s)=-\sum_{r\in R}p(sr|s)\log_2 p(sr|s) \tag{5-2}$$

其中，LE（s）为字符串 s 的左信息熵，RE（s）为字符串 s 的右信息熵，s 是候

---

① 李丽双. 领域本体学习中术语及关系抽取方法的研究. 大连理工大学博士学位论文，2012.

选字符串，l 是 s 的左邻接字，ls 是 l 和 s 结合所组成的字符串，p（$ls|s$）表示语料中出现 s 的情况下，s 的左邻接字是 l 的条件概率。r 是 s 的右邻接字，sr 是 s 和 r 结合组成的字符串，p（$sr|s$）表示语料中出现 s 的情况下，s 的右邻接字为 r 的条件概率。LE（s）和 RE（s）越大，说明 s 的左右邻接字越不固定，那么 s 是一个完整的词的可能性就越大。

根据信息熵理论，通过大量语料分析做出以下假设：

1）当某词语的词频大于 1，且左右信息熵只有一个为 0 时，即该词每次出现只有左或右边界中的一个相同时，此时该词保留为技术词（假设 1）。

2）当某词语的词频大于 1，且左右信息熵均不为 0 时，即该词每次出现时其左右边界均不相同，此时该词保留为技术词（假设 2）。

因此，基于信息熵的中文专利候选技术词抽取假设的总结如表 5-6 所示。

表 5-6 基于信息熵的中文专利候选技术词抽取假设

词频	左、右信息熵=0 的个数		
	2	1	0
=1	—	—	—
>1	—	技术词	技术词

3. 构建 LDA 主题模型，筛选出候选技术词

通过计算每个候选技术词的主题度，选择最适合该词的主题，并通过设定阈值，输出技术词集。在特定领域中，技术词的主题性体现在其通常具有一定的主题相关性，即领域中存在着不同主题，技术词与一个或多个主题存在较强的关联性。LDA 主题模型由布雷（D. Blei）等于 2003 年提出，是一种无监督的贝叶斯模型，其主要思想是：文档是主题上的狄利克雷（Dirichlet）分布，主题是词语上的多项式分布。[①]以专利文献为例，即认为一篇专利文献中包含多个技术主题，专利文献中每一个技术词都有一个最偏向的技术主题，对于每一个技术主题均可找出一些技术词来描述它。

LDA 主题模型[②]如图 5-4 所示。

① Blei D，Ng A，Jordan M. Latent Dirichlet Allocation. Journal of Machine Learning Research，2003，3：993-1022.

② 廖列法，勒孚刚，朱亚兰. LDA 模型在专利文本分类中的应用. 现代情报，2017，37（3）：35-49.

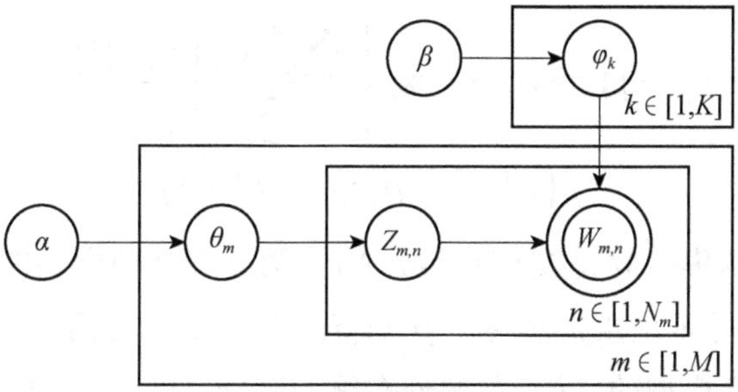

图 5-4　LDA 主题模型

图 5-4 中，K 为主题数，M 为文档总数，N_m 是第 m 个文档所包含词的数量。β 是每个主题下词的多项分布的狄利克雷先验参数，α 是每个文档下主题的多项分布的狄利克雷先验参数。$Z_{m,n}$ 是第 m 个文档中第 n 个词的主题，$W_{m,n}$ 是 m 个文档中的第 n 个词。两个隐含变量 θ 和 φ 分别表示第 m 个文档下的主题分布和第 k 个主题下词的分布，前者是 K 维向量，后者是 V 维向量（V 为所有文档中出现的不重复的词总数）。

从技术词特点看，领域技术词在某领域内不论其所属主题是什么，其主题度应高于一般词语。技术词一般由一个词或多个词组成，而通过 LDA 主题模型可以得到主题–词分布矩阵，由主题–词分布矩阵即可得到某一个词在某一主题下的主题度。

在通过信息熵识别出候选技术词后，需要对候选技术词集利用 LDA 主题模型进行进一步的操作，从而有效解决专利代表的新技术中的技术词的低频问题，具体分为以下两部分。

（1）确定 LDA 主题数目

本书通过计算困惑度（perplexity）来确定主题数目，选择困惑度最低的主题数作为文本的最优主题数。在信息论中，困惑度用来度量一个概率分布或概率模型预测样本的好坏程度，可以用它来比较两个概率模型在预测样本上的优劣。困惑度越低，则概率分布模型或概率模型越能更好地预测样本。语料的主题数量是不确定的，根据主题数所训练出来的模型的困惑度也是不同的，因此要选择对于语料的最优主题数，即最小困惑度所对应的主题数。困惑度的计算公式①为：

① 曹占伟，胡晓鹏. 一种结合主题模型的推荐算法. 计算机应用研究，2019，36（6）：1638-1642.

$$\text{perplexity}(D)=\exp\left\{\frac{-\sum_{d=1}^{M}\log\left(p(w)\right)}{\sum_{d=1}^{M}N_d}\right\} \tag{5-3}$$

$$p(w)=\sum_{z}p(z|d)\times p(w|z) \tag{5-4}$$

其中，D 表示文档集，M 是文档总数，N_d 是第 d 篇文档中词的总数，p（w）为在所有文档中单词 w 出现的概率，p（$z|d$）为第 d 篇文档中主题 z 出现的概率（可从该 LDA 主题模型的文档-主题分布得到），p（$w|z$）为单词 w 在主题 z 出现的概率（可从该 LDA 主题模型的主题-词分布得到）。

（2）根据主题度排序，设定阈值筛选技术词（假设 4）

通过基于最小困惑度的主题个数进行候选技术词主题度计算后，每个候选技术词都存在对应各主题的主题度数值。本书认为若一个词在某一主题下的主题度比其他主题更高，则认为该词是该主题的一种表达，如文本共有三个主题，分别为“二氧化碳吸附剂”“二氧化碳脱除装置”“多孔碳材料”，若候选技术词“超重力旋转填充床”在三个主题下的主题度数值分别为 0.4、0.8、0.3，则认为该词属于“二氧化碳脱除装置”这个主题。基于此对候选技术词进行分类，划分至不同主题下，并依据主题度大小进行排序，并设定阈值，确定技术词集中所包含技术词的个数，从而实现技术词集的输出。通常而言，阈值的设定与文本规模大小有关，文本规模越大，所筛选出的候选术语越多，可根据需求，灵活设定。

应用 LDA 主题模型的技术词抽取具体流程如图 5-5 所示。

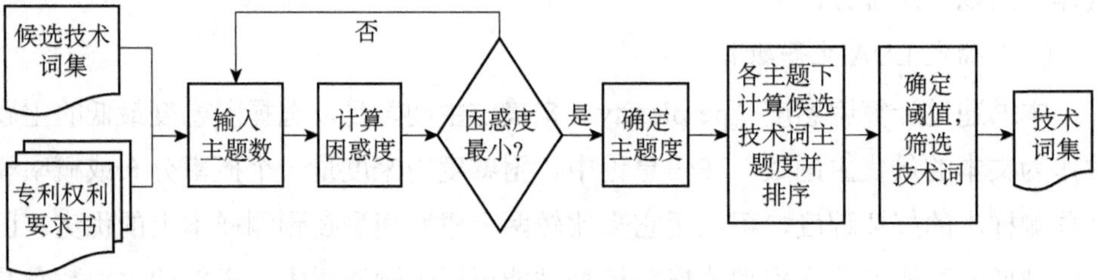

图 5-5　LDA 主题模型技术词抽取流程

五、实证分析

为了确保研究结果的准确性和有效性，本书选取“碳捕获”领域的 1017 篇中文专利文档，分别选取专利文献的“权利要求书”部分和“说明书摘要”部分进行“技术词”和“功效词”的提取，展开相应的研究工作。首先，将文本分割为长短不一的字符串，并遍历字符串得到所有字符串组合可能性，共有 406 383 个字符串。经过去重处理，得到 58 049 个候选字符串。其次，对候选字符串进行左右边界信息熵计算，筛选出 49 054 个词。然后，根据 LDA 主题度对候选技术词进行过滤。如图 5-6 所示，当主题数为 8 时，困惑度最低，代表此时主题模型最优，因此将主题数定为 8，人工设置筛选出每个主题下主题度大小位于前 2%的技术词，最后得到 875 个词，并将其输出至技术词集文档。

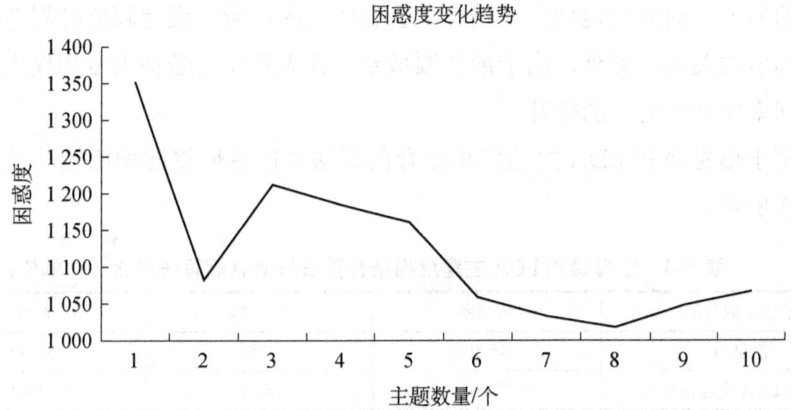

图 5-6　不同主题数的困惑度

为衡量本书所提出技术词抽取方法的有效性和实用性，本书采用经典的评价指标精确率（P）、召回率（R）和 F 值对基于信息熵和 LDA 主题度的技术词抽取方法进行性能评价。计算公式分别如下：

$$\text{精确率}(P)=\frac{\text{抽取出的正确的技术词总数}}{\text{抽取出的技术词总数}} \tag{5-5}$$

$$\text{召回率}(R)=\frac{\text{抽取出的正确的技术词总数}}{\text{语料中标注的技术词总数}} \tag{5-6}$$

$$F\text{值}=\frac{2\times\text{精确率}\times\text{召回率}}{\text{精确率}+\text{召回率}} \tag{5-7}$$

按前述技术词抽取流程，为方便实验，对碳捕获领域中文专利权利要求书的其中 53 篇进行技术词抽取。对技术词进行指标的计算，结果如表 5-7 所示。

表 5-7 技术词识别算法性能评价表 单位：%

评价指标	人工设定阈值			
	30.00	40.00	50.00	60.00
精确率	74.75	76.00	78.89	76.02
召回率	38.71	51.61	56.46	63.35
F 值	51.46	63.09	65.82	69.11

可以看到，使用信息熵和 LDA 主题度相结合的方法进行技术词抽取，随着人工设定阈值的增多，技术词抽取数量增多，抽取精确率比较稳定，召回率明显上升，*F* 值也随之上升。由于实验选取的文本规模较小，因此人工设定阈值较大，且随着人工阈值设定增大，精确率会有所下降，所以设定阈值时需考虑文本规模与阈值的关系。另外，由于涉及领域专利权人较少，若加大专利权人涉及范围，召回率将会有更大的提升。

将基于信息熵和 LDA 主题度相结合的算法与信息熵算法相比较，其性能比较如表 5-8 所示。

表 5-8 信息熵和 LDA 主题度相结合算法与信息熵算法对比 单位：%

术语抽取方法	精确率	召回率	*F* 值
信息熵	45.50	30.62	36.60
信息熵和 LDA 主题度相结合	78.89	56.46	65.82

结果表明，相比单纯仅用信息熵方法，信息熵和 LDA 相结合的方法在精确率和召回率上都有提高，这表明了信息熵和 LDA 相结合的方法的有效性。

同样，在进行文本预处理后，对专利摘要进行基于语法规则和线索词的功效词抽取，并输出至功效词集，功效词（短语）示例数据如表 5-9 所示。

表 5-9 功效词（短语）示例

类型	示例
用途	用于联合循环发电、用于脱除燃煤烟气、提供甲烷原料
工程量	提高吸附剂性能、减少能量损失、降低整体能源需求
操作状态优化	稳定性良好、风险低、耐久性较高、具有高水合能力

为衡量本书所提出功效词抽取方法的有效性和实用性，本书采用经典的评价指标正确率和召回率对基于专利语法特征和线索词的功效词抽取方法进行性能评价。计算公式分别如下：

$$精确率(P)=\frac{抽取出的正确的功效词总数}{抽取出的功效词总数} \tag{5-8}$$

$$召回率(R)=\frac{抽取出的正确的功效词总数}{语料中标注的功效词总数} \tag{5-9}$$

为方便实验，对碳捕获领域中文摘要选择不同数目的摘要进行功效词抽取。对功效词进行指标的计算，结果如表 5-10 所示。

表 5-10　功效词识别算法性能评价　　单位：%

评价指标	文本规模		
	10 篇	20 篇	30 篇
精确率	70.97	72.22	72.82
召回率	84.00	79.31	78.85

可以看到，使用该方法进行功效词的抽取，精确率和召回率都表现出较好的数值，且基本不受文本规模的影响，这表明了基于专利语法特征和线索词的功效词抽取的有效性。

小　　结

快速、有效地对中文专利中的技术词、功效词进行识别，为更加深入地对中文专利的非结构化文本部分实现自动化分析功能奠定基础，极大地影响了中文专利非结构化文本分析的准确性。针对该问题，本章对中文专利的文本结构、文本语法以及线索词特征进行深入探究，获取技术词和功效词的文本特征，在此基础上，应用信息熵和 LDA 主题模型进行技术词规则的识别，同时，应用线索词的特征和句式获取功效词识别规则，从而构建中文专利技术-功效二维词模型。为确保研究结果的有效性，应用“碳捕获”领域的中文专利数据，展开相应的实证研究，验证方法的精确率和召回率等指标，从而证实了本书构建的技术-功效二维词模型在中文专利技术词和功效词识别的科学性和有效性，为中文专利非结构化文本分析提供相应的理论和方法支持。

第六章

基于技术树构建的高新技术企业技术威胁识别

专利信息涵盖全球90%最新的发明创造信息，对于以技术研发为主导的高新技术企业而言，专利信息体现了企业的核心技术战略，同时，鉴于专利数据的权威性和准确性，本书应用高新技术企业以及其技术竞争对手所拥有的专利技术作为数据源，应用文本挖掘和自然语言处理技术对其进行深入挖掘分析，针对高新技术企业及其技术竞争对手分别构建其技术树，深入解读其专利技术的技术组件、技术结构、技术功效等细节性的技术信息，结合研发的时间进行动态的比较和追踪，并通过技术树的匹配，分析其研发趋势，剖析其专利布局，从高新技术企业及其技术竞争对手的整体技术层面进行技术威胁识别。另外，为确保上述研究结果的准确性，本章应用“碳捕获”领域的专利数据展开实证研究，为高新技术企业有效识别技术威胁，制定技术研发战略具有一定的理论和应用价值。

一、研究整体框架

本章应用文本挖掘、自然语言处理等技术，针对高新技术企业，应用其专利资产，构建其技术树，并提出一种技术树相似度测量方法的方法，从而有效识别企业面临的技术威胁。整个研究过程分为四个阶段：①专利检索和文本预处理；②SAO 结构抽取和聚类；③技术树的构建；④依托于技术树，识别技术威胁。具体技术流程包括以下步骤：专利收集，文本预处理，依存句法分析，技术术语抽取，SAO 抽取，SAO 相似度测量，SAO 聚类，S、AO 深层标注，概念聚合，技术树构建，技术树相似度测量，技术事件威胁识别（图 6-1）。

二、专利检索和文本预处理

本部分针对各技术细节展开分析，深入探讨技术威胁识别过程。

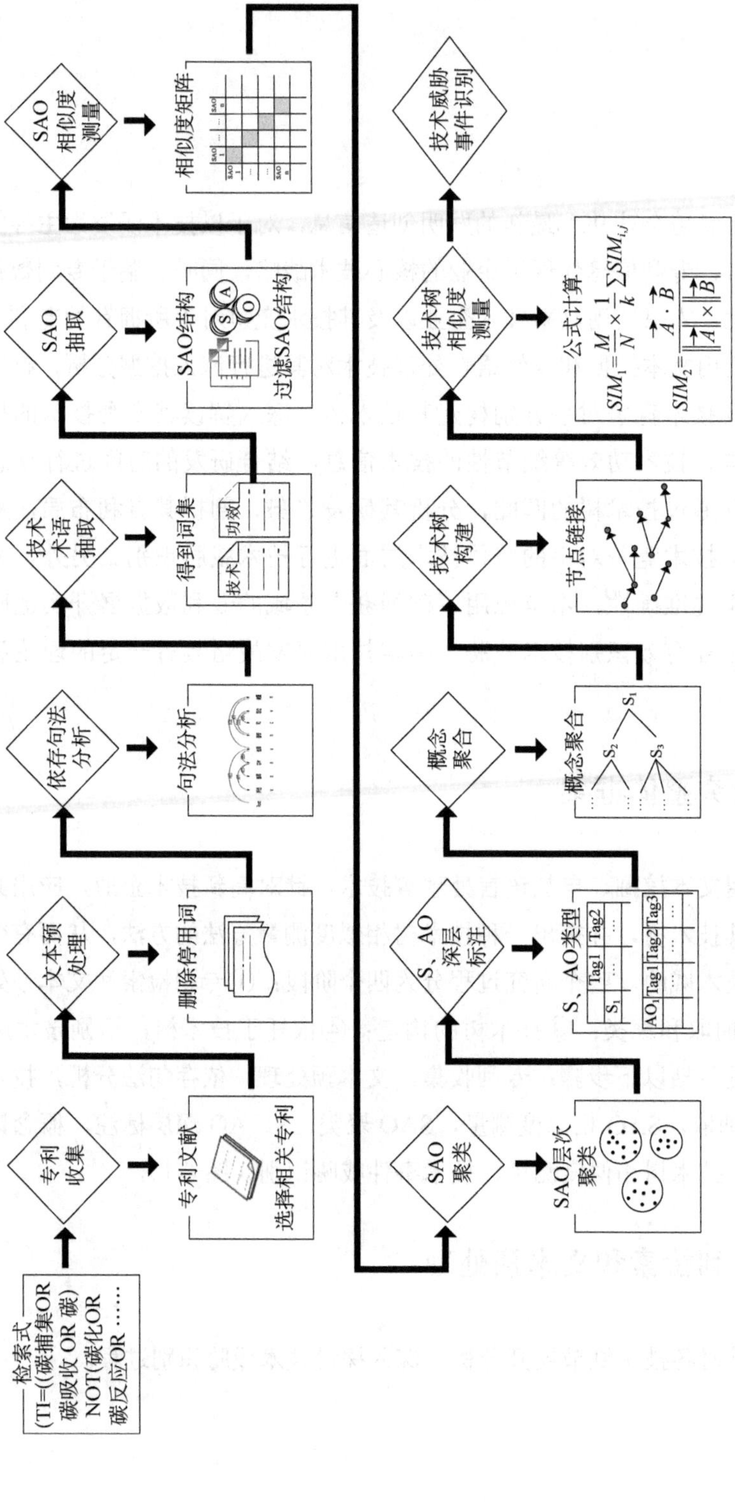
检索式
(TI=((碳捕集OR
碳吸收 OR 碳)
NOT(碳化OR
碳反应OR ……
专利收集
文本预处理
依存句法分析
技术术语抽取
SAO抽取
SAO相似度测量
专利文献
选择相关专利
删除停用词
句法分析
得到词集
技术
功效
SAO结构
过滤SAO结构
相似度矩阵
SAO聚类
S、AO深层标注
概念聚合
技术树构建
技术树相似度测量
技术威胁事件识别
SAO层次聚类
S、AO类型
Tag1 Tag2 Tag3
概念聚合
节点链接
公式计算
$SIM_1=\frac{M}{N}\times\frac{1}{k}\sum SIM_{i,j}$
$SIM_2=\frac{\vec{A}\cdot\vec{B}}{\|\vec{A}\|\times\|\vec{B}\|}$

图 6-1 研究技术路线

（一）选择专利语料

第一步是选择专利文件。针对需要研究的高新技术企业及其预判的技术竞争对手，确定检索式，检索获取其相关技术领域的专利文献，为了确保研究工作的科学、准确性，本书选取专利文献中的“摘要”和“权利要求书”作为分析语料，进行 SAO 结构的抽取和概念聚合工作。

（二）专利文本数据预处理

在构建技术树之前，首先要进行文本预处理，主要包括使用 Jieba 中文分词进行分词和词性标注、使用停用词表进行停用词去除。删除停用词主要分为两个步骤，一是构造停用词表，二是停用词过滤。在删除停用词的过程中，需要注意的是，其目的是通过去除这些无意义且重复率高的词来降低文本向量的维度，同时不能改变文本原本的含义。本书选取《哈工大停用词表》作为停用词表，它包含绝大部分具有通用性且对于所要处理的文本无实际意义的词汇，如“此”“然后”“怎么”“哈”“嘿”“呵”等词。

（三）依存句法分析

句法分析旨在将句子以词语的序列形式按照某种语法体系转化为图结构（通常为树结构），以刻画句子内部的句法关系。依存句法分析是句法分析的主要方法之一，它使用带有方向的依存弧（或边）连接句子中两个具有一定句法关系的词语，最终形成一棵句法依存树。以句子“一种固体吸收剂包括载体和碱金属碳酸盐及载体表面的胺基基团”为例，所构建的句法依存树如图 6-2 所示。

根据依存句法分析结果，句子的核心谓词为“包括”，主语是“固体吸收剂”，提出的宾语是“载体”，“碱金属碳酸盐”和“胺基基团”与其为并列关系，因此存在三个宾语。经过分析，尽管“载体表面”也是名词，且与“包括”距离更近，但真正的第三个宾语为“胺基基团”，“载体表面”只是用来修饰“胺基基团”的。从例句中可以看到，依存句法通过分析语言单位内成分之间的依存关系解释其句法结构，强调句子中词之间的关系，而不是去描述词的顺序。因此这种形式简洁、易于标注的依存句法日益为研究人员所关注，并且成为句法分析

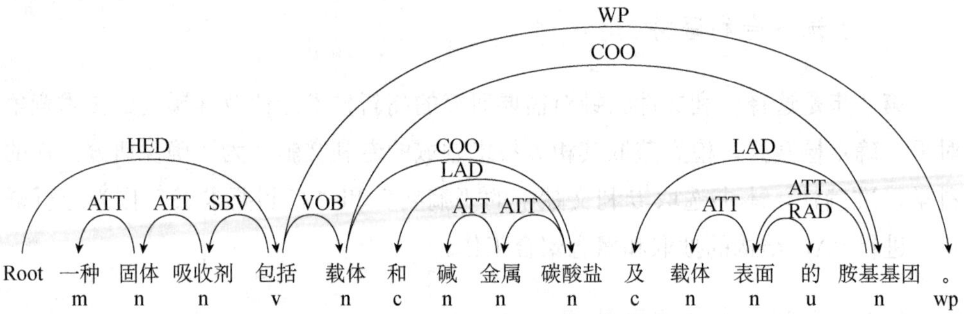

图 6-2　依存句法树截图

注：ATT 为定中关系，COO 为并列关系，HED 为核心关系，RAD 为右附加关系，
SBV 为主谓关系，VOB 为动宾关系，WP 为标点，LAD 为左附加条件

研究的主要工具，在信息抽取、情感分析、机器翻译等多个自然语言研究任务中起到了重要作用。

目前常用的依存句法分析大多依据神经网络依存句法分析算法①对句子进行分析，同时加入丰富的全局特征和聚类特征，并对依存句法分析提供了 15 种标注关系，如表 6-1 所示。

表 6-1　依存句法关系

关系类型	标签	举例
主谓关系	SBV	我送她一束花（我<–送）
动宾关系	VOB	我送她一束花（送–>花）
间宾关系	IOB	我送她一束花（送–>她）
前置宾语	FOB	他什么书都读（书<–读）
兼语	DBL	他请我吃饭（请–>我）
定中关系	ATT	红苹果（红<–苹果）
状中结构	ADV	非常美丽（非常<–美丽）
动补结构	CMP	做完了作业（做–>完）
并列关系	COO	大山和大海（大山–>大海）
介宾关系	POB	在贸易区内（在–>内）
左附加关系	LAD	大山和大海（和<–大海）
右附加关系	RAD	孩子们（孩子–>们）
独立结构	IS	两个单句在结构上彼此独立
核心关系	HED	指整个句子的核心
标点	WP	，。、？！等

① Chen D Q，Manning C D. A fast and accurate dependency parser using neural networks//Proceedings of the 2014 Conference on Empirical Methods in Natural Language Processing（EMNLP），2014：740-750.

（四）技术-功效二维词模型构建

为了能够更加准确地识别和界定专利技术的技术组件、技术结构、技术功效等重要信息，避免在后续研究中SAO结构提取中噪声过多的问题。该部分研究针对两类重要词汇——“技术词”和“功效词”，针对专利文献的摘要和权利要求书的文本结构、文本语法以及线索词特征进行解析和归纳，结合信息熵、词频及LDA主题模型，构建技术-功效二维词模型，具体流程图如图6-3所示具体过程见第五章。

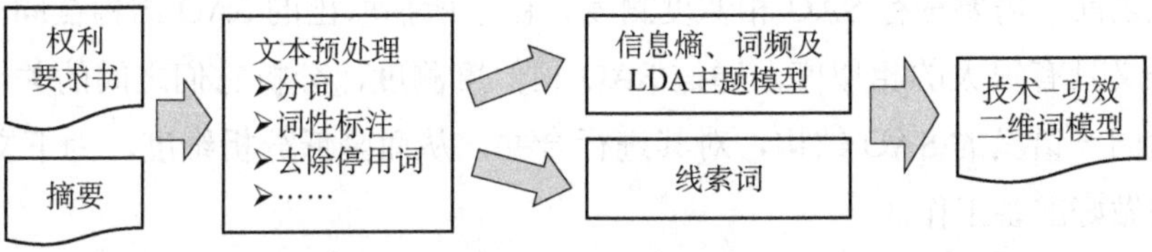

图6-3 技术-功效二维词模型构建

三、SAO结构的抽取与聚类

（一）提取SAO结构

针对需要研究的高新技术企业及其预判的技术竞争对手，分别获取其“说明书摘要”和“权利要求书”，提取SAO结构。在上文中的依存句法分析理论和技术-功效二维词模型构建的基础上，本书采用哈尔滨工业大学LTP对SAO结构进行抽取。LTP是一个开放的中文自然语言处理系统，由哈尔滨工业大学社会计算与信息检索研究中心研发，它提供了一系列中文自然语言处理工具，如分词、词性标注等。在SAO结构抽取过程中，首先需要将技术-功效二维词模型所得到的中文专利的技术词和功效词作为用户自定义词典导入LTP，作为分词的优先参考对象。通过使用LTP技术提取SAO结构，示例如图6-4所示。

在句子“吸收流体具有高浓度烷醇胺CO_2吸收剂”中，“吸收流体”和“具有”是主谓关系，“具有”和“高浓度烷醇胺CO_2吸收剂”是动宾关系，那么就可以将它们组成SAO结构三元组（吸收流体、具有、高浓度烷醇胺CO_2吸收剂）。以此类推，便可抽取出所需的SAO结构。鉴于抽取出的SAO结构数量众多，包含噪声数据，需要进一步进行主题凝练，本书使用层次聚类的方法。在进

SAO结构抽取示例（专利公告号：CN102574048A）

原句：
吸收流体具有高浓度烷醇胺CO_2吸收剂。

抽取的SAO结构：
吸收流体，具有，高浓度烷醇胺CO_2吸收剂

图 6-4 SAO 结构抽取示例

行聚类之前，需要进行 SAO 相似度测度，由于所抽取出的 SAO 结构在同一主题下的语义具有很大的相似度，通过 SAO 相似度测度，分析它们之间的关系，找到表达同一语义的 SAO 结构，对其进行合并，从而降低分析维度，为下文 SAO 的聚类做好准备工作。

（二）SAO 相似度测度

在 SAO 结构中，代表主体部分的 S 通常为表示技术、产品以及功能的词语，而这些词语大多是组合而成的，例如，“阳性质控探针”和“阴性质控探针”虽然部分不同，但是可以都被视为“质控探针”的一种；再者，SAO 结构中的 AO 组合也应该被分类，“试剂盒，具有，灵敏度高、特异性强的特点”和“本发明、提升、测序结果的准确性”这两个 SAO 结构虽然看起来没有相似的词语，但都表征了主题 S 具有 AO 组合所表述的效果，因此将这两个具有相同意义的 SAO 结构视为同一类。鉴于此，在成功抽取 SAO 结构后，需要计算 SAO 结构相似度，从而对 SAO 结构进行分类。

在计算 SAO 结构相似度之前，需要得到每个 SAO 的句向量。本书采用 BERT 生成句向量，避免了采用词嵌入（word embedding）生成句向量的过程中欠缺对上下文语义关系的考虑的弊端，从而为后续 SAO 结构相似度的测量获取准确、有效的句向量。BERT 模型是一种预训练语言模型，其在于它经过理解句意后生成的句向量，排除了词向量加权引起的误差。BERT 使用了双向编码器，其最主要的部分为自注意力（self-attention）机制。自注意力机制的核心思想是计算一个句子中的每个词与所在句子中的所有词之间的关系，然后再利用这些相互关系来调整每个词的权重从而对每个词形成新的表达，将单词本身的语义

和其与其他单词的关系融合在一起。因此和传统的词向量相比，它的表达更具有全局性。

得到 SAO 结构的句向量之后，对每个专利权人所申请的专利进行 SAO 结构相似度计算。本书基于 SAO 结构的余弦相似度构建 SAO 结构的相似度矩阵。余弦相似度是通过计算两个向量的夹角余弦值来评估其相似度，计算公式为：

$$sim(SAO_1, SAO_2) = \frac{\overrightarrow{SAO_1} \cdot \overrightarrow{SAO_2}}{\left\|\overrightarrow{SAO_1}\right\| \times \left\|\overrightarrow{SAO_2}\right\|} \tag{6-1}$$

从而得到 SAO 结构相似度矩阵，如表 6-2 所示。

表 6-2　SAO 结构相似度矩阵

	SAO_1	SAO_2	SAO_3	SAO_4	SAO_5	SAO_6	SAO_7	SAO_8	SAO_9	SAO_{10}	SAO_{11}	SAO_{12}	SAO_{13}	SAO_{14}	SAO_{15}	SAO_{16}
SAO_1	1	0.85741	0.7591	0.80463	0.79478	0.87995	0.73256	0.74010	0.84091	0.73422	0.71800	0.76729	0.90914	0.79245	0.80397	0.76949
SAO_2	0.85741	1	0.80844	0.86278	0.88607	0.85400	0.81085	0.81249	0.87383	0.79465	0.76797	0.81867	0.84140	0.82639	0.85033	0.85054
SAO_3	0.7591	0.80844	1	0.79878	0.80272	0.76304	0.81483	0.80511	0.80270	0.81127	0.79571	0.80361	0.79649	0.80746	0.81760	0.72233

（三）SAO 结构的层次聚类

在完成 SAO 结构相似度的计算后，应用层次聚类法对得到的 SAO 结构相似度矩阵进行聚类，从而获取 SAO 结构类别。本书采用凝聚层次聚类方法，基于“自底向上”的思想，首先将每个 SAO 结构都放在不同的类中，通过重复将最近的两个类合并，直到最后所有 SAO 结构都属于同一类为止，其中，部分示例如图 6-5 所示。

可以看到，通过层次聚类将 SAO 结构分为了不同的簇，并根据需要对簇进行划分，得到划分明显的不同类别。

（四）分析 SAO 结构，确定 S 部分和 AO 部分的类型

完成 SAO 结构的层次聚类后，可以明显看到同一类中的 SAO 结构表达出相近的含义，不同的 S 部分和 AO 部分之间具有相似的关系，因此，本小节深入分析 SAO 结构，确定 S 部分和 AO 部分的类型，分析技术树的构建主题，从而为后续技术树的构建做准备。

在生成 SAO 结构相似度矩阵后，本书对 S 和 AO 进行分类。根据 SAO 结构 S 和 AO 部分的特征结合关键词，可对其进行语义标注。对于主体 S 部分，本书

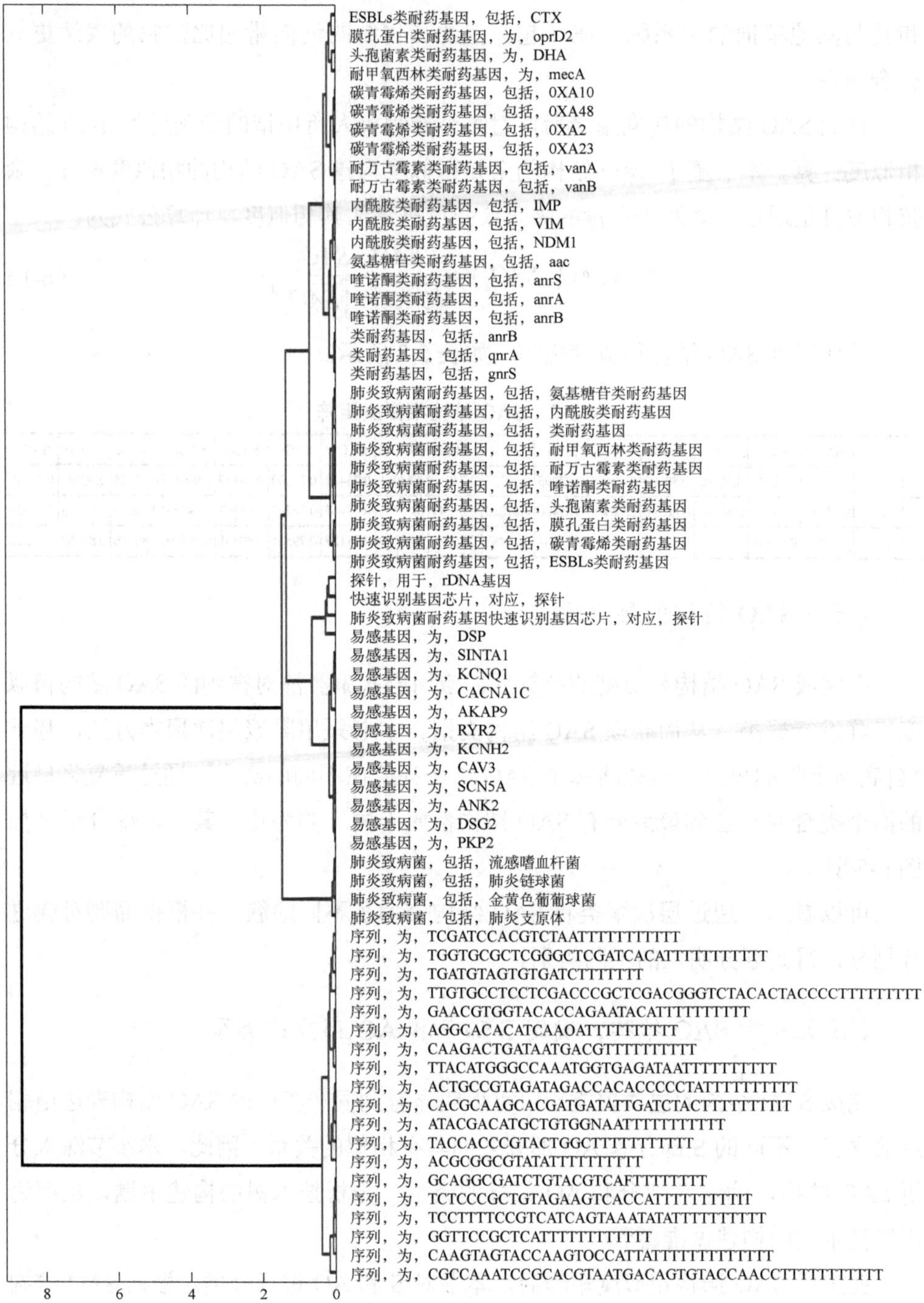

图 6-5　层次聚类示例（截图）

认为主要由表示技术和产品的词语组成；对于 AO 部分，主要分为总分、功能、效果等类型，而对象词 object 则基于 action 词可分为不同的类型，通过分析 AO 的特点，得到如表 6-3 所示的 AO 类型表。

表 6-3　AO 类型

AO 类型	定义	特征词	举例
部件	主体和客体之间具有整体与部分的关系	包括、包含、组成、分解成……	捕碳装置，包括，盲板
功能	主体所做出的行动	混合、加热、识别、得到……	过氧化氢洗涤塔，去除，有机杂质
效果	主体的行动产生了结果	增加、减少、加强、弱化……	换热器，提高，能量利用效率

经过对 S 和 AO 的分类，可以看到对于专利文献这类非结构化的文本，其行文有一定的特点，在表述上主要分为三种类型：一是部件，即某产品或技术由什么组成；二是功能，即对某产品或技术进行操作；三是效果，即对某产品或技术进行操作后可得到的结果。

（五）概念聚合

对 SAO 结构完成层次聚类后，将其结果与本小节 S 类型和 AO 类型识别相结合，进行分析并将概念聚合，对相似概念的对象进行归纳总结，在 SAO 结构中，S 和 O 都包含表征了技术词及其效果的短语，对于具有上下级关系的短语，如“氯霉素抗性基因”“卡那霉素抗性基因”是两种“抗性基因”，通过同义词聚类，对相关技术词进行聚类，从而实现概念聚合，为后续技术树的构建奠定基础。其中，具体示例如表 6-4 所示。

表 6-4　SAO 结构层次聚类示例

原始术语	代表名词	广义概念
氯霉素抗性基因	选择基因	标记基因
潮霉素抗性基因		
卡那霉素抗性基因		
GUS 基因	报告基因	
绿色荧光素基因		

四、基于SAO结构的技术树构建

技术树是一种树形结构，基于层次结构来组织对象，能够清晰、直观地展示技术与技术之间、技术与功能之间、技术与效果之间的关系，从而帮助人们明确该领域的发展方向和实现目标所需的关键技术。本书所构建的技术树的层次表现在部件、功能和效果上，它能够全面展示企业在相关行业领域的技术及技术目标，综合反映其技术体系架构。

技术树的构建主要分为两部分：节点链接与时间标签添加。一方面，从S类型短语出发，以AO类型短语为节点，在上文聚类的基础上，结合各类短语的共现情况和标注的关系特点来实现不同节点之间的链接。技术树主要有“产品/技术–产品/技术”“产品/技术—功能/效果”两种衔接。以上文对S和AO的类型分析为基础，结合它们在同一篇专利文献中的共现情况作为层次关联的判断标准。例如“产品/技术–功能/效果”的关系挖掘，是基于技术词和代表功效的短语对两类短语在同一篇专利文献中的共现和聚类情况以及存在的线索词来分析技术词与功效短语之间的关系，如在句中存在如下的句式“产品–具有–功效”，通过锁定相应的线索词，结合线索词周围的产品或技术、功效类短语的出现模式，来实现对“产品/技术”和“功效”的链接。“产品/技术–产品/技术”的衔接也与此类似。另一方面，在实现节点链接之后，需要将相关的时间数据作为标签添加到对应的节点中。通过从专利文本与时间数据特征两个角度来分析专利内容，有助于对产业技术领域内专利权人的技术发展脉络进行深入研究，对后文基于技术树对专利权人进行竞争关系识别起到重要作用。

通过对节点链接和时间标签的设置，本书分别构建了“产品/技术–产品/技术”的技术树（图6-6）和“产品/技术–功能/效果”的技术树（图6-7）。

在图6-6中，H公司作为专利权人提出了若干项专利，以“捕集烟道气或合成气中CO_2的吸收剂”为例，这项专利所提出的新产品为吸收剂，吸收剂由三部分组成，分别是2-甲氨基乙醇、胺和水。其中胺分为三种，即伯胺、仲胺和叔胺。以仲胺为例，它可以是二乙醇胺或哌嗪中的任意一种或两者的混合物。由此可以看出，“产品/技术–产品/技术”技术树能够将专利权人的核心技术内容进行系统、详细地展现，反映其所具有的技术能力和技术架构情况。

在图6-7中，可以清楚看到专利权人在进行新技术研究时所关注的技术和其

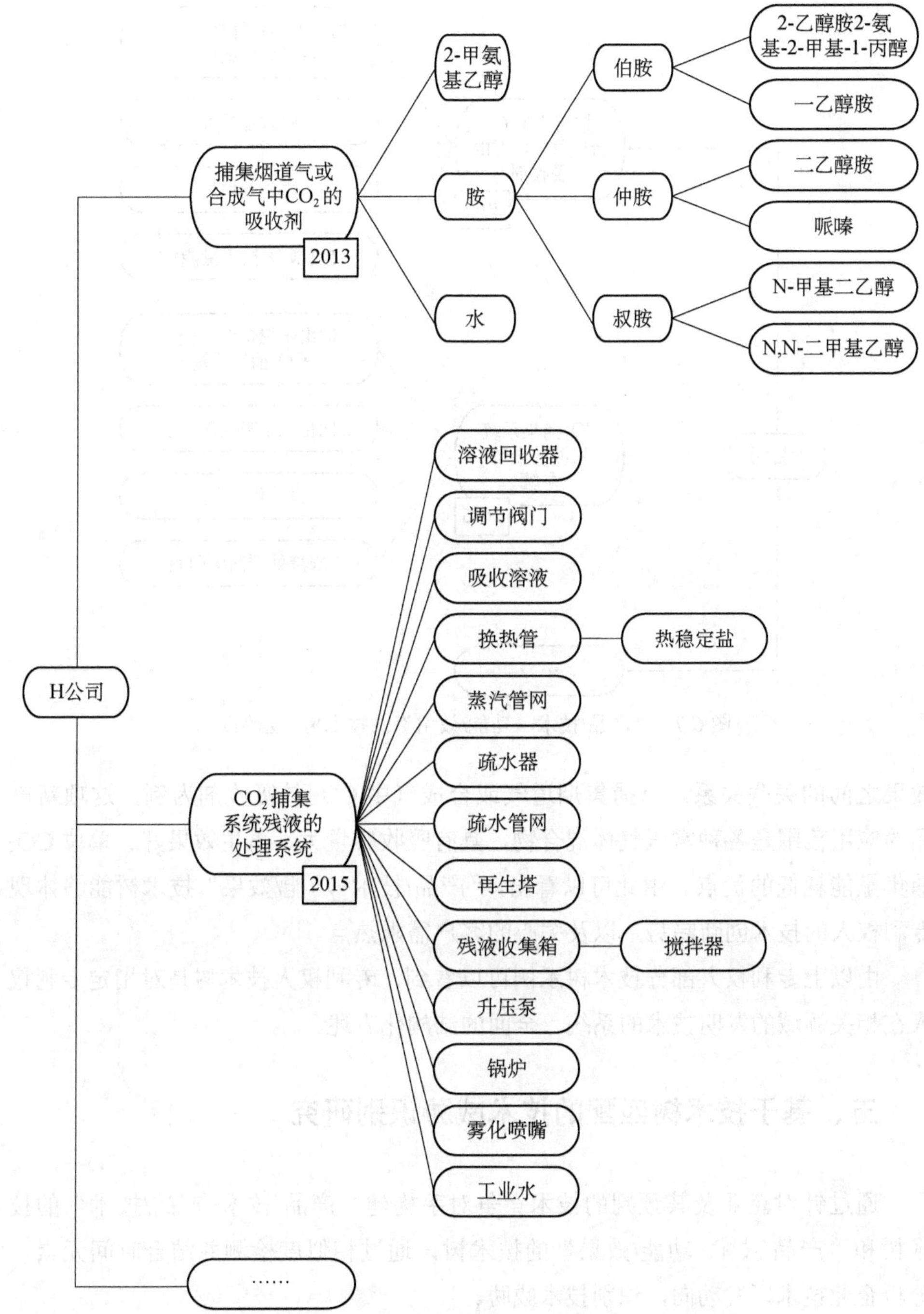

图 6-6 “产品/技术–产品/技术”的技术树（示例）

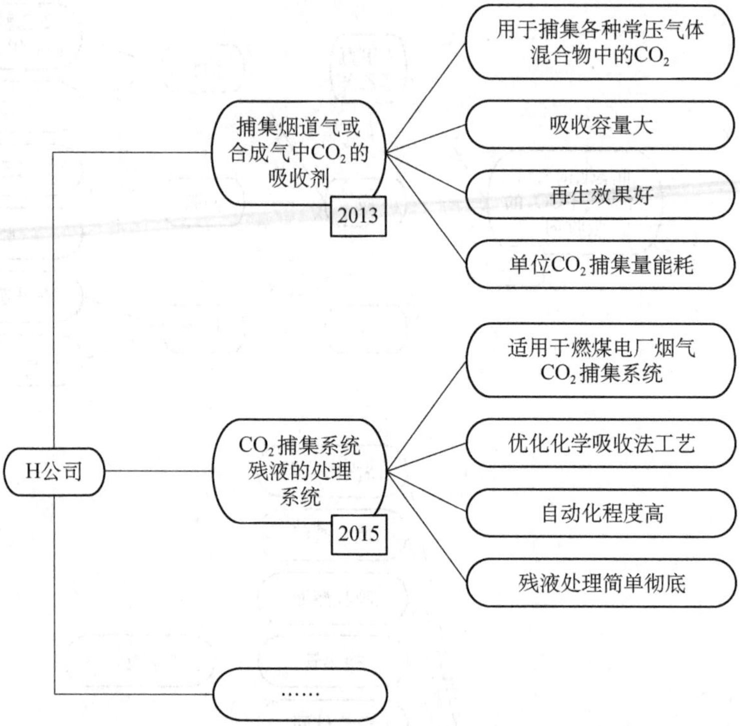

图 6-7 “产品/技术—功能/效用”的技术树（示例）

效果之间的关联关系。以捕集烟道气或合成气中 CO_2 的吸收剂为例，这项新产品的应用范围是各种常压气体混合物，具有吸收容量大、再生效果好、单位 CO_2 捕集量能耗低的优点。由此可以看出，“产品/技术–功能/效果”技术树能够体现专利权人的技术创新趋势，以及关心的客户需求热点。

由以上专利权人部分技术树示例可以看到，专利权人技术树是对指定专利权人在相关领域的发明技术的系统、全面的结构化表述。

五、基于技术树匹配的技术威胁识别研究

通过针对企业及其预判的技术竞争对手构建“产品/技术–产品/技术”的技术树和“产品/技术–功能/效果”的技术树，通过相似度检测并结合时间元素，分析企业技术研发动向，识别技术威胁。

技术树是由多个技术子树构成的。在本书中，每个技术子树为专利权人所提

出的一项技术，因此，技术子树是具有时效性的。本书认为有效的技术相似度年限为 5 年，若两项技术的申请年份相差 5 年以上，则认为两项技术不具有可比性，其相似度为 0。

通过对前文所构成的技术树进行观察可知，领域内各技术层次关系基本一致，即同层次技术所在的技术树层级基本一致，因此在本书中技术树的相似度不进行跨层次的相似度测度，以便进行计算。

本书将技术树相似度计算共分为 4 个部分：节点相似度、层级相似度、子树相似度以及技术树相似度。

（一）节点相似度测度

对同层节点进行向量化的操作，利用 BERT 将待比对的各层节点表示成向量，利用向量间夹角余弦计算两向量间的相似度。计算公式如下所示：

$$\mathrm{SIM}(\mathrm{node}_x,\mathrm{node}_y)=\frac{\overrightarrow{\mathrm{node}_x}\cdot\overrightarrow{\mathrm{node}_y}}{\left\|\overrightarrow{\mathrm{node}_x}\right\|\times\left\|\overrightarrow{\mathrm{node}_y}\right\|} \tag{6-2}$$

其中，$\overrightarrow{\mathrm{node}_x}$ 为节点 node_x 的向量，$\left\|\overrightarrow{\mathrm{node}_x}\right\|$ 为节点 node_x 向量的模。

（二）层级相似度测度

在对层级相似度进行计算时，需要考虑相似节点对在层级中的重要性，因此结合卡西尼对树相似度的计算公式①，本书提出计算技术树不同子树之间相同层级相似度的计算公式，假设子树 A_i 和 B_j 都存在第 m 层，那么第 m 层相似度为：

$$\mathrm{SIM}(A_{im},B_{jm})=\frac{|C(A_{im})\subset C(B_{jm})|+|C(B_{jm})\subset C(A_{im})|}{C(A_{im})+C(B_{jm})}\times\frac{\sum_{n=1}^{C}\mathrm{MAX}(\mathrm{SIM}(A_{imk},B_{jml}))}{C} \tag{6-3}$$

其中，$C(A_{im})$为子树 A_i 第 m 层的节点数，$C(B_{jm})$为子树 B_j 第 m 层的节点数，$|C(A_{im})\subset C(B_{jm})|$为子树 A_i 第 m 层与子树 B_j 第 m 层相似的节点数，$|C(B_{jm})\subset C(A_{im})|$为子树 B_j 第 m 层与子树 A_i 第 m 层相似的节点数，C 为子树 A_i 第 m 层的节点数或子树 B_j 第 m 层的节点数，$\mathrm{SIM}(A_{imk}, B_{jml})$为子树 A_i 第 m 层第 k 个节点与子树 B_j 第

① Cascini G，Zini M. Measuring patent similarity by comparing inventions functional trees [C]//Computer-Aided Innovation（CAI）. Boston：Springer，2008：31-42.

m 层第 l 个节点的相似度，$\mathrm{MAX}(\mathrm{SIM}(A_{imk}, B_{jml}))$为子树 A_i 第 m 层第 k 个节点与子树 B_j 第 m 层中各个节点的最大相似度或子树 B_j 第 m 层第 l 个节点与子树 A_i 第 m 层中各个节点的最大相似度。

（三）子树相似度测度

在进行子树相似度测度时，需要对各层级相似度进行加权求和得到两个子树的相似度。需要注意的是，树形结构由下至上的相似度的权重是递增的，即新技术成品相似的重要性大于技术使用部件的重要性，当研究新技术的目标相近时，其总体相似度才可能高。那么假设存在子树 A_i 和 B_j，子树对的相似度为：

$$\mathrm{SIM}(A_i, B_j) = \sum_{m=1}^{n} \sigma_m \mathrm{SIM}(A_{im}, B_{jm}) \tag{6-4}$$

其中，n 为子树对可计算的层数，$\mathrm{SIM}(A_{im}, B_{jm})$为子树 A_i 和 B_j 的第 m 层的相似度，σ_m 为子树对第 m 层的权重。

对于权重系数 σ_m，需要满足以下条件：$\begin{cases} 0 < \sigma_n < \sigma_{n-1} < \cdots < \sigma_1 < 1 \\ \sum_{m=1}^{n} \sigma_m = 1 \end{cases}$，因此，本书设定权重系数 $\sigma_m = \dfrac{2(n-m+1)}{n^2+n}$。

（四）技术树相似度测度

由上述节点、层级及子树各部分测度公式，提出技术树相似度测度方法，即专利权人 A 和专利权人 B 的技术树相似度为：

$$\mathrm{SIM}(A, B) = \frac{|C(A) \subset C(B)| + |C(B) \subset C(A)|}{C(A) + C(B)} \times \frac{\sum_{n=1}^{C} \mathrm{MAX}(\mathrm{SIM}(A_i, B_j))}{C} \tag{6-5}$$

其中，$C(A)$为专利权人 A 的技术树的子树数目，$C(B)$为专利权人 B 的技术树的子树数目，$|C(A) \subset C(B)|$为专利权人 A 与专利权人 B 的相似子树数，$|C(B) \subset C(A)|$为专利权人 B 与专利权人 A 的相似子树数，C 为专利权人 A 的技术树的子树数目或专利权人 B 的技术树的子树数目，$\mathrm{MAX}(\mathrm{SIM}(A_i, B_j))$为专利权人 A 的子树 A_i 与专利权人 B 各个子树的最大相似度或专利权人 B 的子树 B_j 与专利权人 A 各个子树的最大相似度。

通过对技术树的深入解读及相似度匹配，对识别技术竞争对手专利布局、分析其技术研发战略从而识别技术威胁具有重要参考价值。

六、实证研究

为确保上述研究结果的准确性和有效性，本书应用“碳捕获”领域的专利数据展开实证研究。

（一）专利数据检索

“碳捕获”领域的专利技术主要分为“溶剂”和“吸附”两类，通过专家咨询和文献查询设定“碳捕获”领域的专利检索式，如下所示①：

1. 在“溶剂”方面

设定以下检索式。

检索式一：TA:((CO_2 sorbent)OR (CO_2 absorbent)OR (CO_2 adsorbent)OR (carbon dioxide sorbent)OR (carbon dioxide absorbent)OR (carbon dioxide adsorbent)) AND T:((sorbent)OR (absorbent)OR (adsorbent))AND A:((CO_2)OR (carbon dioxide))

检索式二：TA:((CO_2 sorbent)OR (CO_2 absorbent)OR (CO_2 adsorbent)OR (carbon dioxide sorbent)OR (carbon dioxide absorbent)OR (carbon dioxide adsorbent)) AND A:((sorbent)OR (absorbent)OR (adsorbent))AND T:((CO_2)OR (carbon dioxide))

2. 在“吸附”方面

设定以下检索式：

检索式一：TA:((CO_2 solvent)OR (carbon dioxide solvent))AND A:(solvent)AND T:((CO_2)OR (carbon dioxide))

检索式二：TA:((CO_2 solvent)OR (carbon dioxide solvent))AND T:(solvent)AND A:((CO_2)OR (carbon dioxide))

检索式三：TA:((CO_2 membrane)OR (carbon dioxide membrane))AND A:(membrane)AND T:((CO_2)OR (carbon dioxide))

---

① Li B Y，Duan Y H，Luebke D，et al. Advances in CO_2 capture technology：A patent review. Applied Energy，2013，102：1439-1447.

检索式四：TA:((CO_2 membrane)OR (carbon dioxide membrane))AND T:(membrane)AND A:((CO_2)OR (carbon dioxide))

应用以上检索式，分别检索欧盟知识产权局（EUIPO）、美国专利及商标局以及国家知识产权局（SIPO）官网获取所需的“碳捕获”产业领域专利数据。专利原始数据示例如表 6-5 所示。

表 6-5 专利原始数据示例

专利公开号	时间	专利权人	标题	摘要	权利要求书
CN105435585A	2016 年	S 公司	回收废气中 CO_2 的复合吸收剂	本发明提供一种回收废气中 CO_2 的复合吸收剂，其由主吸收剂、助吸收剂、降耗剂、水以及有机溶剂组成……	1. 一种回收废气中 CO_2 的复合吸收剂，其特征在于，所述回收废气中 CO_2 的复合吸收剂由主吸收剂、助吸收剂、降耗剂、水以及有机溶剂组成……

（二）SAO 结构抽取

在“碳捕获”领域中，选取具有竞争关系的 H 公司和 S 公司两个专利权人所申请的专利为例，将技术-功效二维词模型得到的技术词集和功效词集导入 LTP，并使用 LTP 抽取 SAO 结构，并筛选出能够较强表达专利内容的 SAO 结构，并输出至 SAO 结构集，其中部分结果如图 6-8 所示。

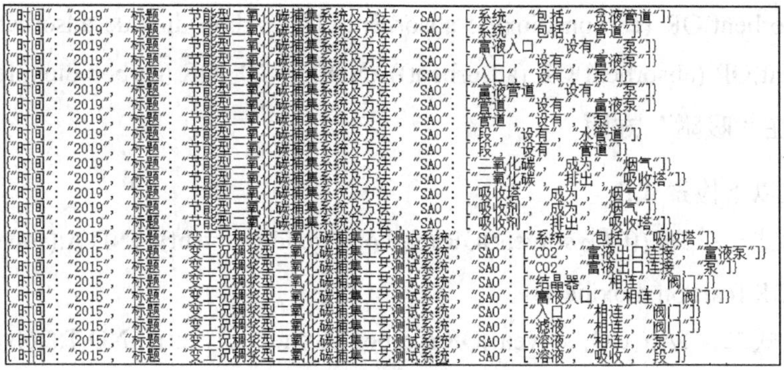
{"时间": "2019", "标题": "节能型二氧化碳捕集系统及方法", "SAO": ["系统", "包括", "贫液管道"]}
{"时间": "2019", "标题": "节能型二氧化碳捕集系统及方法", "SAO": ["系统", "包括", "管道"]}
{"时间": "2019", "标题": "节能型二氧化碳捕集系统及方法", "SAO": ["富液入口", "设有", "泵"]}
{"时间": "2019", "标题": "节能型二氧化碳捕集系统及方法", "SAO": ["入口", "设有", "富液泵"]}
{"时间": "2019", "标题": "节能型二氧化碳捕集系统及方法", "SAO": ["入口", "设有", "泵"]}
{"时间": "2019", "标题": "节能型二氧化碳捕集系统及方法", "SAO": ["富液管道", "设有", "泵"]}
{"时间": "2019", "标题": "节能型二氧化碳捕集系统及方法", "SAO": ["管道", "设有", "富液泵"]}
{"时间": "2019", "标题": "节能型二氧化碳捕集系统及方法", "SAO": ["管道", "设有", "泵"]}
{"时间": "2019", "标题": "节能型二氧化碳捕集系统及方法", "SAO": ["段", "设有", "水管道"]}
{"时间": "2019", "标题": "节能型二氧化碳捕集系统及方法", "SAO": ["段", "设有", "管道"]}
{"时间": "2019", "标题": "节能型二氧化碳捕集系统及方法", "SAO": ["二氧化碳", "成为", "烟气"]}
{"时间": "2019", "标题": "节能型二氧化碳捕集系统及方法", "SAO": ["二氧化碳", "排出", "吸收塔"]}
{"时间": "2019", "标题": "节能型二氧化碳捕集系统及方法", "SAO": ["吸收塔", "成为", "烟气"]}
{"时间": "2019", "标题": "节能型二氧化碳捕集系统及方法", "SAO": ["吸收剂", "成为", "烟气"]}
{"时间": "2019", "标题": "节能型二氧化碳捕集系统及方法", "SAO": ["吸收剂", "排出", "吸收塔"]}
{"时间": "2015", "标题": "变工况稠浆型二氧化碳捕集工艺测试系统", "SAO": ["系统", "包括", "吸收塔"]}
{"时间": "2015", "标题": "变工况稠浆型二氧化碳捕集工艺测试系统", "SAO": ["CO2", "富液出口连接", "富液泵"]}
{"时间": "2015", "标题": "变工况稠浆型二氧化碳捕集工艺测试系统", "SAO": ["CO2", "富液出口连接", "泵"]}
{"时间": "2015", "标题": "变工况稠浆型二氧化碳捕集工艺测试系统", "SAO": ["结晶器", "相连", "阀门"]}
{"时间": "2015", "标题": "变工况稠浆型二氧化碳捕集工艺测试系统", "SAO": ["富液入口", "相连", "阀门"]}
{"时间": "2015", "标题": "变工况稠浆型二氧化碳捕集工艺测试系统", "SAO": ["入口", "相连", "阀门"]}
{"时间": "2015", "标题": "变工况稠浆型二氧化碳捕集工艺测试系统", "SAO": ["滤液", "相连", "阀门"]}
{"时间": "2015", "标题": "变工况稠浆型二氧化碳捕集工艺测试系统", "SAO": ["溶液", "相连", "泵"]}
{"时间": "2015", "标题": "变工况稠浆型二氧化碳捕集工艺测试系统", "SAO": ["溶液", "吸收", "段"]}

图 6-8 SAO 结构集示例（截图）

（三）SAO 结构相关相似度计算及层次聚类

在抽取出 SAO 结构后，计算 SAO 结构相似度，构造 SAO 结构相似矩阵，并结合 S、AO 类型，将 SAO 结构进行划分和筛选，其中 SAO 结构相似度矩阵如图 6-9 所示。

	吸收剂, 包	组分, 计以	CO2, 进口,	CO2, 进口,	装置, 进口	装置, 进口	蒸馏液, 进	装置, 浓缩	上部气体出	气体出口,	蒸汽乏汽,	乏汽, 闪, 蒸	装置, 包括	汽轮机, 分	蒸汽, 分为	蒸汽, 连通
吸收剂, 包	1	0.831972	0.882325	0.88798	0.895477	0.880097	0.902571	0.904356	0.854366	0.860226	0.847211	0.87262	0.898973	0.864644	0.871205	0.862069
组分, 计以	0.831972	1.000001	0.842717	0.853859	0.853247	0.865879	0.860347	0.875954	0.820797	0.817996	0.830208	0.843593	0.864676	0.87127	0.86859	0.831215
CO2, 进口,	0.882325	0.842717	1	0.975818	0.952702	0.948557	0.966034	0.931362	0.897177	0.904516	0.883065	0.893918	0.897788	0.881233	0.861446	0.897452
CO2, 进口,	0.88798	0.853859	0.975818	1	0.942542	0.96337	0.965533	0.927492	0.874198	0.880757	0.87683	0.893026	0.904619	0.883517	0.865886	0.891038
装置, 进口	0.895477	0.853247	0.952702	0.942542	1	0.974407	0.978832	0.96538	0.934956	0.935921	0.890974	0.888857	0.93074	0.898633	0.876387	0.925376
装置, 进口	0.880097	0.865879	0.948557	0.96337	0.974407	1	0.962739	0.958131	0.904425	0.903678	0.868261	0.877086	0.931527	0.894139	0.864839	0.905221
蒸馏液, 进	0.902571	0.860347	0.966034	0.965533	0.978832	0.962739	1	0.951978	0.908083	0.913976	0.899291	0.904745	0.917354	0.899257	0.887653	0.915123
装置, 浓缩	0.904356	0.875954	0.931362	0.927492	0.96538	0.958131	0.951978	1	0.920832	0.924854	0.898419	0.904502	0.930773	0.892401	0.882204	0.921457
上部气体出	0.854366	0.820797	0.897177	0.874198	0.934956	0.904425	0.908083	0.920832	0.999999	0.991006	0.865252	0.868446	0.899752	0.884769	0.868045	0.931339
气体出口,	0.860226	0.817996	0.904516	0.880757	0.935921	0.903678	0.913976	0.924854	0.991006	1	0.870293	0.874005	0.898001	0.877395	0.861144	0.931578
蒸汽乏汽,	0.847211	0.830208	0.883065	0.87683	0.890974	0.868261	0.899291	0.898419	0.865252	0.870293	1	0.976442	0.880852	0.86347	0.876171	0.89148
乏汽, 闪, 蒸	0.87262	0.843593	0.893918	0.893026	0.888857	0.877086	0.904745	0.904502	0.868446	0.874005	0.976442	0.999999	0.884801	0.867046	0.880235	0.891896
装置, 包括	0.898973	0.864676	0.897788	0.904619	0.93074	0.931527	0.917354	0.930773	0.899752	0.898001	0.880852	0.884801	1	0.935566	0.900585	0.909803
汽轮机, 分	0.864644	0.87127	0.881233	0.883517	0.898633	0.894139	0.899257	0.892401	0.884769	0.877395	0.86347	0.867046	0.935566	1	0.967821	0.891452
蒸汽, 分为	0.871205	0.86859	0.861446	0.865886	0.876387	0.864839	0.887653	0.882204	0.868045	0.861144	0.876171	0.880235	0.900585	0.967821	1	0.889754
蒸汽, 连通	0.862069	0.831215	0.897452	0.891038	0.925376	0.905221	0.915123	0.921457	0.931339	0.931578	0.89148	0.891896	0.909803	0.891452	0.889754	1
管路, 连通	0.861761	0.84484	0.894753	0.887783	0.923822	0.915144	0.909229	0.919746	0.924348	0.923987	0.860358	0.863659	0.905934	0.887853	0.867478	0.968812
管路, 连通	0.851861	0.858544	0.888252	0.897109	0.9073	0.917276	0.903939	0.904829	0.889916	0.887812	0.85915	0.869541	0.895751	0.886808	0.862121	0.904936
管路, 驱动	0.866796	0.84216	0.907168	0.909731	0.930585	0.927987	0.922902	0.931912	0.906692	0.912266	0.888194	0.891031	0.931919	0.910235	0.881462	0.931802
调节阀, 驱	0.837131	0.827252	0.898443	0.896631	0.922022	0.915609	0.90607	0.918317	0.917078	0.916823	0.870256	0.868428	0.919352	0.898751	0.864235	0.959111
入口, 分为	0.803748	0.824513	0.814439	0.823928	0.824046	0.829557	0.831489	0.819846	0.826688	0.810472	0.775435	0.791395	0.828603	0.910548	0.896792	0.808491

图 6-9 SAO 结构相似度矩阵（截图）

注：截图中 CO2 应为 CO_2。

（四）技术树构建

经由上述步骤后，针对每一专利权人，对其申请的所有专利中的 SAO 结构聚类，并根据 S 类型和 AO 类型进行分析，从而对相似概念的对象进行归纳总结和人工筛选。专利权人技术树的构建主要包括两个部分："'产品（技术）'与'产品（技术）'"的连接和"'产品（技术）'与'功能效果'"的连接。其中一个产品或技术包含多种子产品或子技术，同一产品或技术可以产生不同效果，因此，树的枝干由产品或技术及其聚合概念构成，叶节点由技术词和功效短语组成。同时，将专利申请时间作为技术元信息，对技术树的节点进行标注，得到一棵可以展现企业技术演进布局的技术树，如图 6-10—图 6-13 所示（截取部分）。

（五）技术威胁整体识别

根据前文所提出的公式，分别计算两个专利权人以技术为主题的技术树相似度和以功效为主题的技术树，结果如表 6-6 和表 6-7 所示。

表 6-6 展示了两个企业部分技术子树的相似度，其中，列 A1,A2,…,An 分别为 S 公司所申请的新技术所构成的技术子树，如 A1 子树展示了胺溶液膜吸收法捕集气体中的二氧化碳的工艺方法的相关内容。行 B1,B2,...,Bn 分别为 H 公司所申请的新技术所构成的技术子树，如 B1 子树展示了捕集烟道气或合成气中

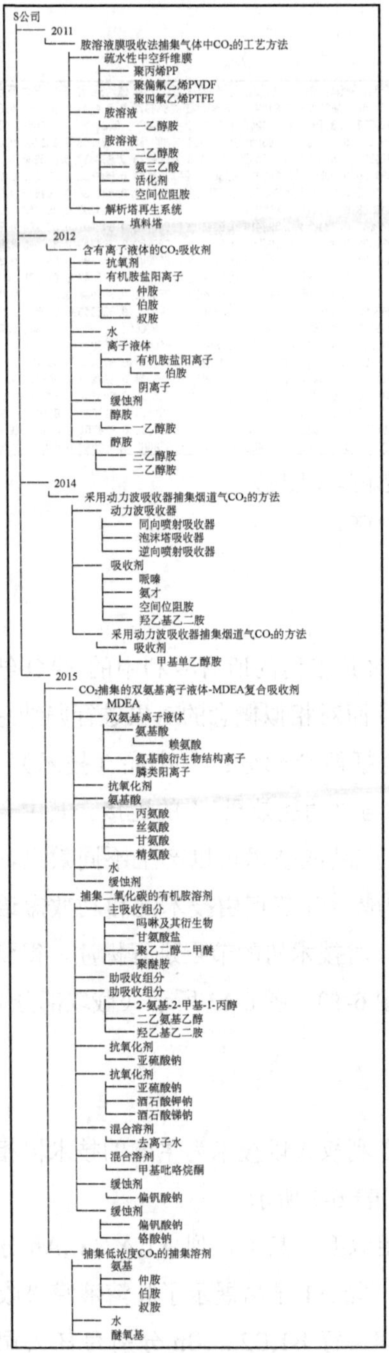

图 6-10 S 公司“产品/技术–产品/技术”技术树（部分）

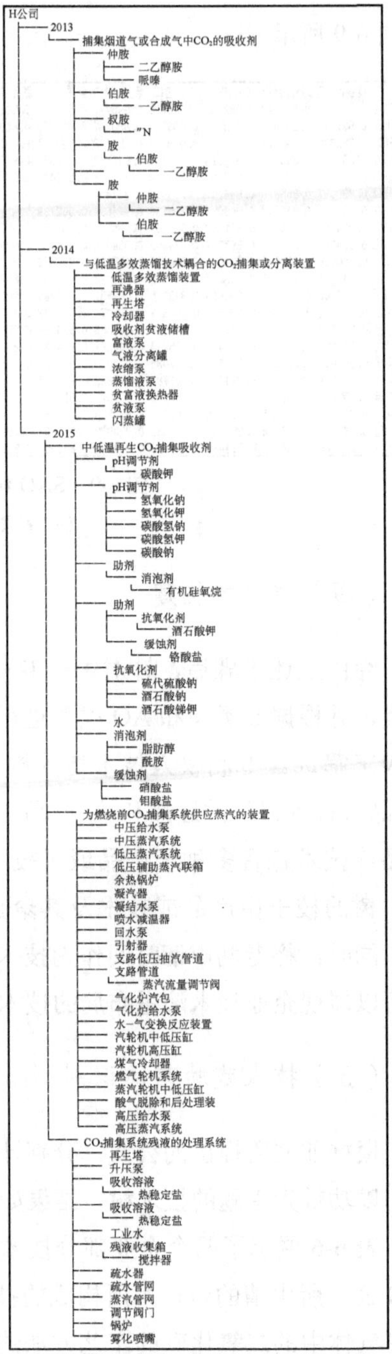

图 6-11 H 公司“产品/技术–产品/技术”技术树（部分）

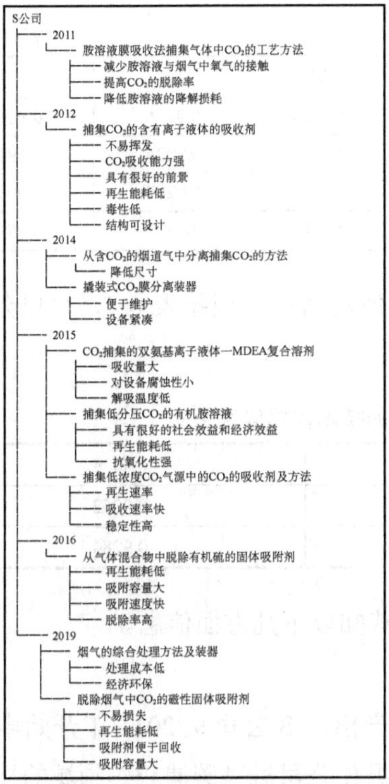

图 6-12 S 公司“产品/技术-功能/效用”技术树（部分）

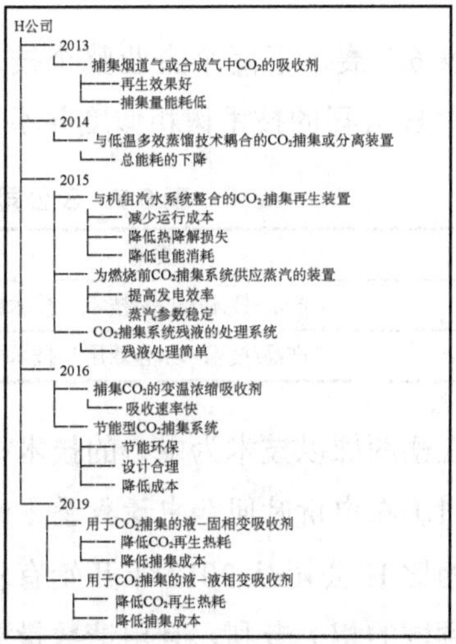

图 6-13 H 公司“产品/技术—功能/效用”技术树（部分）

CO_2 的吸收剂的技术脉络。表 6-7 中，行列交叉处即为两个技术子树的相似度，当两项技术的公开时间差相差小于 5 年时，认为两项技术具有有效相似度，因此表 6-6 中显示具体的数值；否则，认为两项技术的相似度为 0。例如，在表中新技术 A1 于 2011 年公开，新技术 B2 于 2013 年公开，其时间差小于 5 年，因此，计算其技术所构成的技术子树相似度，得到相似度为 0.9079。观察两棵子树可知，A1 和 B1 的目标都是捕集气体中的二氧化碳，其技术相似点在于都应用了胺溶液作为吸收剂，且成分具有一定的相似度。同时 A1 除了使用胺溶液外，还结合了疏水性中空纤维膜与解析塔再生系统，相比 B2，技术内容更加全面。

表 6-6 S 公司和 H 公司的“产品/技术-产品/技术”技术树子树相似度（部分）

比较项	A1	A2	A3	A4	A5	A6
B1	0.9079	0.9227	0.8742	0.9472	0.8978	0.9081

续表

比较项	A1	A2	A3	A4	A5	A6
B2	0.9283	0.9105	0.9272	0.9054	0.9176	0.9167
B3	0.9197	0.8985	0.9091	0.8881	0.9024	0.8925
B4	0.9107	0.9028	0.8957	0.9147	0.9288	0.9004
B5	0.8808	0.8643	0.9022	0.8517	0.865	0.8594

表 6-7 展示了两个企业整个技术树的相似度情况，根据表 6-7，可以判断 S 公司和 H 公司的技术树相似度并不是很高。

表 6-7　S 公司和 H 公司的技术树相似度

类型	相似度
“产品/技术–产品/技术”技术树	0.9052
“产品/技术–功能/效用”技术树	0.9284

观察两棵以技术为中心的技术树，主要获知以下几方面信息。

（1）*在申请时间和申请数量方面*

相比 H 公司从 2013 年开始有相关专利产出，S 公司从 2011 年开始申请碳捕获领域的相关专利，且申请数量更多，表明 S 公司对“碳捕获”领域的技术更为关注。

（2）*在技术内容方面*

S 公司主要研究利用吸附剂或膜分离法实现 CO_2 的捕集工作，以及相关应用，如利用微藻处理油田污水及固定 CO_2 制生物柴油等；H 公司除了同样研究如何利用吸附剂进行 CO_2 的捕集工作，还申请了可开发、验证和评估捕集工艺和捕集溶剂的系统装置，考虑到了捕集工作的质量评估。因此，在 CO_2 吸附剂领域的技术研发需要进行重点关注，S 公司和 H 公司的技术竞争会重点出现在该领域，但是 H 公司在“碳捕获”领域的技术研发更为多元化，后续应重点分析技术功效领域，避免由于功效相同带来的技术替代的威胁事件的发生。

（3）*在技术功效方面*

观察 S 公司和 H 公司的以功效为中心的技术树，可以看到，两个专利权人的研发效果有一定的共性，如减少成本、降低再生能耗、提高稳定性等，说明这些功效在碳捕集领域更具有代表性。同时，S 公司更注重技术（产品）的操作状态优化以及工程量变化、再生能耗等问题，在其中几个专利中明确指出了适用于

大规模 CO_2 捕集领域；而 H 公司更加注重技术的性能优化、成本的控制等。因此，在市场竞争中，需要充分把握市场需求，明晰哪种需求在市场中占有更大的份额，从而调整技术研发方向，避免被市场淘汰。

总体来说，2013—2019 年，S 公司和 H 公司技术发展倾向并不相近，相比于 H 公司，S 公司的研究范围更加广泛。但是 H 公司在近些年针对吸收剂的专利逐渐增加，研究内容与 S 公司有所交叉，并且呈现快速发展的势头，因其吸收速率快、捕集成本低等特点，得到很多中低端客户的认可，市场占有率大，因此，S 公司需要对其该研发方向带来的技术威胁予以关注。

上述实验结果与 S 公司和 H 公司的实际技术发展情况相符合，从而验证本书所提出的方法的有效性和可行性。

小　结

大数据时代，市场竞争日趋激烈，为了更加系统、全面地识别技术竞争对手引发的技术威胁事件，本章应用自然语言处理技术和文本挖掘方法，针对专利数据展开深入分析，构建“产品/技术–功能/效用”技术树和“产品/技术–功能/效用”技术树，同时，结合技术元信息（专利申请时间），优化技术树的构建，全面、系统地展示企业及其预判的技术竞争对手的技术体系、关键技术点，梳理技术发展脉络，从而明晰组织的技术定位。同时，提出基于技术概念层次关系的技术树相似度度量方法，从而确定企业及其技术竞争对手之间的技术区别及相似程度，寻找自身与其他专利权人的技术差距与相似点，对技术威胁快速、准确地定位和识别。通过实验结果与现实状况相对比，验证了本章方法的有效性。但是，本章基于专利技术领域概念层次关系相似而提出的技术树相似度计算方法，仅适用于一般范围内的专利，而对同一领域内专利技术概念层次具有一定差别的特殊情况，计算出的相似度会有一定的误差。因此，在未来的工作中，针对这种情况，还需要进一步优化技术树相似度计算方法。

第七章

基于专利地图的高新技术企业技术威胁识别

任何高新技术企业都存在于时代的大环境中，产业技术发展变化趋势对其影响巨大。为了更加科学、有效地识别高新技术企业面临的技术威胁状况，特别是针对高新技术企业即将开展的技术战略制定以及开展的技术项目选择，本章分别从宏观和微观角度展开分析，其中，宏观层面，侧重于识别高新技术企业所处的产业技术领域技术发展脉络和技术热点；微观层面，针对企业自身分析，企业的整体技术实力状况及可能触及的技术壁垒情况。通过综合分析宏观层面和微观层面的产业技术状况和高新技术企业自身技术状况，最终明晰企业技术战略及预开展的项目方案。本章应用文本挖掘技术和可视化展示方法，通过对产业技术领域整体专利数据和单体高新技术企业专利数据的挖掘分析，分别构建产业的技术语义网络图、技术热点图、企业技术实力图以及企业技术威胁和机会图，并深入求解企业技术威胁值，从而实现宏观和微观相结合，确保高新技术企业的技术威胁识别的科学性和有效性。

一、行业技术发展趋势及高新技术企业技术实力分析

（一）整体分析框架

本章将利用文本挖掘方法对专利文献中非结构项（如摘要、权利要求书等）进行深层次分析，并与结构项（如专利申请时间、申请数量等）结合，使用可视化方法构建领域技术热点图和企业技术实力图，从而清晰而直观地获取领域技术发展演变的过程、技术热点以及企业技术的优势区和劣势区，整个具体研发过程如图 7-1 所示。

整个研发过程共分九步：①获取相关技术领域的专利文献。②确定技术领域关键词。③通过分析关键词在专利文档“名称”“说明书”“摘要”“权利要求书”中出现的次数，构建关键词词频矩阵 $A(a_{ij})$，使用该词频矩阵代替专利文档进行挖掘分析。④使用 SOM 算法对关键词词频进行矩阵聚类。⑤使用每簇中所

含申请时间最早的关键词作为每簇的时间，结合关键词在每簇中出现的频率，构建技术语义网络，获知技术的演变情况。⑥技术语义网络的完善。⑦计算技术领域的技术相对份额（RS_w）、技术相对增长（RG_w）和高新技术企业的技术相对份额（RS_c）、技术相对增长值（RG_c），并求其比值 rs 和 rg。⑧用时间、领域技术相对份额、领域技术相对增长分别作为 X、Y、Z 轴，构建领域技术热点图。⑨用时间、企业与领域技术相对份额比值（rs）和企业与领域技术相对增长比值（rg）分别作为 X、Y、Z 轴，构建企业技术实力图。

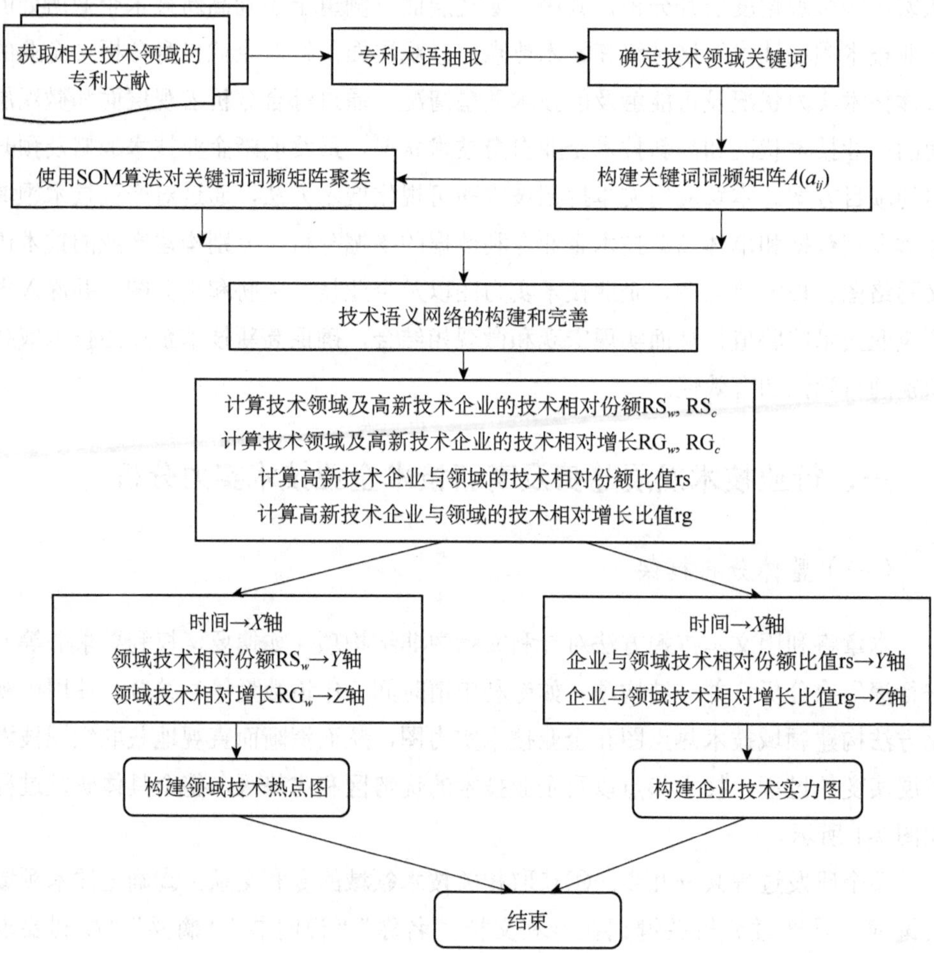

图 7-1 分析流程

（二）具体研究过程

整个分析过程共分为以下九步。

1. 获取相关技术领域的专利文献

选取研究的技术领域、通过文献检索、专家咨询等确定检索条件。分别应用美国、中国和欧盟数据库获取专利文献。其中，应用的主要属性为“名称”“摘要”“申请日期”“授权日期”“权利要求书”等。

2. 确定技术领域关键词

应用第五章第（二）部分提出的中文专利技术−功效词模型获取领域技术词，同时，结合专家咨询方法，完善领域技术词。

3. 构建关键词词频矩阵

通过分析关键词在专利文档“名称”“摘要”“权利要求书”中出现的次数，构建关键词词频矩阵，使用该词频矩阵代替专利文档进行挖掘分析。其中，关键词词频矩阵 $A(a_{ij})_{(p\times q)}$，其定义如下：

$$A(a_{ij})_{(p\times q)}=\begin{bmatrix} a_{11} & a_{12} & \cdots & a_{1q} \\ a_{21} & a_{22} & \cdots & a_{2q} \\ \vdots & \vdots & \vdots & \vdots \\ a_{p1} & a_{p2} & \cdots & a_{pq} \end{bmatrix} \tag{7-1}$$

式中，p 是专利文档的数目，q 是关键词的数目，a_{ij} 是第 j 个关键词在第 i 个专利文档中出现的次数。

4. 使用 SOM 算法对关键词词频矩阵聚类

相比其他聚类算法，SOM 聚类系统具有更好的鲁棒性，同时，使用 SOM 算法对关键词词频矩阵进行聚类，这样可以避免常用 K-means 聚类算法中需要输入归类数目而造成的人为干扰，从而保证分类的客观性，因此本章应用 SOM 算法对关键词词频矩阵聚类。具体的 SOM 算法见第二章第（三）部分内容。

5. 技术语义网络的构建

根据对专利文档的聚类结果，分析每簇中所含的关键词。假设第 i 簇中所含专利文档 A 和 B，如果 A 和 B 所含的关键词分别是“a,b”和“c”，则第 i 簇所含关键词为"a,b,c"，使用该方法可确定每簇所包含的关键词。由于这些关键词中不可避免地存在交叉，则交叉的关键词出现的频率更高，层次也会更高，针对该情况做如下操作：假设簇1有关键词"a,b,c"，簇2有关键词"b,e"，则簇1和簇2共享关键词"b"。于是这两簇的关系能使用三个结点来表示：（a,c）、（b）和（e）。被共享的结点级别高于其他结点，于是箭头从（b）指向（a,c）和（e），如图7-2所示。

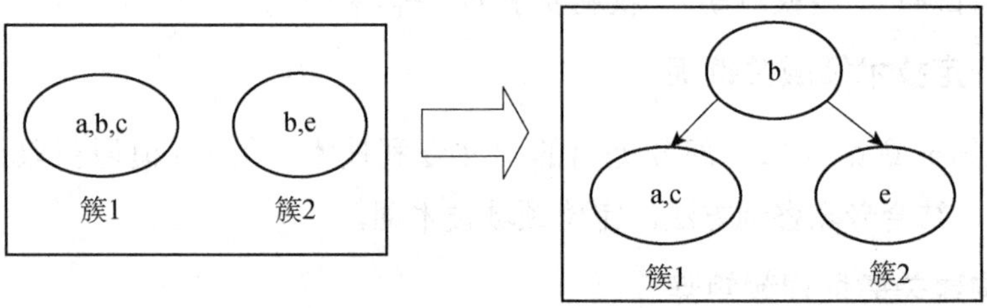

图7-2　技术语义网络初始图

6. 技术语义网络的完善

在以上语义网络的基础上，结合"结构项""申请时间"来完成技术语义网络的构建工作。[①]在图7-2所示的语义网络基础上，确定语义网络中每一个节点的出现时间。而每一个节点的出现时间就是包含该节点关键词的所有专利文献中申请时间最早的专利文献对应的申请日期。例如，在图7-2中，左下方节点包含"a"和"c"两个关键词。而且，如果"a"属于专利文献"A"，"c"属于专利文献"C"。因此，该节点的申请日就是专利文献"A"和"C"中申请时间最早的文献对应的申请日期。例如A申请日期是2007年，而C申请日期是2001年，则该节点的申请日就是"2001年"。通过这样的方法，可以得到一个每个节点都有其出现时间信息的技术语义网络。通过该语义网络可以看出技术发展变化的趋势。

7. 计算技术领域和高新企业关键词技术指标

（1）技术相对增长：RG

第 j 个关键词的相对增长是：$(\mathrm{RG})_j = \dfrac{G_j}{\max(G_j)}$。这里，$G_j$ 代表第 j 个关键

① Suh J H，Park S C. A new visualization method for patent map：Application to ubiquitous computing technology//The 2nd International Conference on Advanced Data Mining and Applications. Heidelberg：Springer，2006：566-573.

词的增长，它被定义为$G_j = \max_{t\in T}(np_{jt}) - \min_{t\in T}(np_{jt})$。这里$np_{jt}$指在$t\in T$这一年里包含第$j$个关键词的专利申请数量。

（2）技术相对份额：RS

假设专利文档使用 SOM 算法聚类后，得到v个簇。R代表专利文档的聚类数，P_v代表第v个簇中专利文档的集合。则第j个关键词的相对份额是：$(\mathrm{RS})_j = \sum_{v\in R} h_{jv}$。这里，如果第$j$个关键词在$P_v$的专利文档中出现过，则$h_{jv}=1$；否则$h_{jv}=0$。$(\mathrm{RS})_j$代表第$j$个关键词在专利文档聚类后的簇中出现的频次。

（3）公司与领域技术相对份额比值 rs 和技术相对增长比值 rg

$$\mathrm{rs} = \frac{\mathrm{RS}_c}{\mathrm{RS}_w},\quad \mathrm{rg} = \frac{\mathrm{RG}_c}{\mathrm{RG}_w} \tag{7-2}$$

式中，RS_c是高新技术企业的技术相对份额，RS_w是领域技术相对份额；RG_c是高新技术企业的技术相对增长，RG_w是领域技术相对增长。

8. 领域技术热点图

根据以上获得的数据指标RS_w和RG_w，结合这些技术最早出现的时间，本书将这些信息反映至三维空间，其中，X轴是时间，Y轴是RG_w，Z轴是RS_w，最后可获得相应的领域技术热点图。

9. 企业技术实力图

根据以上获得的数据指标 rs 和 rg，结合这些技术最早出现的时间，本书将这些信息反映至三维空间，其中，X轴是时间，Y轴是技术相对增长，Z轴是技术相对份额，最后获得相应的企业技术实力图。

二、企业技术研发立项的技术威胁识别

企业在启动新的技术研发项目时，需要对项目所采用的技术进行评估，以确保其具有研发价值，避免技术威胁的发生。本节在对专利文档进行分析的基础上，使用主成分分析和可视化方法进行了高新技术企业技术侵权识别，制作了企业技术威胁和机会图，从而可以清晰而直观地判断该企业正在研发或预研发技术是否具有行业研发潜力以及是否会触及技术壁垒。

（一）整体分析框架

在本章高新技术企业技术实力进行研究的基础上，本节使用已获得关键词的词频矩阵，展开后续工作。整个研究分析框架如图 7-3 所示。整个研究共分为六部分：①针对本章之前获得的关键词词频矩阵，应用主成分分析方法，构建企业技术威胁和机会初始图；②设定技术潜力区评价标准和验证指标，确定技术潜力区；③确定技术壁垒区；④构建企业技术威胁和机会图；⑤应用相关性分析方法，求解企业技术威胁值，定量获知高新技术企业技术威胁状况；⑥针对具体的技术威胁，进行具有针对性的甄别。

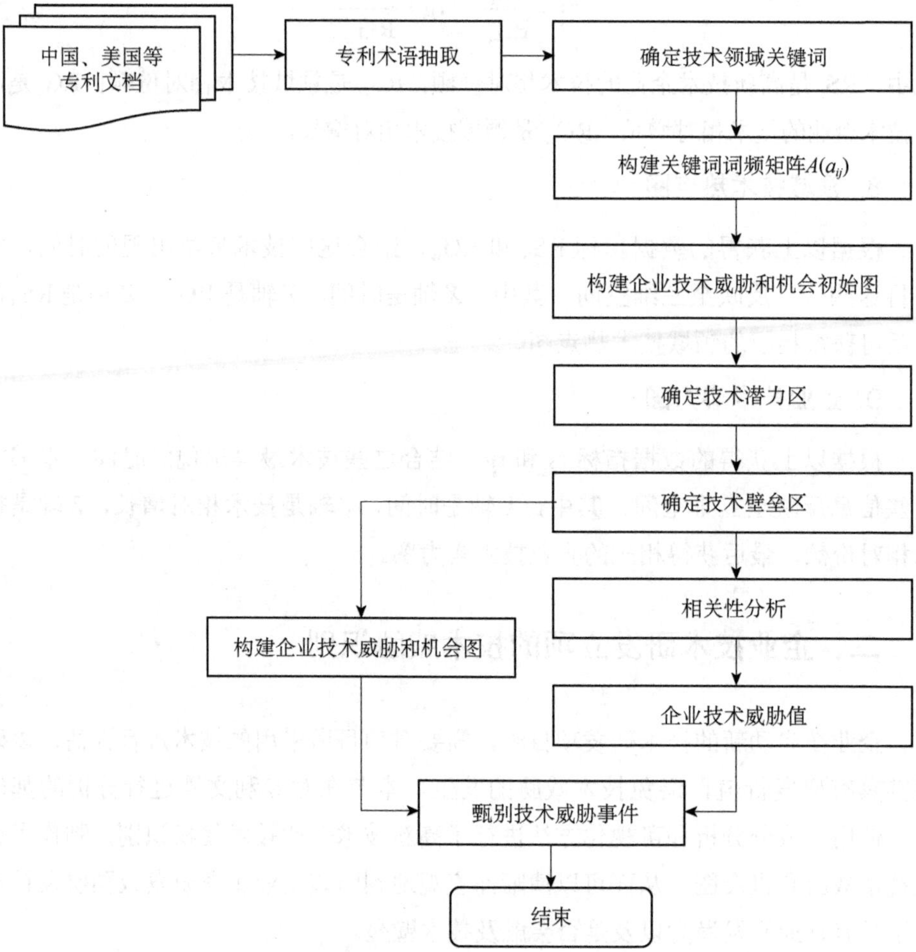

图 7-3　高新技术企业技术威胁和机会分析流程

（二）具体研发过程

整个分析过程可以分为以下六步。

1. 构建企业技术威胁和机会初始图

一个技术领域内包含的关键词太多，通常一条专利至少包含 10 个关键词，这使得很难把握每条专利的特点，以及整个领域的技术布局情况，针对这个问题，本书对关键词词频矩阵进行主成分分析，获取综合影响因子。然后以主成分因子（目前没有明确的方法决定主成分的个数，大量实验表明通常获取两到三个就可以解释样本情况），构建坐标系，将每一条专利映射到一个立体空间，从而获取企业技术威胁和机会初始图。制作过程如图 7-4 所示。

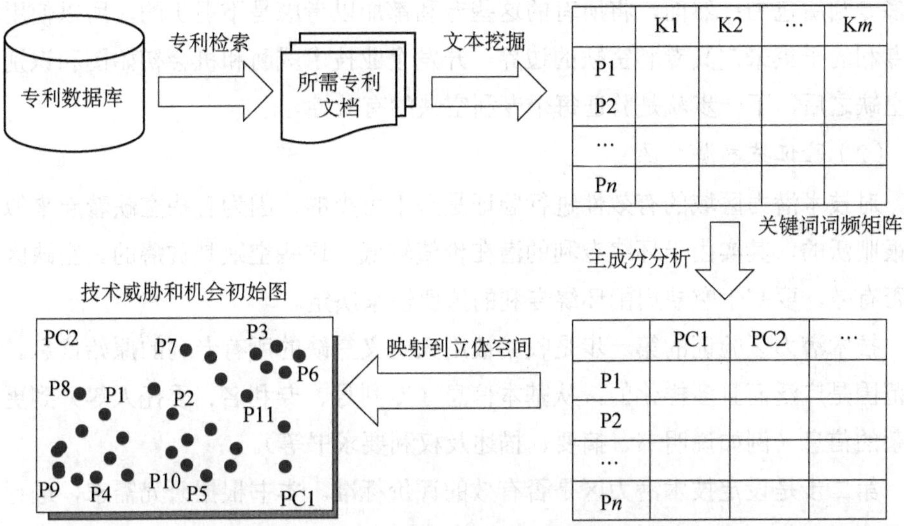

图 7-4　高新技术企业技术威胁和机会初始图制作过程

2. 确定技术潜力区

从图 7-4 中的企业技术威胁和机会初始图中可以看到行业领域专利技术的布局，整个空间表示某一技术领域，从该图可以发现在整个技术领域中有不少空缺区域，这些区域就是一些未被研发的技术区域，但这些区域是否都具有开发价值，还有待检测。

（1）设定潜力区域

定义一个专利密度较低的相对较大的区域。尽管定量的标准可用来检测可能的区域，定性的或者直觉的判断在识别真正具有潜力的区域可能是更加灵活。但判断的基本原则是所设定的技术区域专利较稀疏，但密度也不可太小。

如果专利密度太大，则该区域早已成为研发焦点，可进行研究的部分已经不多，到处布满技术壁垒，技术研发潜力不大。而如果密度过小，则属于无人介入区，在该区域进行技术研发失败的风险会很高。因为高新技术企业所进行技术研发，属于应用技术的研发，而非基础理论的研究。对于这类无人介入区，首先不清楚基础研究有没有发展起来，因为任何应用技术的研发都要有基础理论研究作为基础；其次，即使理论基础已经成熟，但因无人涉足，几乎没有经验可以借鉴，技术能否产业化也未知，所以这些区域当前一般属于无价值区域。

根据上述原则，设定可能的技术潜力区域。通常，专利地图上的稀疏区域被许多专利所包围；然而，将所有的这些专利都加以考虑是不现实的，所以使用相关专利的子集来定义专利空缺的边界。开发企业技术威胁和机会初始图和识别专利空缺之后，下一步就是验证每个专利空缺的有效性。

（2）验证技术潜力区

对技术潜力区域的有效性进行验证是必不可少的，因为有些空缺看起来似乎是很肥沃的，其实由于环绕专利的潜在价值较低，这些空缺是贫瘠的。空缺区域是否有效，要基于空缺周围环绕专利的重要性来决定。

技术潜力区验证的第一步是收集被用来定义空缺的所有专利的原始信息。信息范围是广泛而且多样化的，从基本信息（专利号、专利名、委托人等）到更加复杂的信息（例如说明书、摘要、描述及权利要求书等）。

第二步是设定技术潜力区是否有效的评价标准。本书根据研究需求，进行了大量调研工作，通过专家访谈，设定三类指标来进行验证。

1）重要性指标。①权利要求。权利要求使用每个专利的权利要求数的平均值定义。权利要求详细说明了专利发明的基本部分。权利要求数可以预示专利的范围或者宽度。[①] ②进入国家的专利合作条约（PCT）专利申请数。只有专利非常具有市场价值，并且通过国际专利合作条约组织的初步审查的专利才会进入国家阶段，故这些专利一般价值较高，有研究意义。通过专利合作条约专利申请进

① Wang B，Hsieh C H. 2015. Measuring the value of patents with fuzzy multiple criteria decision making：insight into the practices of the Industrial Technology Research Institute. Technological Forecasting and Social Change，92（3）：263-275.

入国家阶段份额，可获知专利的价值状况。①

2）技术新颖性：技术的新颖性通过其申请日期来反映，通过申请日期了解技术出现的时间。

3）侵权风险：其使用专利授权率来测评。

基于上述这些指标，被探索的空缺最终被确定，根据项目采用的技术在空间中的位置，定性判断项目前景。

3. 确定技术壁垒区

技术壁垒区的确定较之技术潜力区的确定相对简单，本书根据专利密度选择技术壁垒区，通常根据研究需要，选择密度最大的作为技术壁垒区。该部分研究通常无须计算，在企业技术威胁和机会初始图上即可根据专利分布确定。

4. 构建企业技术威胁和机会图

根据有效性检验，能够确定技术潜力区，并从企业技术威胁和机会初始图上参考专利密度，确定技术壁垒区，从而确定企业技术威胁区域，构建企业技术威胁和机会图，定性分析企业技术威胁和机会。

5. 分析企业技术威胁

将企业正在研发或即将研发的技术内容或技术方案，使用本章第一部分中的方法生成关键词词频矩阵，对该词频矩阵与有效技术潜力区和技术壁垒区边界环绕专利的词频矩阵进行相关性分析，从而确定企业技术威胁状况。

设高新技术企业的技术研发方案与有效潜力区边界环绕专利的相似度为 S_{pp}，与技术壁垒区边界环绕专利的相似度为 S_{pb}。由于通过上面分析可知，有效技术潜力区代表技术机会区，而技术壁垒区代表技术威胁区，故企业技术威胁值为：

$$\mathrm{ETT}=S_{pp}\odot[(-1)\times S_{pb}] \tag{7-3}$$

式中，⊙表示 S_{pp} 和 S_{pb} 间的合成。具体的合成方式，根据研究的具体对象，通过大量实验验证，决定采用何种方式。

① Grimaldi M，Cricelli L，Di Giovanni M，et al. The patent portfolio value analysis：A new framework to leverage patent information for strategic technology planning. Technological Forecasting & Social Change，2015，94：286-302.

6. 技术威胁的甄别

如果面临技术威胁，定位其在高新技术企业技术威胁和机会图中的位置，对所环绕的专利进行分析。首先，将企业正在研发或即将研发的技术内容或技术方案，应用第六章的算法，构建技术树；其次，将有效技术潜力区和技术壁垒区边界环绕专利分别构建技术树；最后，将企业的研发方案形成的技术树与环绕区域的专利形成的一系列技术树，分别做相似度匹配，从而识别企业技术威胁。

三、实证研究

（一）专利数据获取

1. 数据源选取

本项研究选择上海知识产权局免费开放的上海市知识产权信息服务平台（https://www.shanghaiip.cn/Search/login.do）作为国内专利数据检索数据库；选用德温特专利信息管理平台（https://clarivate.com/products/ip-intelligence/patent-search-analytics/）检索美国、德国、日本、韩国、英国以及法国等外国专利。

2. 专利检索策略

在上海知识产权局对外免费开放的上海市知识产权信息服务平台和德温特专利信息管理平台上，主要应用第五章获取的专利术语作为检索词，对名称（title）、摘要（abstract）字段进行检索，同时结合国际专利分类号（IPC）字段，综合检索、筛选信息通信领域相关专利。其中中英文关键词如表 7-1 和表 7-2 所示。

表 7-1　通信技术领域中文检索式

方向	子方向	中文关键字
无线移动通信技术	研究方向一	（无线 OR 移动 OR 自适应 OR 正交频分复用 OR 多输入多输出）AND（信道编码 OR 调制解调 OR 多用户检测 OR 链路自适应 OR 自适应调制 OR 智能无线 OR 多址技术 OR 射频）
	研究方向二	（无线 OR 移动）AND（媒体接入控制 OR 无线资源管理 OR 无线资源调度 OR 软件无线电 OR 端到端重构 OR 网络结构 OR 协同无线电 OR 信道建模 OR 感知无线电）
光通信	研究方向一	（光传输 OR 波分复用 OR 光通信 OR 光通信）AND（传输光纤 OR 调制编码 OR 通信光放大 OR 色散补偿 OR 偏振模色散补偿 OR 色散管理 OR 相干接收 OR 平衡接收 OR 电均衡 OR 增益均衡 OR 前向纠错编码）

续表

方向	子方向	中文关键字
光通信	研究方向二	（光接入 OR 光网络 OR 光通信 OR 光通信）AND（突发光发射 OR 突发光接收 OR 媒质接入控制 OR 带宽分配 OR 安全认证 OR 测距 OR 保护 OR 恢复）
	研究方向三	（光交换 OR 光突发交换 OR 光通信 OR 光通信 OR 组播）AND（光开关 OR 光路交换 OR 光分组交换 OR 光交换矩阵 OR 分插复用 OR 可重构分插复用 OR 多粒度光交换 OR 调度 OR 冲突竞争 OR 可调谐）
	研究方向四	（光联网 OR 光网络 OR 光通信 OR 光通讯）AND（控制平面 OR 保护 OR 恢复 OR 多协议标签交换 OR 路由 OR 信令 OR GMPLS OR 光互连 OR 冲突竞争 OR 分层 OR 跨域 OR 网络用户接口 OR 网络接口 OR 接口）
新一代网络信息技术	研究方向一	（下一代互联网 OR 软交换 OR 自动交换光网络）AND（IP 多媒体子系统 OR 服务质量 OR 安全 OR 用户接入 OR 认证 OR 控制 OR 资源 OR 体系架构 OR 网络融合 OR 业务融合 OR 终端融合 OR 互通 OR SIP OR 演进 OR 多业务平台）
	研究方向二	（下一代互联网 OR IPv6 OR 路由器）AND（安全 OR 服务器 OR 业务感知 OR 多媒体应用 OR 可管理 OR 可控制 OR 体系架构 OR 网络测量 OR 双栈 OR 边解码 OR 组播 OR P2P）

表 7-2　通信技术领域英文检索式

方向	子方向	英文关键字
无线移动通信技术	研究方向一	（wireless OR mobile OR adaptive OR OFDM OR MIMO）AND（channel coding OR channel decoding OR modulation OR demodulation OR multiple users detection OR link adaption OR adaptive modulation OR smart antennal OR radio frequency）
	研究方向二	（wireless OR mobile）AND（MAC OR RRM OR radio resource scheduling OR SDR OR E2R OR network architecture OR cooperative radio OR channel modeling OR cognitive radio）
光通信	研究方向一	（optical transmission OR WDM OR optical communication OR Fibre communication）AND（transmission fiber OR modulation format OR broad band optical amplification OR dispersion compensation OR polarization mode dispersion compensation OR dispersion management OR coherent detection OR balance detection OR electrical equalization OR gain equalization OR forward error correction）
	研究方向二	（optical access OR optical network OR optical communication）AND（burst mode transmitter OR burst mode receiver OR media access control OR bandwidth allocation OR security authentication OR ranging OR protection OR restoration）
	研究方向三	（optical switching OR optical burst switching OR optical communication OR multicast）AND（optical switch OR optical circuit switching OR optical packet switching OR optical switching fabric OR optical add/drop multiplexing OR reconfigurable OADM OR multi-granularity optical switching OR scheduling OR contention resolution OR tunable）
	研究方向四	（optical networking OR optical network OR optical communication）AND（control plane OR protection OR restoration OR multiple protocol label switching OR routing OR signaling OR GMPLS OR optical interconnect OR contention resolution OR layering OR Cross-Domain OR UNI OR NNI OR interface）
新一代网络信息技术	研究方向一	（NGN OR soft switching OR ASON）AND（IMS OR QoS OR security OR user access OR authentication OR control OR resource OR architecture OR network convergence OR service convergence OR terminal convergence OR internetworking OR transit OR SIP OR MSIP）

续表

方向	子方向	英文关键字
新一代网络信息技术	研究方向二	（NGI OR IPv6 OR router）AND（security OR server OR service aware OR multimedia application OR manageable OR controllable OR architecture OR network measurement OR dual stack OR codec OR multicast OR P2P）

另外，为弥补检索缺失，补充应用IPC字段完善检索结果。其中，IPC检索应用的IPC字段参照《国际专利分类表（2016版）》，该部分研究选择了34个领域作为研究范围（表7-3）。①其中，各IPC字段的含义见附录。

表7-3 信息通信技术领域专利IPC字段表

技术领域		IPC代码
信息通信领域	电子通信	G01S、G08C、H01P、H01Q、H01S、H03B、H03C、H03D、H03H、H03M、H04B、H04J、H04K、H04L、H04M、H04Q
	消费电子	G11B、H03F、H03G、H03J、H04H、H04N、H04R、H04S
	计算机与办公设备	B07C、B41J、B41K、G05F、G06、G09G、G10L、GllC、H03K、H03IL

3. 专利检索结果

采用以上检索策略，经过上海市知识产权信息服务平台和德温特专利信息管理平台的检索，同时剔除重复专利、同族专利、弱相关专利等，最终得到中文发明专利31 257件；英文发明专利32 951件。

（二）行业技术发展趋势及高新技术企业技术实力分析实证研究

由于信息通信领域技术密集度高、涉及面广，决定了该领域的高新技术企业面临的技术威胁更加严峻，因此，本节以信息领域企业为例，展开实证研究。

1. 确定关键词

由于整个信息通信行业的关键词太多，有限空间内无法很好地对其进行展示，故本书选取通信领域为例，展示关键词选取过程。本节使用第五章研发的技术–功效词提取方法，通过对通信领域专利信息分析，可获知关键词有利用率、数据包、路由器等（图7-5）。

另外，专家意见对关键词进行修改、补充，从而最终确定关键词，如调制编

① 赖院根，汪雪锋，朱东华. 专利威胁分析与专利战略选择. 中国科技论坛，2009（4）：119-123.

码、光网络、媒质接入控制、带宽分配、安全认证、调谐、控制平面、多协议标签交换、路由、软交换、IP 多媒体子系统等。

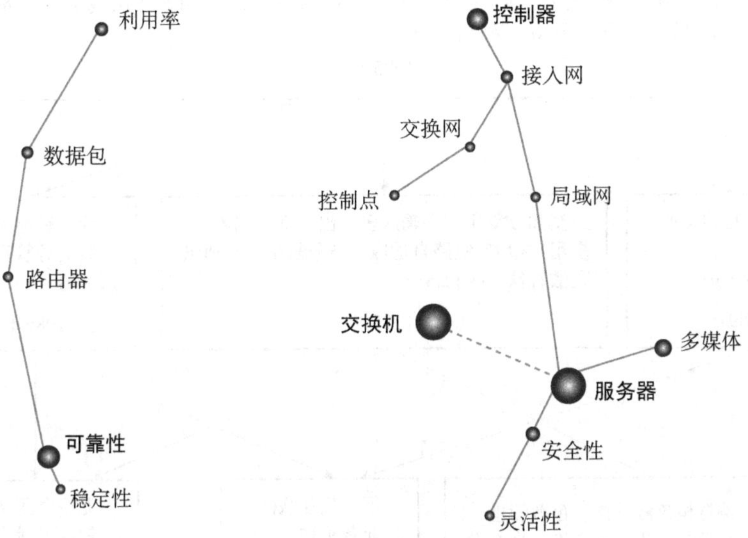

图 7-5　关键词关联可视图

2. 构建技术语义网络

根据获取的关键词，构建关键词词频矩阵，使用 SOM 算法对该词频矩阵进行聚类分析，根据聚类结果研制技术语义网络。本书中研制获得的通信领域技术语义网络如图 7-6 所示。

3. 构建领域技术热点图

在技术语义网络的基础上，辅助以“领域技术相对增长”和“领域技术相对份额”的定量指标，让其分别表示 Y 轴和 Z 轴，时间表示 X 轴，形成我国通信领域技术热点立体图（图 7-7）。

图 7-7 显示了领域技术热点图的三维图形，从中可以看到各种技术的增长情况以及相对的技术份额情况。为了更好地分析技术的研究热点领域，来看一下该图的剖面图 7-8。

从图 7-8 中可以看出，在 20 世纪 80 年代，技术研究的热点是服务器、路由器、网络结构等技术；90 年代初期，光网络、波分复用等技术引起了世人的关注，发展迅速；90 年代中后期研究的热点转移为 SIP 、组播等技术；进入 21 世

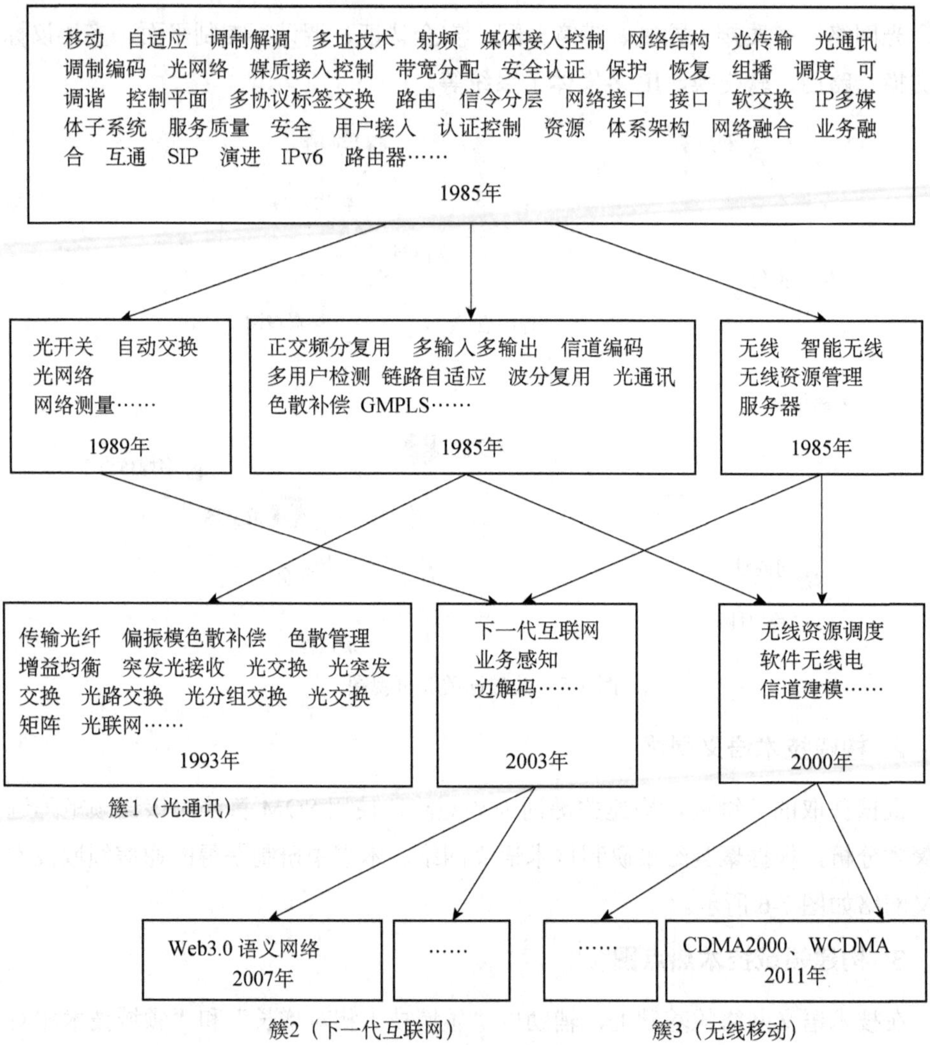

图 7-6 通信领域技术语义网络

纪，P2P 、演进等成为新一代技术争夺的焦点。

4. 企业技术实力图的形成

本小节研究选用我国通信领域一家高新技术企业，该企业为我国通信领域里技术实力雄厚的公司，从事通信领域众多技术的研发，在此，选择“多模无线网络（用来解决无线信道的快速自适应均衡问题）”方面的技术状况进行分析。

在语义网络的基础上，辅助以“企业与领域技术相对增长比值”和“企业与

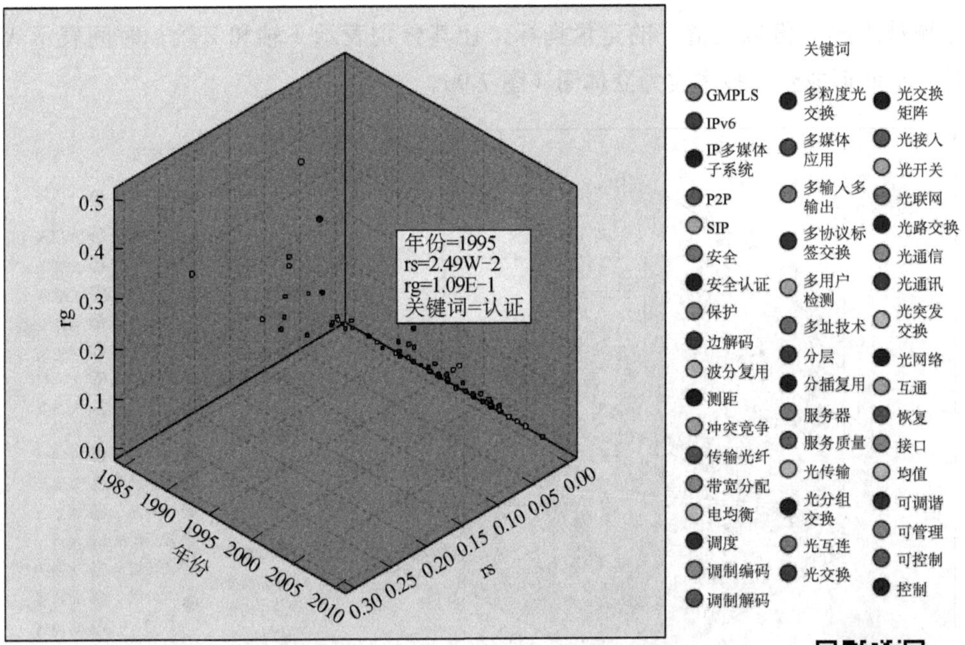

图 7-7　领域技术热点立体图（扫描右侧二维码获得本章彩图）

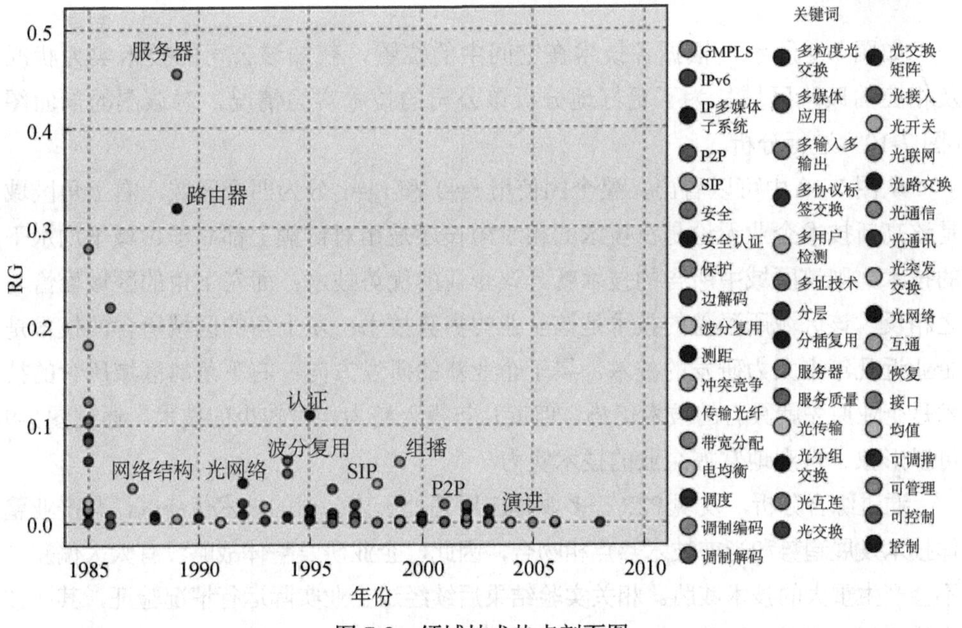

图 7-8　领域技术热点剖面图

领域技术相对份额比值”的定量指标，让其分别表示 *Y* 轴和 *Z* 轴，时间表示 *X* 轴，从而形成企业技术实力立体图（图 7-9）。

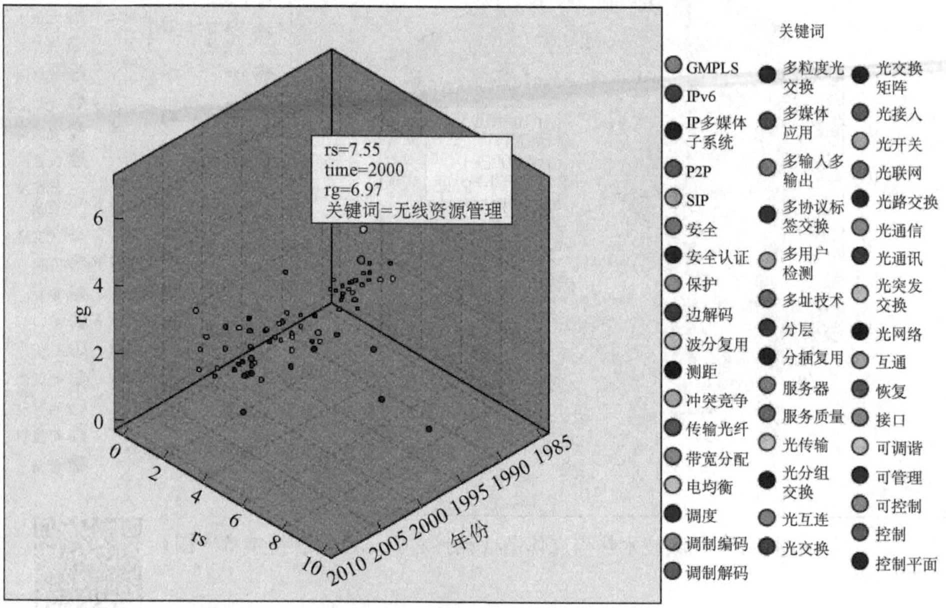

图 7-9 企业技术实力立体图

如图 7-9 所示，根据各技术在空间中的位置，获知该公司的技术实力状况及相应的风险区域。为了更好地分析该公司的技术实力情况，对该图的剖面图（图 7-10）进行分析。

从图 7-10 中可以看出，整个图使用 rs=1 和 rg=1 分为四个区域，右上角区域是该高新技术企业无论是在技术的相对增长还是相对份额上都高于领域平均水平的技术，则该区域中所含的技术就是该企业的优势技术；而左下角的区域恰恰与之相反，该区域所涵盖的技术是该企业的劣势技术；左上角的区域所含的技术是企业近几年来大力研发的技术，属于企业新的研发方向；右下角的区域所含的技术是企业原先就具有的技术优势，但近几年投入精力相对较少的技术。通过图 7-9 可以形象、直观地掌握企业的技术实力。

通过综合分析，发现 P2P 、多媒体应用等处于该公司的技术优势区，与产业整体技术发展趋势和当前技术热点相吻合，因此，企业研发整体战略没有太大偏差，不会产生重大的技术威胁。相关实验结果后续经过企业实际运行情况验证，其在技术战略制定方面，并未出现过由于技术研发策略带来的各种技术威胁状况。

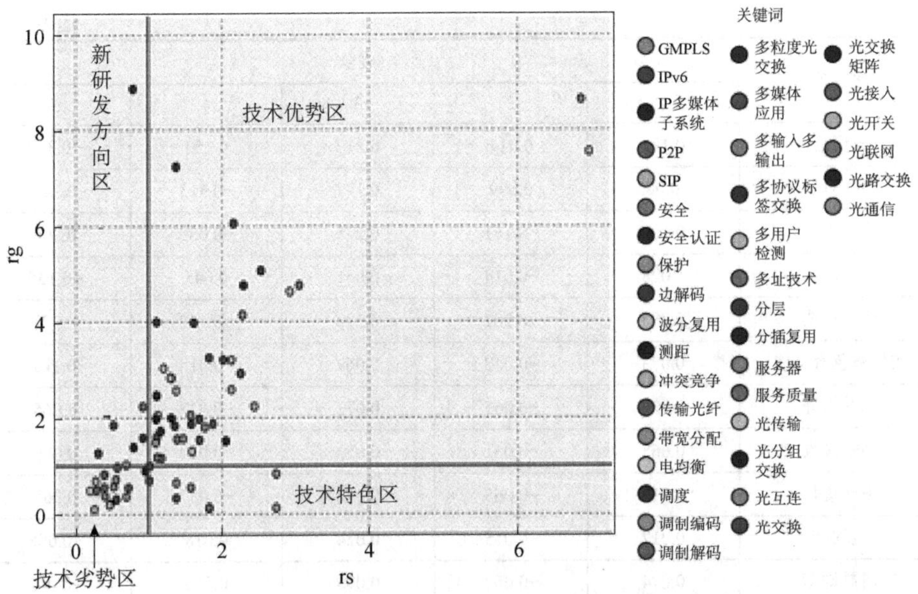

图 7-10　公司技术实力剖面图

（三）企业技术研发立项的技术威胁识别实证研究

本节选用一家高新技术企业正在研发的技术方案，是关于自动交换光网络节点设备方面的内容，主要完成具有多类型业务接入、动态资源分配等功能的自动交换光网络设备方面的研发任务。针对此次研发内容分析其技术威胁情况。

由于整个信息通信领域包含内容太多，描述展示起来效果并不是太理想，而该研发任务细分应属于光通信领域。故为了更加清楚、详细地了解该分析过程，本节选用光通信领域数据信息进行分析。

1. 构建企业技术威胁和机会初始图

（1）主成分分析

通过主成分分析，可以获知其成分矩阵，如表 7-4 所示。

表 7-4　关键词主成分分析

比较项	成分				
	1	2	3	4	5
光传输	0.268	−0.327	0.406	−0.136	0.337
波分复用	0.395	−0.077	0.214	−0.006	0.310

续表

比较项	成分				
	1	2	3	4	5
光通信	0.197	0.014	0.217	0.253	−0.332
光通讯	−0.082	0.099	0.177	−0.313	0.143
传输光纤	0.180	−0.161	0.225	−0.059	0.206
调制编码	0.028	−0.014	0.041	0.045	−0.138
色散补偿	0.295	−0.301	0.398	−0.152	0.372
偏振模色散补偿	0.073	−0.042	0.067	−0.018	0.113
色散管理	0.037	−0.065	0.072	−0.037	0.065
相干接收	0.065	−0.031	0.052	−0.010	0.086
平衡接收	0.037	−0.065	0.072	−0.037	0.065
电均衡	0.017	−0.015	0.024	0.018	−0.088
增益均衡	0.074	−0.062	0.093	0.010	−0.047
前向纠错编码	0.021	−0.041	0.039	−0.023	0.014
光接入	−0.023	−0.004	0.057	0.101	0.001
光网络	−0.567	0.090	−0.165	0.052	0.061
媒质接入控制	−0.190	0.348	0.350	0.034	0.008
带宽分配	−0.145	−0.063	−0.044	0.106	−0.168
测距	−0.061	−0.023	−0.010	−0.029	−0.145
……	…	…	…	…	…

从表 7-4 可知，通过主成分分析，共获得 5 个因子，其特征值如表 7-5 所示。经分析，5 个因子中，只有因子 1 和因子 3 是有效因子，故选用这两个主成分因子作为坐标系，映射专利文档。

表 7-5　主因子特征值

因子数	因子 1	因子 2	因子 3	因子 4	因子 5
特征值	0.076	−0.183	0.070	−0.081	−0.277

（2）专利文档的映射

选取 SF-因子 1 和 SF-因子 3 分别作为 *X* 轴和 *Y* 轴将专利文档映射到该二维空间。映射后得到图 7-11 所示的结果。

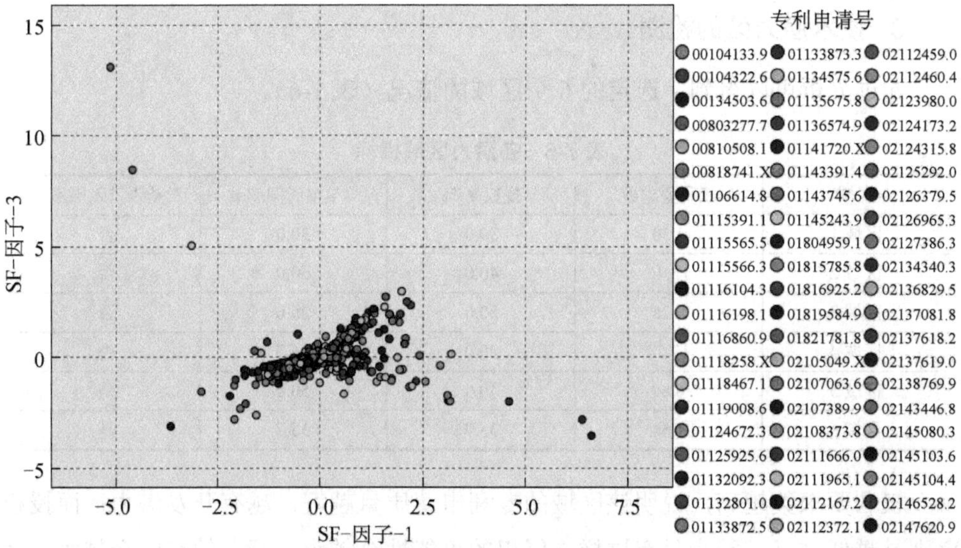

图 7-11　企业技术威胁和机会初始图

2. 设定技术潜力区

根据图 7-11，初步设定可能的技术潜力区。从图 7-12 上所标出的区域即为可能有效的技术区域，但具体确定还需要进行下面的验证工作。

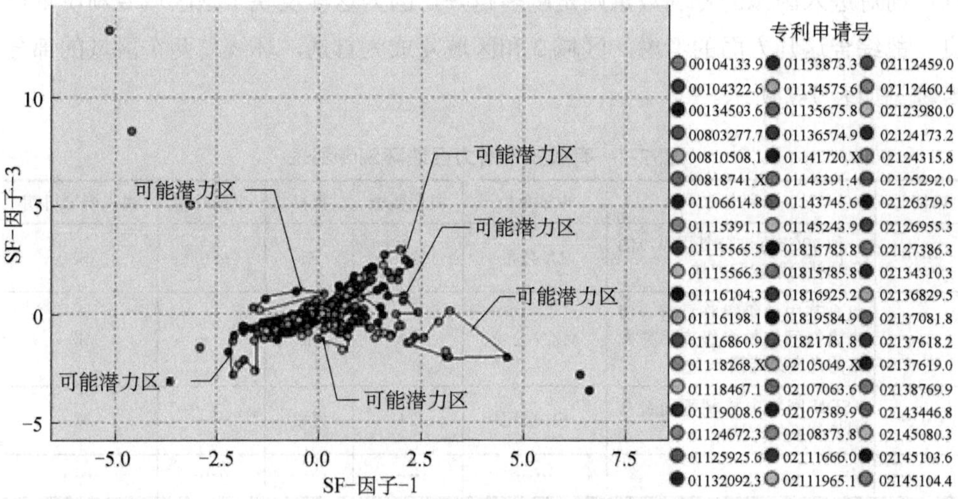

图 7-12　技术潜力区设定图

3. 技术潜力区的检测

通过分析可以得到所选定的 6 个区域的情况（表 7-6）。

表 7-6 各潜力区域指标

区域	权利要求数	授权率/%	申请时间/%	是否进入国家
区域 1	5.30	30.0	30.0	否
区域 2	13.40	40.0	60.0	否
区域 3	7.25	50.0	25.0	否
区域 4	13.20	20.0	66.7	否
区域 5	6.80	40.0	50.0	是
区域 6	7.64	35.7	35.7	是

权利要求数越高，说明该区域的专利申请质量越好，越有开发潜力；而授权率则是越低越好，因为只有这样，侵权的可能性会越小，开发的空间会越大；而申请时间则是与企业技术研发方案提出同时或者提前 6 个月，由于通信领域的技术更新换代的周期通常是 18 个月，考虑到专利存在滞后性的问题，因此专利申请时间可设定为当前所在的月，或者提前 6 个月，例如，以 2015 年为限，根据群组中专利申请时间位于 2015 年以后的专利比率来研究区域专利技术的新颖性；而对进入国家的专利数量则是越多越好，因为这样反映了该区域专利质量优良。故综合这几方面的考虑，区域 2 和区域 4 成为首选，环绕着两个区域的部分专利见如表 7-7 所示。

表 7-7 有效技术潜力区域环绕专利表

申请号	专利名称	申请单位	权利要求	授权	申请时间	进入国家日期
……	一种 40Gbps 波分复用系统的色散补偿装置和方法	ZX 公司	10	未	……	未
……	包含其中单级矩阵具有一级克洛斯网络的多级克洛斯网络的光交叉连接	MKN 公司	14	未	……	未
……	ASON 网络中控制平面参与保护倒换的方法	FH 公司	24	授权	……	未
……	……	……	……	……	……	……

这些专利环绕的技术空缺区域分别是区域 2 和区域 4，由此可以确定最有潜力的两块区域，如图 7-13 所示。

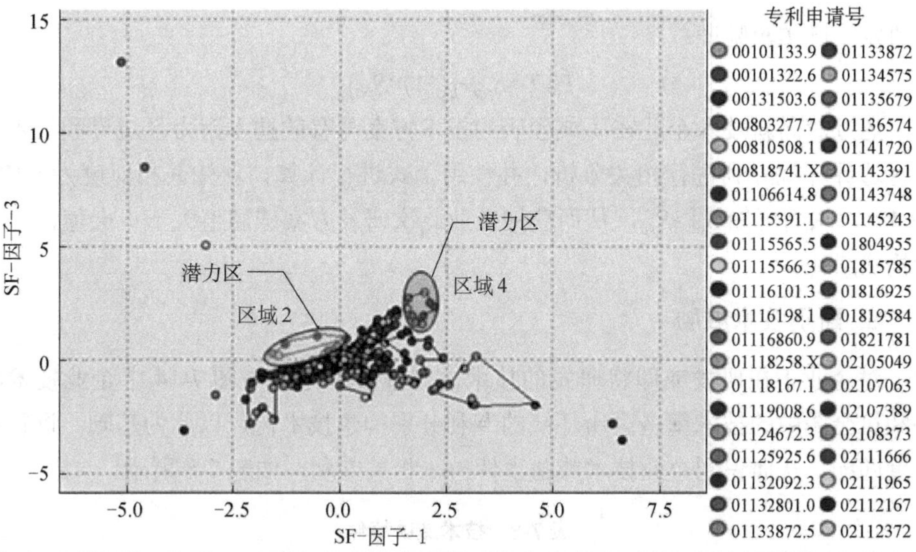

图 7-13　技术潜力图

4. 构建企业技术威胁和机会图

综上分析，结合专利密度分析，使用图形将行业领域的技术壁垒区和技术潜力区予以显示，如图 7-14 所示。

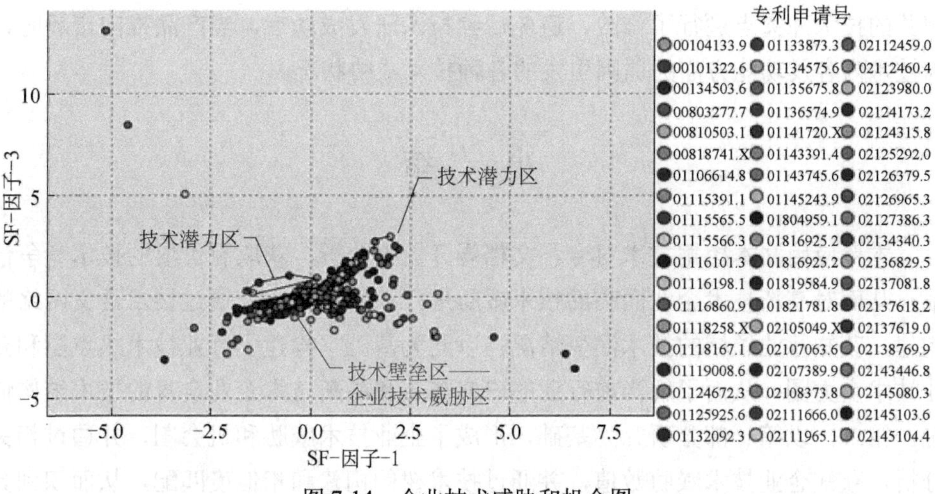

图 7-14　企业技术威胁和机会图

5. 分析企业技术威胁

针对本节研究的对象所属的技术领域——光通信领域，通过对该技术领域大量研发案例实验验证：

$$ETT=S_{pp}+[(-1)\times S_{pb}] \tag{7-4}$$

通过对高新技术企业在研或预研的技术方案与有效技术潜力区边界和技术壁垒区边界环绕专利进行相关分析，并使用上式进行计算，获知其相似度为 ETT=−0.451，从而可知 $S_{pb}>S_{pp}$，从而获知企业此次研发方案威胁值大于机会值，对企业构成威胁。

6. 甄别技术威胁

对企业正在研发或即将研发的技术内容或技术方案与图 7-14 中企业技术威胁和机会图中的技术壁垒区所环绕的专利分别构建技术树，以此为基础，进行相似度匹配，从而识别企业技术威胁事件——相关专利，如表 7-8 所示。

表 7-8 技术威胁事件

申请号	专利名称	申请单位	权利要求	授权	申请时间	进入国家日期
……	光网络装置和光网络	日立通信技术株式会社	15	未	……	未
……	波分复用光传输系统以及波长色散补偿单元	富士通株式会社	10	未	……	未
……	……	……	……	……	……	……

鉴于存在以上技术威胁，故本企业在技术方案设定方面做了相应的修改，把相关的技术冲突点进行了修改，避免后续技术研发成功后，当产品推向市场时，因技术内容及功能方面的原因引发的各种技术威胁状况。

小　结

本章应用文本挖掘技术对专利文档展开挖掘分析，获取有价值的技术竞争情报，从而对高新技术企业面临的技术威胁进行识别。第一，通过技术语义网络的构建，获知行业领域的技术演变情况；以此为基础，构建了行业技术热点图和企业技术实力图，从而了解当前行业的研究热点和高新技术企业自身的技术结构情况。第二，以第一部分研究为基础，形成了企业技术威胁和机会图，并通过相关分析，获知企业技术威胁数值，并通过技术树的构建和相似度匹配，从而识别具体的技术威胁事件。经过实证研究，该部分的研究工作利用专利信息的深入挖掘分析构建专利地图，从而有效地捕获高新技术企业面临的技术威胁，在助力高新技术企业技术战略的过程中具有一定的理论意义和实用价值。

第八章

基于熵权法的高新技术企业专利威胁测度模型构建

专利，本质上是对技术进行了知识产权化，从而通过技术发明的使用限制性来确保经济利益的手段。专利显示了企业对 R&D 的投资，以及企业的技术能力和 R&D 策略。特别是在当今知识经济时代，专利已经成为国际国内经济和贸易冲突的焦点，特别对于高新技术企业而言，已成为其参与市场竞争的重要资本。由于对专利技术的使用限制会导致技术发展不平衡，市场竞争中引发了一系列的技术威胁。这种因专利技术引发的技术威胁被称为“专利威胁”。本章深入解读专利威胁的内涵、表现形式及特征，确定导致高新技术企业技术威胁的主要影响因素，设定高新技术企业专利技术能力评价指标，并应用熵权法构建高新技术企业专利威胁测度模型。同时，为确保研究结果的科学性和有效性，本章应用“碳捕获和封存”领域的专利数据展开实证分析。整个技术流程如图 8-1 所示。

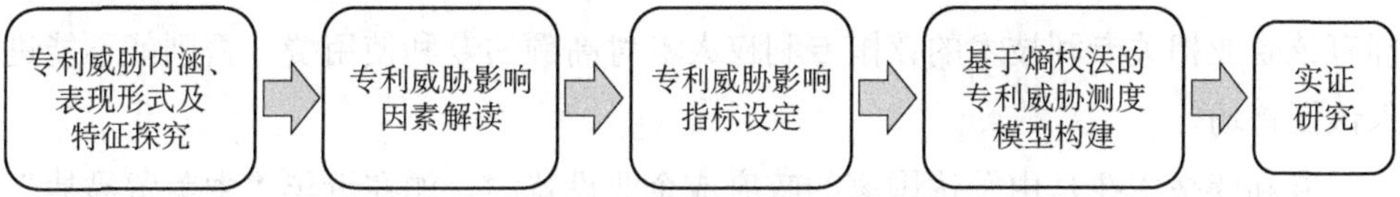

图 8-1　高新技术企业的专利威胁测度模型构建

一、专利威胁的内涵、表现形式及特征

（一）专利威胁的内涵

专利威胁指在知识经济时代，由专利技术发展不平衡所引发的一种动态的、相对的组织外部威胁。①

由于技术知识产权化，对专利技术的使用限制会导致技术发展不平衡，因此，引发专利威胁主要原因在于企业所具有的技术资源的异同。外部企业的专利技术资源能够引发对企业的专利威胁，其主要表现为企业所在技术领域的专利技

① 赖院根，汪雪锋，朱东华. 专利威胁分析与专利战略选择. 中国科技论坛，2009（4）：119-123.

术发展趋势及企业间专利技术竞争能力的差异。[①]对于高新技术企业而言，专利威胁可以通过企业间的专利技术类别差异、技术实力差距，专利随时间变化、空间地域不同所引发的环境、法律制度保护情况的差异等现实因素来具体衡量。

（二）专利威胁的表现形式及特征

专利威胁主要表现为专利壁垒、专利丛林、专利联盟、专利侵权诉讼等多种形式。在技术环境下，一些技术能力较强的组织会以对自身专利技术保护的名义，为占据更大的市场份额和市场竞争优势以及获取更多利润，通过这些专利威胁形式实施战略。下文对专利威胁表现形式进行阐述。

1. 专利壁垒

专利壁垒（patent barrier）指国家政府或企业依靠其技术垄断优势，以保护专利等知识产权的名义，利用甚至滥用专利制度的法律保护，实施各种不合理障碍措施限制其他国家或企业的产品进口，使其他国家或企业的非专利权人处于一种十分不利的地位。[②]其他国家的企业，若想在该国市场上生产经营，就必须向拥有该企业相关专利技术的该国专利权人支付高额的专利使用费，否则就不能进入该国市场。

专利壁垒主要是由发达国家的政府或企业设置的。如在近年“中美贸易战”中，美国针对中国进口相关商品征收25%的高关税，涉及9个领域，同时限制中国企业对美国企业的投资并购，给中国造成巨大的经济损失。面对不断增加专利数量和法律保护范围的专利壁垒，企业要想从根本上突破壁垒，必须在现有专利技术基础上进行技术提高与创新，开发出自主的、创新性强、有竞争力的技术或产品。[③]

专利壁垒的地域性、时间性和限制竞争性等特点对企业的影响广泛而深入，极具威胁。以下对专利壁垒这几个特性进行介绍。

1）地域性。专利权在空间上具有有限的效力，受到地域的限制较大。通常，各国家或地区自行制定专利相关法律制度，专利权也仅在该国家或地区的法

① 张世玉. 面向医药企业的专利威胁预警模型构建及实证研究. 吉林大学博士学位论文，2018.

② 张世玉. 面向医药企业的专利威胁预警模型构建及实证研究. 吉林大学博士学位论文，2018.

③ 江屏，王川，孙建广，等. IPC聚类分析与TRIZ相结合的专利群规避设计方法与应用. 机械工程学报，2015，51（7）：144-154.

律管辖范围内有效，其他国对该专利权不承担法律保护的义务。

2）时间性。专利壁垒的时间性体现在法律法规通过立法赋予专利一定时间的垄断保护期。比如据《中华人民共和国专利法》规定，自申请日起计算，发明专利的期限为二十年，实用新型专利权的期限为十年，外观设计专利权的期限为十五年。一旦超过了该期限，专利权将随之消失，任何人均可使用该项专利。

3）限制竞争性。专利壁垒逐渐展现出垄断特性，而垄断的产生则会直接造成不公平竞争，这大大危害了正常的市场竞争秩序。发达国家经常利用专利壁垒、关税壁垒、知识产权壁垒等垄断性的不公平竞争措施来限制外国产品进入本国市场。[①]例如，近年欧美国家针对中国华为公司的 5G 技术进行贸易限制。虽然截至 2019 年 12 月，华为的 5G 标准必要专利量居全球企业首位，但由于欧洲一些国家以及美日韩等国的限制进口，华为的 5G 订单市场份额只能在诺基亚、三星、爱立信之后。当发达国家对专利壁垒在内的知识产权壁垒滥用到一定程度，市场竞争愈加不公平，必然对世界经济的发展造成巨大危害。

2. 专利丛林

世界范围内，技术领域专利密集，专利权重叠，引发了另外一种专利威胁形式的产生——专利丛林（patent thicket）。专利丛林指多个专利权人的专利所形成的相互交织、密集重叠的网络，后来的技术研发人员必须披荆斩棘穿越重叠障碍才能获得所需新技术专利的使用许可。[②]错综复杂的专利之间的关系增加了技术实施的成本，加大了技术研发的阻碍，这一方面会使专利壁垒愈加泛滥，另一方面愈加阻碍了后来发展的国家或企业的技术追赶。同时，后来的技术研发人员，由于专利交叉重叠，很难检索到技术领域内所有的专利权，以至于很容易发生专利侵权，既增加了侵权预防成本，也无法完全避免侵权的发生，从而造成新进企业技术创新的隐性壁垒。因此专利丛林对任何一家高新技术企业而言都是严重威胁。

专利丛林的产生可归结为专利模糊性和专利增生性：①专利权主要由专利权利要求书来限定其保护范围，而权利要求书本质上记载的是无形的思维活动和智力成果。于是，由于个体认知和表述的差异，同一思维活动可能表现为不同的权

① 缪晓朋. 中国高端制造业面临的知识产权壁垒及应对策略研究. 华中科技大学硕士学位论文，2018.

② Carl S. Navigating the patent thicket：Cross licenses，patent pools，and standard setting. Innovation Policy and the Economy，2000，1：119-150.

利要求书，或者记载不同思维活动的权利要求书的内容可能出现重叠①，这就是专利模糊性。②专利增生性指技术拥有者为了维护自身经济利益、提升社会声望、实施技术防御策略等各方面原因，尽量多地申请专利。比如许多跨国企业随着国际竞争加剧，在国内外加紧申请专利，进行专利布局。另外，大量专利申请也加重了专利受理部门的负担，专利受理部门可能在疏忽之下使创新性价值性不高的发明获得专利权。专利丛林具有显著的专利数量多、密度大的特征。②

3. 专利联盟

“专利联盟”最初由英文“patent pool”译来，国内也有学者将其译为“专利池”“专利联营”“技术联盟”等。专利联盟是以知识产权为纽带、以专利协同运用为基础的产业发展联盟，是由产业内两个以上利益高度关联的市场主体，为维护产业整体利益、为产业创新提供专业化知识产权服务而自愿结盟形成的联合体，是基于知识产权资源整合与战略运用的新兴产业协同发展组织。③也有学者将企业竞争者之间建立的“专利联盟”（patent alliance）以及专利联盟成员所构建的“专利池”（patent pool）两个概念区分开，其中专利联盟指为了专利许可资产的合作共享，联盟中的成员将各自的专利转移到一个共同的实体从而产生的契约协定；专利池则指这种契约协定下的专利集合。④

专利联盟和专利池的出现最初是为了克服“专利丛林”问题，现在越来越成为各行业保护自身利益、提高技术竞争力的主要手段。由专利联盟的定义也可知，专利联盟的本质是企业间的合作行为；然而对于联盟外部的企业而言，专利联盟内部联合，对外通过构建技术壁垒、垄断定价、限制联盟外部企业进入、追究侵权行为，给专利联盟外部的企业带来巨大威胁。⑤

专利联盟的特征主要有以下几方面。

1）战略性。技术合作通常是从战略重要性角度考虑建立的，专利联盟也就常发生在对企业具有战略重要性的领域，它属于战略联盟。专利联盟的目的就是

---

① 雷云. 专利丛林现象下专利强制许可制度研究. 华中科技大学硕士学位论文，2011.

② 刘宇. 智能手机领域的专利丛林演进研究. 大连理工大学硕士学位论文，2017.

③ 刘云，桂秉修，冉奥博. 中国专利联盟组建模式与运行机制研究——基于案例调查. 中国科学院院刊，2018，33（3）：225-233.

④ 詹映，朱雪忠，长平彰夫. 专利池的形成之困：基于博弈分析的一种新解释. 中国软科学，2009（11）：42-52.

⑤ 吴珉，翟立琪. AVS专利联盟与华为自主创新关系研究. 科技进步与对策，2014（22）：84-88.

将不同的组织机构或市场主体根据各自的技术优势，组织成一个有机的技术战略力量整体，从而更有助于联盟中的组织单元凭借技术合力在市场竞争中占据竞争高位、获得共同利益的最大化。

2）技术累积性。专利联盟形成的基础是累积型创新专利。①因此，新专利往往会侵害作为其基础的原有专利，使新专利的使用受到原有基础专利的牵制。若新专利权利要求涉及原有基础专利的保护范围，如果得不到对方的许可，就无法进行商业开发和商业化运作。

3）协作互补性。在专利联盟模式下，专利权人之间常是协同进化、合作的关系，互为互补关系的专利（简称“互补专利”）是专利网中的重要组成部分。互补专利能够单独实施而无需获得对方的许可，但最佳实施方式为两项专利的联合，因为联合起来，才能完整地实现某一技术功能。由互补性专利形成的专利联盟能够克服专利丛林障碍，提高纵向产业链经济效率和动态创新效率②，提高资源配置效率③，有效降低交易成本，消除敲竹杠的现象，获得更大利益等。另外，企业间的关系同时具有协同性和竞争性，其中竞争性源于即便企业身处同一联盟，在联盟中也要谋求自身的利益优势。于是，在协同和竞争的复合作用下，专利联盟会自然发生从无序到有序的自组织行为，并演化到更高层次，在这过程中会提升联盟中企业的价值以及整个联盟的价值创造效率。

4. 专利侵权诉讼

专利侵权诉讼（patent infringement litigation）又称专利诉讼。专利侵权诉讼指因专利侵权产生的诉讼，而专利侵权是指未经专利持有人许可，对专利发明的任何形式的使用、制造或销售。④

专利侵权诉讼是一种最为常见的同时也是影响最为广泛的专利威胁表现形式。专利侵权诉讼越来越成为企业维护自身利益、打击竞争对手的重要手段，企

---

① 江喜林，董亮，易艳春. 独立许可、专利池与一体化：累积创新中的厂商行为. 中国科技论坛，2016，238（2）：149-155.

② 洪结银. 互补性专利联盟是否必要——一个基于讨价还价许可模式的新见解. 科学学研究，2018（1）：60-68，122.

③ Schmidt K M. Complementary patents and market structure. Journal of Economics & Management Strategy，2014，23（1）：68-88.

④ Park H，Yoon J，Kim K. Identifying patent infringement using SAO based semantic technological similarities. Scientometrics，2012，90（2）：515-529.

业可能采取激进的专利侵权诉讼以及规避专利侵权诉讼的策略来控制竞争对手。①如果一家公司因专利侵权而卷入法律纠纷，可能耗费大量的时间和经济成本，而且损失往往是巨大的，以至于可能威胁到公司的生存；相反，公司也有机会获得巨额的损害赔偿或解决费用。因此，该公司会调查可能的专利侵权并应对可能的风险，以免造成损害赔偿，同时反过来及时发现未授权使用专利发明的行为，以获取适当的赔偿并保护自己的知识产权。实际上，从专利侵权威胁分析的角度，应该考虑各种因素，如可专利性、技术相似度、权利要求范围等。

根据不同的诉讼时机，衍生出新的专利威胁形式，表现为：以收取更高昂的侵权赔偿金，或者以通过法律禁令迫使竞争对手退出市场来提升自身威望、占据竞争优势等为目的，专利权人选取关键的诉讼时机，提起专利侵权诉讼。基于此，出现的多种择时起诉侵权的专利威胁主要有专利流氓、专利地雷（包括潜水艇专利）、专利悬崖等。

1）专利流氓（patent troll），又称专利钓饵、专利蟑螂、专利鲨鱼，指那些没有实体业务，不把所拥有专利的技术或产品投放市场，而是利用这些专利，以技术侵权使用为由，积极发动专利侵权诉讼而获利生存的组织或个人。一些专利流氓企业无意从事专利产品的生产，而是主动寻求专利许可，之后诉讼索赔，从获得的专利使用费或损害赔偿金中获利。

专利流氓的主要特征表现在以下方面：

- 行为模式主要是：专利持有（研发或购买后成功申请）—主动提起专利诉讼—专利索赔，可见图 8-2。

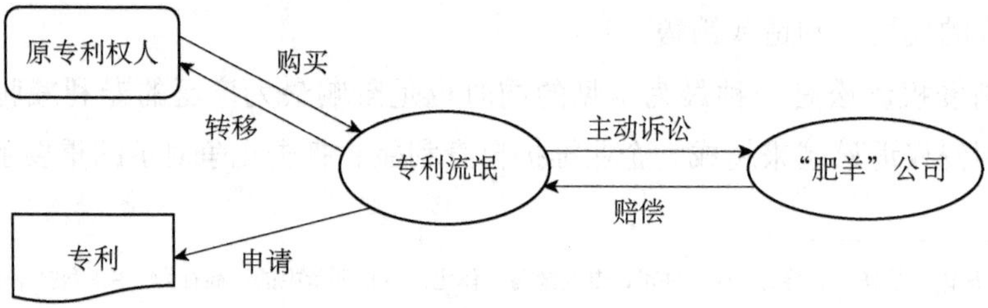

图 8-2　专利流氓企业的行为模式

- 可预测损益，不惧怕反诉，潜在收益巨大而成本有限。它们即便败诉，

① Park I，Yoon B. 2014. A semantic analysis approach for identifying patent infringement based on a product-patent map. Technology Analysis & Strategic Management，26（8）：855-874.

所承担的成本和损失也只不过是律师费以及诉讼专利被宣布无效；但只要胜诉，它们就可能获得高昂的侵权赔偿金或专利许可费用。

● 一次攻击多个目标。此类专利侵权诉讼案件中的被告通常包括多个企业，这样能保证用尽量少的诉讼成本获得较大的投资收益。①

● “出其不意”地采取行动，以迫使目标公司支付意想不到的许可费用。它们将专利技术“隐藏”在杂乱的专利丛林中“诱捕”制造商。隐藏在暗处并默许其他企业使用其拥有的专利，等待时机提起专利诉讼，利用可能的法律制裁作为讨价还价的工具，强迫侵权公司支付远超过专利价值的许可费用，或直接通过诉讼获取高额赔偿。

专利服务公司 United Patents 的报告显示仅 2015 年上半年，90%的科技诉讼并非由实体公司而是由专利流氓公司发起的②，科技领域的专利“重灾区”包括苹果、三星、谷歌、亚马逊、惠普等技术密集型公司。可见，专利流氓企业的诉讼活动日益频繁，给技术创新造成巨大威胁。企业应愈加重视应对“流氓”企业，而面临日益严重的侵权威胁，策略之一就是加大监控力度，及时修订竞争活动战略。

2）专利地雷（patent mine）是指专利权人通过故意蛊惑，令其他企业无意中侵权，进而获得赔偿、打击对方的现象。③专利地雷是企业与竞争对手之间相互打击的常用手段之一。为了布置专利地雷，企业一般会使用隐藏自身专利技术的方式，隐晦描述专利权要求内容、说明书摘要、技术术语等专利信息。这样，这些专利信息难以被竞争企业检索得到并进行正常的研发使用，从而无意中发生侵权。这时，企业就能发起侵权诉讼打击竞争对手。因此，专利地雷会对竞争企业产生威胁。

潜水艇专利（submarine patent）是专利地雷的一种，是指专利权人提出专利申请后，拖延专利公开时间，使专利长时间处于非公开状态，在一定的时机突然宣布生效④。企业可能为了拖延专利公开时间，在申请专利时有意留下一些缺陷，并且有计划地进行修改⑤，从而控制生效时间。可见对专利权利要求等专利

---

① 黄颖．企业专利诉讼战略研究．华中科技大学博士学位论文，2011.

② 黄河．警惕专利流氓．企业研究，2018（11）：50-53.

③ 王晓诗．专利陷阱类型及应对策略的比较研究．大连理工大学硕士学位论文，2014.

④ 刘嘉懿．论知识产权滥用的反垄断法规制．华东政法大学硕士学位论文，2011.

⑤ 孙兆刚．潜水艇专利的规避对策研究．科技管理研究，2012，32（9）：167-170.

保护范围信息的文本挖掘对规避专利威胁具有重要意义。

3）专利悬崖（patent cliff），指竞争对手在一些专利产品保护期满后，生产出售这些原价昂贵的专利产品的仿制品，仿制品价格低廉造成原专利权人的巨大经济损失和市场份额的急剧下降①，一般见于医药专利领域。这表现了专利威胁中专利保护期对技术产品的重要性。

二、基于熵权法的高新技术企业专利威胁测度指标体系构建

（一）高新技术企业专利威胁测度指标设定

专利威胁的产生主要源于技术发展的不平衡性，这一方面是由于在不同国家或地区的专利法律制度和专利保护意识强弱不同，另一方面是由于市场上企业间的技术竞争力具有差异。引发专利威胁的主要来源就是企业所在技术领域的专利技术发展趋势及企业间专利技术竞争能力的差异②。因此可以从技术领域整体层面以及企业的专利技术竞争力评价层面，分析高新技术企业所面对的专利威胁。

本章综合对专利威胁的影响因素以及结合专利技术评价指标的相关研究，选取以下指标进行研究。

1）技术竞争力。它由企业的专利份额和专利增长率决定。如果一个公司在某一特定领域拥有高份额专利，就表明它专注于该业务领域的创新活动。同样，如果一个公司的专利增长率较高，就意味着该公司未来在该领域可能扮演相对重要的角色。因此，如果企业对专利份额和专利增长的价值越高，那么企业在市场上就越具有竞争的技术优势。专利份额是评估技术实力的最常用的指标，它基于专利申请的数量，有效地衡量一个公司在特定领域的技术实力。从概念上来说，它指一个公司在研发方面的竞争地位③，用以评估公司在该技术领域中的相对位置。一个公司的专利增长率越高，意味着该公司未来在该领域越可能扮演相对重要的角色。

① Denoon A，Vollebregt E. Can regenerative medicine save Big Pharma’s business model from the patent cliff. Regenerative Medicine，2010，5（5）：687-690.

② 张世玉. 面向医药企业的专利威胁预警模型构建及实证研究. 吉林大学博士学位论文，2018.

③ Ernst H. Patent information for strategic technology management. World Patent Information，2003，25（3）：233-242.

2）技术适用范围。它由IPC分类数量来表征，通过企业在某一技术领域拥有平均IPC分类号数占比情况衡量。IPC分类是专利领域对基础知识和技术类别的专利分类形式。一个专利的IPC分类号数量越多，表明该专利的技术应用领域越多，进入市场的“入口”越多，社会对其技术需求越多。一般来说，专利申请成本与IPC分类号数成正比。因此，一个公司更可能优先申请与其发明直接相关的IPC的专利权。即使成本很高，企业也愿意申请涵盖多种IPC的专利，这表明企业技术能被应用到不同的领域，并预计在市场中获取较大收益。

3）创新独占性。它表示企业避免自身的创新成果及创新过程被其他企业模仿的可能，表现了专利技术的排他性。某技术领域内，用独自享有专利权的专利数量占领域内专利总数的比值，进行专利技术创新独占性的客观测量。此比值越高，表明在企业间发生知识技术转移越少，专利技术垄断性越明显。

4）技术关注度。它是公司在某一技术领域内近五年的平均专利变化率，衡量公司当前对该领域的技术关注程度。计算方法是领域内公司近五年内每年的专利变化率之和除以5。技术关注度是衡量技术竞争的最具有代表性的指标①。技术关注度值越大，竞争对手对技术领域的关注度越高，技术研发投入越高。

5）技术开放性。由领域中的共享专利权情况衡量，计算方法为两个比率的比值：（公司在领域内共享专利权的专利数/公司在领域内专利数）/（领域内所有专利中的共享专利权数/领域内专利总数）②。该比值越大，表示企业的专利技术共享程度越高，企业越乐于对外分享、注重知识流通和技术合作。

6）技术影响力。它是通过专利被引频次来衡量的。专利引用信息有较强的技术意义和创新影响，专利数量表示技术创新活动的数量，而引用信息则表示这些活动的质量。一项专利经常被其他专利引用，说明该专利对后来的技术开发活动做出了重大贡献。因此，如果一个公司拥有大量高被引专利，那么这个公司就可能拥有高质量的核心技术，从而影响其他技术，这种企业通常也处于产业的强势地位③。

---

① 吴菲菲，杨梓，黄鲁成. 基于专利信息的企业潜在竞争对手识别——以OLED技术为例. 情报学报，2017，36（9）：954-963.

② Ma Z Z，Lee Y. Patent application and technological collaboration in inventive activities：1980-2005. Technovation，2008，28（6）：379-390.

③ Breitzman A，Thomas P. Using patent citation analysis to target/value M&A candidates. Research Technology Management，2002，45（5）：28-36.

7）科学关联性。它是专利引文分析中的一个重要技术指标，该指标可以反映技术创新与科学研究的依赖程度。专利的科学关联性可以度量专利技术累积性①。企业的科学关联性用其技术领域中公司引用的非专利参考文献数量与该领域内其引用非专利参考文献数量和和领域内其引用专利数量的比值来表征，它可以衡量该企业技术研发创新与科学研究的关系，可以表征企业与高校等科研院所之间的技术交流情况。比值越大，说明企业与学研主体之间的知识流动越密集。

8）国际专利布局。它衡量的是对该技术的预期国际市场盈利程度和海外专利布局情况，专利族数量可以代表技术经济质量②，故基于专利族数量（即专利公开国数量）进行评估。海外专利布局被视为最有价值的专利价值指标之一③。作为在地理范围内寻求保护的指标，国际专利申请的数量代表专利权的市场价值。通常，专利在其他国家或地区的申请越多，其价值就越高，因为国际专利申请的数量反映了专利权人在更广泛的地理区域内保护其权利所付出的努力和成本。根据专利权的地域性，一个公司若想在一个国家或地区使用某项技术，就要为该技术在该国家/地区申请法律庇护。然而，国际专利申请费很昂贵，所以一个公司只有在预计该项技术能获得足够收益时，才会进行国际专利布局。因此，大规模的专利族表明了海外市场发展的必要性和获得巨额利益的可能性。本书中国际专利布局指标不仅用一个公司的专利族数量来表征，更进一步用它在该技术领域内的平均专利族数量与领域内所有专利的平均专利族数量之比来衡量。

9）平均专利年龄。它指有效专利平均维持年限④，表现专利维持时间。专利年龄，指专利申请至今已消耗的保护时间，也可以说是该项专利已维持的时间。专利维持时间越长，代表其价值越大，因为专利权人只愿对价值较大的专利付出成本按期缴纳年费，继续寻求法律对专利的保护。本书的专利年龄按年份，从申请年至2019年计算，取当前是法律有效的专利，不包括已失效专利。将公司在该技术领域的现有所有有效专利的专利年龄之和与领域内公司的所有有效专

① 江喜林，董亮，易艳春．独立许可、专利池与一体化：累积创新中的厂商行为．中国科技论坛，2016，238（2）：149-155.

② Ernst H. Patent information for strategic technology management. World Patent Information，2003，25（3）：233-242.

③ Yang X，Yu X. Identifying patent risks in technological competition：A patent analysis of artificial intelligence industry//The 8th International Conference on Industrial Technology and Management （ICITM）. March 2-4，2019，Cambridge，UK. IEEE：333-337.

④ 王朔，张军．基于专利分析的国内制氢技术发展态势研究．世界科技研究与发展，2018，40（1）：50-60.

利数相比，计算企业的平均专利年龄。

10）专利授权率。它用来表现法律授权的情况，是领域内公司的专利授权量与领域内公司的专利申请数之比。申请专利需要经过受理、初步审查、公布、实质审查和授权等阶段，只有专利经过创新性审核认可，获得授权，法律才开始对它进行保护，因此已授权的专利更具有技术含量。本书中的授权专利指当前法律状态为授权和有效期届满未缴年费的专利，不包括驳回、实质审查、撤回的专利。比起专利授权量，授权率更能准确地反映专利技术的法律授权情况。企业在某一技术领域的专利授权率能显示其企业专利技术水平、专利质量、企业技术活跃程度，反映企业技术创新能力。若专利授权率较大，则企业技术创新性较强、技术研发较活跃，对其他企业有较大威胁。

11）平均权利要求数量。专利权利要求规定了专利权受法律保护的技术项目，它是一个专利的核心内容，故用专利权利要求项数来量化专利的法律保护范围。本书用企业的平均专利权利要求数量，来衡量企业技术受法律保护范围。计算方法为领域内公司所有有效专利的权利要求总数与领域内公司有效专利数量之比。另外，由于专利权利要求项数量表现当前企业的专利受法律保护的情况，故选取企业当前法律有效的专利进行统计计算。在企业层面，一个企业在一个技术领域内所拥有全部专利的权利要求项数情况，能体现企业的专利技术布局，企业的专利权利要求数量越多，则其寻求保护的技术范围越广。从专利威胁角度，企业要求大量专利权利项数，也构建了专利壁垒，促进了专利丛林生成。

12）法律诉讼价值。它是领域内专利侵权诉讼胜诉数量与领域内公司全部专利侵权诉讼数量之比。有研究以专利诉讼数量为指标衡量专利侵权诉讼的影响。一般值得提出诉讼的专利，法律价值较高。但是根据上文专利威胁表现形式的特征分析，由于“专利流氓”“专利地雷”等的存在，它们会利用实际技术价值不大的专利主动进行法律诉讼攻击以获得利益。故在单一的专利诉讼数量的基础上，进一步考虑到企业专利诉讼胜诉的数量，能更体现企业专利的实际技术价值。

综上，本小节分析了专利威胁特征，考虑了技术因素、时间因素、地域因素、法律因素，基于技术实力、技术范围、技术排他性、研发重点，主体间知识流动、地域间差异，专利维持时间，法律授权、法律诉讼情况、法律保护范围等特征，提出了 14 个企业专利一级指标，建立出企业的专利技术评价指标体系（表 8-1）。

表 8-1 高新技术企业专利威胁测度指标体系

特征	指标	计算
技术实力	技术竞争力① （V1）	$TC=\left(\frac{\text{公司领域内专利增长率}-\text{领域最小专利增长率}}{\text{领域最大专利增长率}-\text{领域最小专利增长率}}+1\right)\times\text{专利份额}$ 其中，$\text{专利份额}=\frac{\text{领域内该公司专利数}}{\text{领域内专利总数}}$； $\text{增长率}=\text{复合年增长率}=\left(\frac{\text{终值}}{\text{初值}}\right)^{\frac{1}{\text{年份}}}$。 另，本书的年份取值为 5，终值年份取 2019 年，初值年份取 2014 年
技术范围	技术适用范围② （V2）	$TA=\frac{\text{领域内公司的平均IPC分类号数}}{\text{领域内所有专利的平均IPC分类号数}}$ 其中，$\text{领域内公司平均IPC分类号数}=\frac{\text{领域内公司所有专利的IPC分类号数}}{\text{领域内公司专利数}}$； $\text{领域内所有专利的平均IPC分类号数}=\frac{\text{领域内所有专利的IPC分类号数}}{\text{领域内专利总数}}$
技术排他性	创新独占性 （V3）	$IN=\frac{\text{领域内公司独自享有专利权的专利数量}}{\text{领域内专利总数}}$ 其中，“独自享有专利权”是指专利的专利权人唯一的情况
研发重点	技术关注度③ （V4）	$TDA=\frac{\text{领域内公司近五年内每年的专利变化率之和}}{5}$ 其中，$\text{领域内公司每年的专利变化率}=\frac{\text{每年与上年的专利数之差}}{\text{上年的专利数}}$。 TDA 指公司在领域内近 5 年的平均专利变化率，本书取 2014— 2019 这 5 年计算。以公司在 2019 年领域内的专利变化率为例，公司在 2019 年领域内的专利变化率=（2019 年公司在领域内专利数-2018 年公司在领域内专利数）/ 2018 年公司在领域内专利数
主体间知识流动	技术开放性④ （V5）	$TO=\frac{\text{公司在领域内共享专利权的专利数}/\text{公司在领域内专利数}}{\text{领域内所有专利中的共享专利权数}/\text{领域内专利总数}}$ 其中，“共专利权”是指专利的专利权人≥2 的情况

---

① Lee M，Lee S. Identifying new business opportunities from competitor intelligence：An integrated use of patent and trademark databases. Technological Forecasting and Social Change，2017，119（7）：170-183.

② Lee M，Lee S. Identifying new business opportunities from competitor intelligence：An integrated use of patent and trademark databases. Technological Forecasting and Social Change，2017，119（7）：170-183.

③ 吴菲菲，杨梓，黄鲁成. 基于专利信息的企业潜在竞争对手识别——以 OLED 技术为例. 情报学报，2017（36）：963.

④ Geum Y，Lee S，Yoon B，et al. Identifying and evaluating strategic partners for collaborative R&D：Index-based approach using patents and publications. Technovation，2013，33（6-7）：211-224.

续表

特征	指标	计算
主体间知识流动	技术影响力[①]（V6）	$TI=\frac{领域内公司专利的平均被引频次}{领域内所有专利的平均被引频次}$ 其中，$领域内某公司专利平均被引频次=\frac{领域内该公司所有专利被引总次数}{领域内该公司所有专利数}$； $领域内所有专利的平均被引频次=\frac{该技术领域内所有专利的被引总次数}{该领域内专利总数}$
	科学关联性[②]（V7）	$SL=\frac{领域内公司引用的非专利参考文献数量}{该领域内其引用非专利参考文献数量+领域内其引用专利数量}$
地域间市场差异	国际专利布局[③④]（V8）	$IPL=\frac{领域内公司的平均专利族数量}{领域内所有专利的平均专利族数量}$ IPL 由公司在某技术领域中被授予的专利族的平均数量与领域平均值相比来衡量。其中， $领域内公司的平均专利族数量=\frac{公司在领域内所有专利的专利族总数}{领域内公司所有专利数}$； $领域内所有专利的平均专利族数量=\frac{领域内所有专利的专利族总数}{领域内专利总数}$
专利维持时间	平均专利年龄（V9）	$AA=\frac{公司在该技术领域的现有所有有效专利的专利年龄之和}{领域内公司的所有有效专利数}$
法律授权情况	专利授权率（V10）	$PA=\frac{领域内公司的专利授权量}{领域内公司的专利申请数}$ 其中，专利授权量只统计当前法律状态为“授权”和“有效期届满未缴年费”的专利，不包括法律状态为“驳回”“实质审查”“撤回”的专利
法律保护范围	平均权利要求数量（V11）	$PTS=\frac{领域内公司所有有效专利的权利要求总数}{领域内公司有效专利数量}$ 其中，有效专利指当前简单法律状态为“有效”的专利
法律诉讼情况	法律诉讼价值（V12）	$LV=\frac{领域内专利侵权诉讼胜诉数量}{领域内公司全部专利侵权诉讼数量}$
技术侵权性	技术相似度（V13）	参见第六章第（五）部分计算方法

① Lee M，Lee S. Identifying new business opportunities from competitor intelligence：An integrated use of patent and trademark databases. Technological Forecasting and Social Change，2017，119（7）：170-183.

② 黎薇. 生物技术企业专利诉讼策略研究. 华中科技大学博士学位论文，2007.

③ Lee M，Lee S. Identifying new business opportunities from competitor intelligence：An integrated use of patent and trademark databases. Technological Forecasting and Social Change，2017，119（7）：170-183.

④ Geum Y，Lee S，Yoon B，et al. Identifying and evaluating strategic partners for collaborative R&D：Index-based approach using patents and publications. Technovation，2013，33（6-7）：211-224.

续表

特征	指标	计算
技术替代性	功效相似度（V14）	参见第六章第（五）部分计算方法

（二）专利威胁评价指标权重设定

为使专利威胁测度模型的最终结果更加科学有效，对指标体系的指标进行加权。指标权重反映各个指标在指标体系中的重要性。权重确定方法分为主观赋权和客观赋权两类。主观赋权法有专家评价法、层次分析法等。客观赋权法有熵权法、灰色关联度法、主成分分析法等，避免了主观因素的干扰。本小节研究考虑到实际操作的简易性、客观性和科学性等特点，选用熵权法设定评估指标权重。

熵权法是基于信息论提出的一种客观赋权方法，已得到广泛研究和实践。用熵权法给指标赋权的最大优势是避免了人为因素对指标权重的干扰，使评价结果更符合实际，克服了现阶段的评价方法存在指标的赋权过程受主观因素影响较大的问题。

1. 熵权法基本原理

按照信息论基本原理的解释，信息是系统有序程度的一个度量，熵是系统无序程度的一个度量，二者绝对值相等，但符号相反：信息量越小，随机变量的不确定性就越大，其熵也越大；信息量越大，随机变量的不确定性就越小，其熵也越小。如果指标的信息熵越小，该指标提供的信息量越大，对综合评价的影响越大，权重就越高。

因此，可利用信息熵这个工具，计算出各个指标的权重，为多指标综合评价提供依据。按照信息熵的理论，人们在进行评价时获得的信息数量和质量，是影响评价结果精度和可靠度的决定因素。熵权是对不同决策过程进行评价分析的一个很理想的尺度①。

在信息论中，可把离散型分布的信息熵定义为以下形式：

$$H(x) = -\sum p(x_i) \times \ln(x_i) \tag{8-1}$$

其中，$p(x_i) \in [0,1]$ 且 $\sum p(x_i) = 1$。该信息熵主要用来反映指标的变化与差异程

① 邱菀华. 管理决策熵学及其应用. 北京：中国电力出版社，2011，39.

度，最后可以用来进行指标的综合评价。对于有 m 个研究对象具有 n 个衡量指标时，首先形成指标的原始数据矩阵 $X=\left(X_{ij}\right)_{m\times n}$，其中某项指标值 X_{ij} 的差异越大，表明该指标能反映的信息越大，从而其在指标的综合评价中所起的作用也越大。

2. 熵权法赋权步骤

由上可知，熵权法根据各指标传输给决策者的信息量的大小来确定指标权重，通过决策矩阵来计算各指标的信息量大小。得到决策矩阵后，运用熵权法对指标进行赋权的步骤如下。

1）决策矩阵中数据标准化，计算第 j 项指标下第 i 个样本值占该指标的比重 h_{ij}：

$$h_{ij}=\frac{x_{ij}}{\sum_{i=1}^{m}x_{ij}} \tag{8-2}$$

其中，$i=1,2,\ldots,m;\ j=1,2,\ldots,n$。

2）计算第 j 项指标的信息熵：

$$H_j=-k\sum_{i=1}^{m}h_{ij}\ln h_{ij} \tag{8-3}$$

其中，$j=1,2,\ldots,n$，$k=1/\ln m>0$，满足 $H_j>0$。

3）计算信息熵冗余度（差异）：

$$d_j=1-H_j \tag{8-4}$$

其中，$j=1,2,\ldots,n$。

4）求得各项指标的权重：

$$\omega_j=\frac{d_j}{\sum_{i=1}^{n}d_j} \tag{8-5}$$

其中，$j=1,2,\ldots,n$，$\omega_j\in[0,1]$，且 $\Sigma\omega_j=1$。

（三）企业专利威胁测度模型构建

综上，基于专利威胁分析研究、专利技术评价指标体系以及赋权的基础上得到了综合评价指标评价模型，据此建立企业的专利威胁测度模型：

$$P=\sum_{j=1}^{n}w_j v_{ij} \tag{8-6}$$

其中，P 为企业的专利威胁测度值，也可理解为该企业的专利技术竞争力威胁程度。v_{ij} 是第 i 个企业的第 j 个指标的指标值；w_j 表示第 j 个指标的权重，$j=1, 2,...,n$；n 为专利体系中指标个数，本书指标体系中有 14 个指标，故 $n=14$。威胁测度值 P 越大，对同一领域内的企业的威胁程度越强，竞争威胁关系越显著。

三、实证研究

本书以碳捕集与封存（CCS）技术领域为例展开实证研究，选择的主体企业为该领域的一家高新技术企业，探讨其面临的产业领域的专利威胁状况。

（一）数据来源

根据研究主体的关注程度，本书选取了 6 个重要公司进行威胁测度，分别是川崎重工业株式会社（专利权人 A）、南化集团研究院（专利权人 B）、S 公司（专利权人 C）、韩国电力公社（专利权人 D）、H 公司（专利权人 E）和东芝株式会社（专利权人 F）。将研究主体以及这 6 个公司作为专利权人，检索“碳捕集与封存”技术领域的专利数据，其中技术检索式与检索数据库和第六章的第（六）部分“专利数据检索”相同，获取专利数据源。

（二）确定指标权重

基于建立的高新技术企业专利威胁测度模型指标体系，本书运用熵权法，确定各指标权重。

在碳捕获和封存技术领域的中国市场中，部分企业进入市场不足 5 年，而进入市场满 5 年的企业有 199 个。基于这 199 个企业的专利数据，首先求出所有相关指标，得到决策矩阵。其次，据公式 8-2，对决策矩阵进行数据标准化。该矩阵中每个值表示第 j 项指标下第 i 个企业样本值占该指标的比重 h_{ij}。之后，根据公式 8-3，计算各指标的信息熵 H_j，其中 $k=1/\ln199$；据公式 8-4 计算信息熵冗余度 d_j；据公式 8-5 求得各项指标的权重。最终，对 12 项一级指标的权重结果取小数点后 3 位（表 8-2）。

表 8-2 14 项一级指标的权重

特征	指标	指标权重
技术实力	技术竞争力（V1）	0.051
技术范围	技术适用范围（V2）	0.102
技术排他性	创新独占性（V3）	0.011
研发重点	技术关注度（V4）	0.051
主体间知识流动	技术开放性（V5）	0.165
	技术影响力（V6）	0.095
	科学关联性（V7）	0.161
地域间市场差异	国际专利布局（V8）	0.041
专利维持时间	平均专利年龄（V9）	0.011
法律授权情况	专利授权率（V10）	0.027
法律保护范围	平均权利要求数量（V11）	0.021
法律诉讼情况	法律诉讼价值（V12）	0.157
技术侵权性	技术相似度（V13）	0.107
技术替代性	功效相似度（V14）	0.051

特别地，法律诉讼价值（V12）这一指标，由于在本书选取的所有中国专利数据中，企业的法律诉讼案件数均为 0，即企业均无诉讼案件，故此指标不发生效用，取值为 0，在后续专利指标计算时可不再进行计算。若专利数据库中专利法律诉讼信息符合现实情况，则分析企业没有侵权案件的原因可能包括：①碳捕集与封存技术领域的技术门槛高、应用面窄，所以市场中少有专利流氓、专利地雷等专利侵权威胁现象；②该技术领域中聚集几个主要的专利联盟，掌握着整个领域的主要技术标准，出现技术垄断现象，它们在市场占据绝对的领先地位，具有强有力的竞争优势，其他企业对它们来说构不成威胁，它们对其他企业来说则极具威胁。因此，其他企业没有能力对它们提起侵权诉讼，其他企业也尚不值得它们提起诉讼。

（三）专利威胁测度与分析比较

根据研究主体的关注程度，本书选取了 6 个重要专利权人进行威胁测度，分别专利权人 A、专利权人 B、专利权人 C、专利权人 D、专利权人 E 和专利权人 F。

应用本章第（二）部分提出的基于熵权法的高新技术企业专利威胁测度模

型，求解以上 6 个重要专利权人的指标数据，如表 8-3 所示。

表 8-3 企业专利技术评价指标体系指标值计算结果

指标	专利权人 A	专利权人 B	专利权人 C	专利权人 D	专利权人 E	专利权人 F
技术竞争力	0.02	0.07	0.07	0.02	0.03	0.02
技术适用范围	0	7.06	8.65	4.33	4.33	0
创新独占性	8.07	4.17	4.85	5.86	3.35	5.39
技术关注度	0.01	0.01	0	0.01	0.01	0.01
技术开放性	0.14	0.11	0.16	0.16	0.13	0.05
技术影响力	0.25	1.14	0.88	0.61	0.70	0.97
科学关联性	0	0.10	0.09	0.03	0	0.07
国际专利布局	2.19	0.36	0.32	1.37	0.38	2.41
平均专利年龄	4.82	6.34	4.24	7.13	3.93	8.33
专利授权率	0.73	0.29	0.16	0.38	0.57	0.67
平均权利要求数	14.83	25.55	49.33	35.33	6.88	11.78
法律诉讼价值	0	0	0	0	0	0
技术相似度	0.93	0.71	0.73	0.95	0.91	0.90
功效相似度	0.90	0.82	0.75	0.92	0.82	0.93

根据公式 8-6，基于 12 个指标，综合表 8-2 中各指标权重以及表 8-3 中各指标值，分别计算企业专利权人 A、专利权人 B 等的专利威胁测度值 $P=\sum_{j=1}^{12} w_j v_{ij}$，$j$=1,2,⋯12，$i$=1,2,…,6。最终测度结果见表 8-4。

表 8-4 重要专利权人专利威胁程度测度值

专利权人 i	专利权人 A	专利权人 B	专利权人 C	专利权人 D	专利权人 E	专利权人 F
威胁程度 P	0.83	2.16	3.04	2.05	1.04	0.85

由表 8-4 可知，川崎的威胁程度在 5 个企业中最小，P 值为 0.83，S 公司的威胁程度最大，P 值为 3.04。

可见，在碳捕获和封存技术领域的中国市场上，对于该部分的研究主体专利权人 A，这几个重要专利权人之间，竞争威胁程度最突出的是专利权人 C，有很强的技术竞争性；专利权人 A 的威胁程度值是 0.83，在这几个重要专利权人中竞争威胁程度最弱；同时，专利权人 F 的威胁程度值也很低，为 0.85，并且专利权人 F 与专利权人 A 相同，技术开放性为 0，即未与其他企业在碳捕获和封存技术领域共同申请过专利，所拥有专利均为独自申请，因专利联盟引发的威胁程度偏低。另外，研究发现专利威胁测度程度较高的专利权人C、专利权人B、专利权人D分别是中国或韩国的国家资源垄断型企业，这与当前碳捕获和封存领域的现实市场优势情况相符，从而验证了本章研究的有效性。

通过分析，发现产业领域内重要的专利权人是专利威胁产生的最大可能，在市场竞争中值得重点关注。这些技术巨头通过已有的资源、影响力、技术实力等优势，很容易为了获得更大利益主动建立专利壁垒、专利丛林，以其自己为核心构建技术标准，形成对自己有利的专利联盟，甚至未来也可能为打击竞争对手发起专利侵权诉讼。

小结

本章针对目前最为高新技术企业所关注的技术威胁类型之一——专利威胁展开研究，深入解读专利威胁的内涵、类型及特点，探究专利威胁的影响因素，设定专利威胁测度的评价指标，同时，应用熵权法确定各指标的权重值，从而最终构建高新技术企业专利威胁测度模型。为确保研究的有效性，应用碳捕获和封存领域的企业技术竞争信息，展开实证研究，通过实验结果证实了该专利威胁测度模型的科学性和有效性。

第九章

基于案例推理的高新技术企业专利威胁预警模型

高新技术企业面临的专利威胁具有多样性、难预测性，这也决定了专利威胁预警是一个受多种因素影响的非线性的、不确定的动态系统，因此高新技术企业专利威胁预警的复杂性。高新技术企业专利威胁预警在很大程度上依赖以往的经验，其人为因素较多，同时高新技术发展迅速、研发周期短，市场环境复杂多变，极大地增加了专利威胁预警的复杂性和困难性。然而目前已完成的大量专利威胁案例提供了许多宝贵知识以供借鉴，却并未被人们很好地利用，因此如何应用已完成的高新技术企业专利威胁预警案例，为高新技术企业提供有效防范各种专利威胁的建议成为一项难题。案例推理方法正是一种使用以前的案例、经验等，通过类比和联想方法来解决当前相似问题的求解策略。

鉴于此，本章提出基于案例推理的高新技术企业专利威胁预警模型。在高新技术企业专利威胁预警模型构建过程中，首先，应用调研获取的大量专利威胁案例构建案例库；其次，为提高案例检索速度，提出基于核心案例的动态聚类索引方法；再次，为提高威胁预警的准确率，通过对常用的相似度度量函数进行实验，确定本模型选用的相似度度量函数；最后，为提高案例检索的正确率，提出了改进的切比雪夫（Chebyshev）检索算法。其中，基于案例推理的高新技术企业专利威胁预警模型，为高新技术企业技术威胁预警方法的选取提供了新思路。另外，本章提出的基于核心案例的动态聚类索引方法和改进的切比雪夫检索算法对以往的案例索引和案例检索方法进行了改进，具有一定的创新性。

一、案例推理技术进行高新技术企业专利威胁预警的可行性

长期以来，专家系统或基于知识的系统（knowledge-based system）是人工智能研究的成功选择，无论哪种系统均以规则的形式来引出和实施领域的显式模型。但是，知识激发是一个困难的过程，通常被称为知识激发瓶颈；而案例推理技术作为一种替代的推理范式和计算问题解决方法越来越受到关注，它不需要显

式的域模型，只需通过使以前成功的解决方案适应类似问题来解决新问题。①

案例推理技术是基于人们的心理认知过程，使用过去已解决的问题的相关经验、知识为基础，进行类比推理从而解决新问题的过程。它非常适合在动态、复杂环境中提供解决方案，推理过程生动、形象，同时推理结果易于被理解和接受。案例推理技术把知识获取简化为某个领域内以往案例的收集、案例特征的表示等，并以此为基础构造案例库；将基于规则的推理转化为基于案例的推理，即在案例库中检索相似的经验知识。②

案例推理具有以下优点。

1）知识易获取。案例推理创建时不需要知识的提炼，如规则的获取，因为案例推理只不过是获得过去发生过的案例（经验）。

2）应用范围广。案例推理可以用于没有很强的理论模型、领域知识不完全的领域。

3）求解过程简单。案例推理求解过程只需要从案例库中检索出相似案例，容易实现。

4）增量式学习。可以通过案例的增加，进行增量式自学习，从而扩大案例推理的求解范围。

5）运行条件宽松。因为不需要严苛的知识规则等，案例库即使仅有少量案例，案例推理系统也可以运行求解。

6）求解效果好。案例推理的求解根据已发生过的实例类比获得，这些实例已经提供了成功的经验、失败的教训及应对措施，因此求解结果的质量好；同时，由于提供给用户的结果是具体的案例，容易被理解。

7）维护容易。案例推理可以通过获得新案例来学习，且容易维护。

鉴于本书研究对象是高新技术企业的专利威胁预警，一个既缺乏明确因果关系又需要大量经验的领域，同时本书研究获取了大量已完成的高新技术企业的专利威胁案例，有丰富的案例资源，这些特点使得案例推理技术应用于高新技术企业的专利威胁预警具有可行性。

---

① Liu W M，Hu G Y，Li J F. Emergency resources demand prediction using case-based reasoning. Safety Science，2012，50（3）：530-534.

② De Paz J F，Bajo J，González A，et al. Combining case-based reasoning systems and support vector regression to evaluate the atmosphere-ocean interaction. Knowledge and Information Systems，2010，30（1）：155-177.

二、整体流程框架

本节研究的整个流程框架如图 9-1 所示，分为以下主要内容：①高新技术专利威胁案例库构建；②待评案例的规范化表示和存储；③案例检索和匹配；④威胁预警；⑤提供应急措施或相关建议。

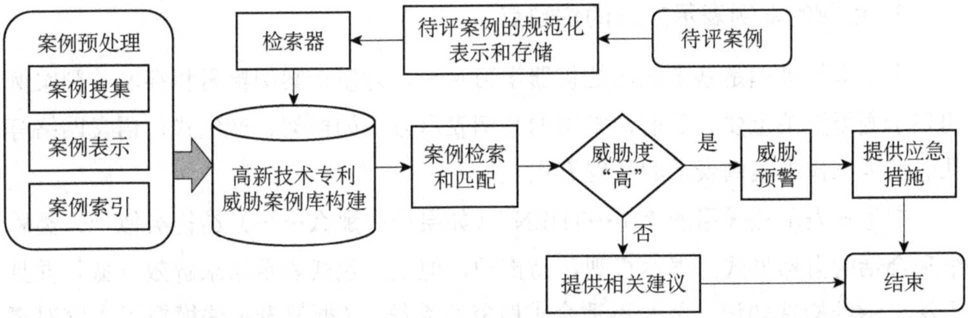

图 9-1　基于案例推理的高新技术企业专利威胁案例预警模型

三、案例的表示

案例的表示问题是构造案例推理系统一个非常重要的问题，是案例索引、案例检索等的基础，其结构和内容直接影响到系统的性能。因为案例推理技术是通过检索和匹配以前相似案例而得到目前问题的解决方案，所以这就需要采用适合的方法和技术将新的案例集成到案例库中。案例的表示是建立 CBR 系统需要解决的核心问题，案例表示方法的优劣直接影响案例推理系统的推理效果和性能。对于一个具体应用对象，案例表示问题主要包括案例的描述结构、表述内容等。①

（一）案例表示方法

1. 案例表示要求

案例一般包括三个主要部分：①问题描述，对求解的问题及相关因素的所有属性特征的描述；②解决方案，即对问题解决方案的描述；③效果描述，即执行解决方案后导致的结果情况。任何基于案例推理的系统必须要有问题描述和解决

① 李建洋，陈雪云，刘慧婷，等. 基于案例推理中案例表示的研究. 合肥学院学报，2007，17（3）：26-29.

方案，这是必不可少的部分，而效果描述部分可视系统需要而定。

因为案例包括对问题的描述以及求解情况的知识，所以案例的表示至少包含这两方面信息。故案例表示一般可形成一个有序对：〈问题描述、解描述〉；另外如果有对于结果的描述，即包含解的效果情况、所给出的解决方案是否有效等，这样又表示成三元组：〈问题描述、解描述、效果描述〉。①

2. 目前的案例表示方法的优缺点

由于案例推理是基于类比的机器学习系统，为便于案例检索和存取，则案例的表示变得至关重要。目前，常用的案例表示方法如框架、产生式、语义网络等几乎都可以作为案例表示的实现方式。②

产生式表示法采用的"IF…THEN"（如果……那么……）结构类似于人类思维和会话的自然形式，表达直观，易推理，但是产生式表示法求解效率低，并且无法表示结构性知识，故其不适合求解复杂系统。③框架表示法模拟了人脑对事物多维度、多层次的存储结构，直观自然，但是由于各框架的数据结构差异，框架表示方法清晰度不高；另外，框架表示法没有统一的数据结构和良好的语义学基础，从而在知识的一致性和正确性检测存在一定难度。④⑤语义网络表示法是一种结构化图解表示法，语义网络由节点和弧线组成，语义网络能把实体的结构、属性与实体间的因果关系清楚、简洁地表示出来，但当通过匹配、继承等方法进行推理时，语义网络通过网络推导得到的结论的有效性欠佳。⑥

鉴于上述案例表示方法存在的不足，本小节针对高新技术企业技术威胁预警的特点，引入面向对象案例表示法。

3. 面向对象案例表示法

面向对象案例表示法起源于面向对象编程技术。面向对象案例表示法是采用面向对象技术方法（object-oriented paradigm，O-O 方法）表示案例的一种方法，

---

① 李建洋，陈雪云，刘慧婷，等. 基于案例推理中案例表示的研究. 合肥学院学报，2007，17（3）：26-29.

② 李建洋，陈雪云，刘慧婷，等. 基于案例推理中案例表示的研究. 合肥学院学报，2007，17（3）：26-29.

③ 王万森. 人工智能原理及其应用. 北京：电子工业出版社，2018，34-35.

④ 谷岩. 基于框架和案例推理的应急预案表示和优选方法的研究设计. 计算机科学，2012，39（6）：163-165，169.

⑤ 李铭. 任务驱动的遥感影像检索案例推理方法研究. 武汉大学博士学位论文，2014.

⑥ 曹洁. 基于案例推理的数据挖掘算法搜索策略的研究. 太原理工大学硕士学位论文，2007.

是一种很好的认知模式。[①]面向对象案例表示法有面向对象方法的许多特征，如封装性、继承性等。采用面向对象案例表示法，每个案例都是相应的客观世界实体的一个映象，也就是一个对象，其由属性和作用于属性上的方法集组成。[②]每个案例都有自己的状态，可以执行一定的动作，并针对某个特定的应用进行数据挖掘。每个案例既是信息存储单元，又是信息处理的独立单位，它具有一定的内部结构和处理能力。因此，使用面向对象案例表示法更符合客观世界的真实状况，易于被理解，并且层次清晰，适应性强，有利于案例库的组织、管理和维护。

（二）面向对象案例表示法实证研究

由于高新技术企业专利威胁预警是一个复杂的问题，其影响因素多，数量大，采用面向对象案例表示法表示专利威胁案例，既可以增强高新技术企业专利威胁预警系统的知识表达能力，又可以提高其推理效果和性能。

1. 项目案例的规范化描述

在案例系统中，一个案例通常包含两部分信息：问题描述信息和问题解决方案。其中，问题描述信息主要用于案例的分类标识，即案例的元信息、案例的属性信息以及一些相关补充信息等；问题解决方案是一个案例的解决方案，可以是成功的也可以是失败的，通常前者被称作基于成功的案例推理系统，后者被称作基于失败的案例推理系统。在一个案例推理系统中可以同时包含这两种案例系统。

高新技术企业专利威胁出现的原因非常复杂，其引发因素多种多样，专利威胁预警失败案例的产生原因也不尽相同，同时成功预测专利威胁的案例所采取的措施也各有特点。大量的专利威胁案例为构建案例库提供了丰富的资源。研究人员可以根据已有的案例进行归纳和分析，提取出专利威胁的特征规律，为企业技术管理者和决策者提供专利威胁的规避知识和防范经验，用于指导日后的专利威胁预警工作。本小节通过对大量的专利威胁案例数据进行分析，并结合案例推理过程的需要，归纳总结出一个合理的专利威胁案例规范化描述框架，主要包括如

① 徐荣振. 基于案例推理与知识推送的智能化变型设计研究. 山东大学博士学位论文，2018.

② 裴艳香. 基于案例推理的卫星故障诊断技术的应用研究. 哈尔滨工业大学硕士学位论文，2006.

下几类信息。

1）基本信息：包括威胁案例的编号、名称、所属的威胁模式等。

2）专利威胁的特征：特定专利权人相关的专利威胁的各种特征信息，其主要包含两部分内容：一是探讨专利技术自身，分析其技术相似度、功效相似度；二是综合分析专利权人的专利技术能力。其中，专利威胁特征主要通过第八章第（二）部分企业专利威胁测度指标进行表示。

3）引发威胁的原因：引发专利威胁的根本原因。

4）防范威胁的对策：处理专利威胁所采取的具体措施。

5）效果评价：采取相应的威胁处理措施后，威胁的缓解程度。

高新技术企业技术威胁预警案例的描述实例如表 9-1 所示。在构建基于案例推理的高新技术企业技术威胁预警系统的过程中，首要任务就是通过大量调研工作搜集已有的专利威胁案例，并确定案例的专利威胁特征；其次，对收集到的案例进行分类整理，分类标准按需求设定，本小节鉴于预警需求，按技术领域来对威胁案例分类；最后，按照威胁案例规范化描述的要求，提取相关的信息，填写威胁案例表。

表 9-1 专利威胁案例描述表

维度		具体内容	
基本信息	案例名称	多模无线广域网……	
	案例内容	无线局域网和无线广域网基带处理器……	
	项目领域	信息技术领域项目	
	威胁状态	高	
	是否预警	是	
专利威胁的特征		技术相似度	0.91
		功效相似度	0.93
		技术适用范围	8.65
		创新独占性	5.73
		国际专利布局	2.57
		平均专利年龄	9.12
引发威胁的原因		技术发展战略趋同，存在专利侵权风险。该威胁将会给企业带来专利侵权风险，引发专利诉讼。同时，深入分析，发现该企业已与其联盟企业逐渐构建专利丛林，形成垄断之势	

续表

维度	具体内容
防范威胁的对策	分析企业原有的技术体系架构，追踪分析市场客户的多元化需求，进行渐进式技术创新或跨越式创新，从而调整自身技术战略，并提前在新的技术领域进行专利布局；市场调研，确定技术创新方向，及时进行研发战略的调整
效果评价	改进现有技术，并及时申请了专利，同时以核心专利为中心，申请一系列专利，进行专利布局，从而有效化解企业即将面临的专利威胁

2. 威胁案例的面向对象案例表示

根据上面介绍的面向对象案例表示法以及案例表示的要求，一个典型的专利威胁案例可以定义为一个四元组：

$$E = \langle e_1, e_2, e_3, e_4 \rangle \tag{9-1}$$

其中，e_1是一个有限元集合，表示案例的说明性信息，如用于索引的威胁案例名称、所属行业、威胁类型等内容；e_2是一个非空有限集合，表示案例的各种威胁特征信息，例如在本书中选用技术适用范围、技术开放性、技术相似度等；e_3是一个有限集，表示案例的启发信息，如为了规避威胁所采用的方法措施等；e_4表示威胁规避效果，如顺利规避方法有效等。

因此一个专利威胁案例可定义为如下结构的对象：

```
Class ThreatCase{
CaseID;                 //威胁案例编号
CaseName;               //威胁案例名称
CaseField;              //威胁案例所属技术领域
ThreatType;             //威胁类型
AttributionSet;         //威胁案例属性集
ThreatCause;            //威胁原因
SolvingMethod;          //威胁解决方法
ActualAction;           //实际采取措施
EffectAssessment;       //措施实施后的效果评价
AdaptionRuleSet;        //威胁案例调整规则集
Restore();              //威胁案例存储函数
Retrieve(); }           //威胁案例检索推理函数
```

1）CaseID：威胁案例的标识符，用于索引和识别案例，如 C1001 表示第一类技术领域中的第一个案例。

2）CaseName：威胁案例的名称。

3）CaseField：案例所属的技术领域，通过它可以对案例进行分类；表明案例所属的技术领域。

4）ThreatType：案例的威胁类型，通过它可以知道案例的威胁状态，是高威胁，还是中等威胁……

5）AttributionSet：通过对威胁案例信息进行分析，提取出的有关会产生威胁的各种特征信息，如技术开放性、功效相似度等属性，其中属性用二元组〈属性名，属性值〉表示。

6）ThreatCause：用来描述了有关威胁的产生原因。

7）SolvingMethod：包含一系列威胁规避的方法，其可供用户选择，用户可根据自己的实际情况在案例推理中，选择适合自己的威胁规避方法。

8）ActualAction：案例实际采用的威胁规避方法。

9）EffectAssessment：采取案例规避方法之后，威胁案例处理后给高新技术企业带来的影响或最终结果。

10）AdaptionRuleSet：威胁案例的调整规则。在案例推理过程中，当没有检索到符合要求的威胁案例时，系统将调用调整规则，进行相似度取值调整，找到的相似度最高的案例，以满足当前问题的需要。

11）Restore()：是案例存储函数，调用该函数向案例对象发送消息，将相应案例信息存入案例库。

12）Retrieve()：案例检索函数，用于计算该案例与目标案例的相似度，获取匹配案例。

四、案例库的组织索引

（一）案例库索引常用方法及索引原则

案例推理系统的一个重要过程是案例检索，一个案例推理系统的效率在很大程度上取决于它能否快速准确地从案例库中检索出合适案例的能力，而系统的检索性能依赖于案例库的索引是否合理有效。为此必须对案例库中的案例进行适当的索引。①

1. 案例库索引常用方法

案例的索引技术通常有三种：最近邻策略、归纳推理法和知识引导法。最近邻策略是把输入案例与案例库中的源案例进行诸索引域的比较，求出案例之间的每个域的相似度，再根据已经定义的加权向量，最终确定源案例与输入案例的相似度，将相似度超过阈值的源案例返回给用户。最近邻策略既是案例检索策略，也是案例组织策略。归纳推理法中最常用的是 ID3 算法，ID3 算法采用“分而治之”思想，每一步都选择信息增益最大的属性，递归逐层地确定根节点和叶节点，直到把所有案例归结成一棵决策树，但 ID3 算法在应用过程中采用的“信息熵”并非最优的启发函数，从而导致易偏向于取值较多的属性等弊端。知识引导策略和归纳推理策略非常接近，不同点在于对特征的选取。知识引导策略在每一步都采用领域相关知识来选择属性，归纳推理策略则采用启发函数。②

2. 索引规则

建立案例索引可以参考使用以下标准或遵循以下原则。

1）索引与具体领域有关。

2）索引应该有一定的抽象或泛化程度，不能太具体。

3）基于属性相似度建立索引。

4）基于案例相似度建立索引。③

（二）基于核心案例的动态聚类索引方法

当案例库中的案例数量巨大时，案例的检索与推理将会花费大量时间。针对该问题，本部分研究提出一种基于技术领域核心案例的案例索引机制，以快速定位与匹配案例库中与问题案例相似的案例集合。当案例库中的案例较多时，本小节研究采用层次结构组织案例库，对案例库中的案例根据所属技术领域进行分类，同时，从各技术领域中设置一个核心案例作为对该类案例集合的索引，再将

① 封超. 基于案例推理的应急决策方法研究. 西北工业大学博士学位论文，2018.

② 封超. 基于案例推理的应急决策方法研究. 西北工业大学博士学位论文，2018.

③ 李梅. 边坡案例推理稳定性评价系统及治理措施优化研究. 武汉理工大学博士学位论文，2006.

各核心案例汇总，构造核心案例库，从而整个案例库按层次结构组建，便于快速、准确检索。例如本书中就可以分为二层结构，第一层为核心案例库，第二层为具体子案例库，这样组织的好处是当进行案例检索时，避免了对案例库中所有案例逐一比较，极大地缩减了案例的检索范围，提高了检索效率。

基于核心案例的索引机制分为三步完成：第一步，按照威胁案例所属的不同的技术领域，对威胁案例进行归类，因为不同领域的案例特点不同，不能通用；第二步，对各技术领域的案例样本进行聚类，将样本按需要分成若干威胁类型；第三步，根据与聚类中心的距离确定核心案例，以及其余案例的顺序，并进行编号索引。

1. 基于 K-Means 算法的威胁案例聚类

K-Means 算法属于动态聚类法，该方法选择某种样本相似度度量方法和适当的聚类准则函数，使用迭代算法，在初始划分的基础上，逐步优化聚类结果，使统计误差达到极小值。但 K-Means 算法应用中存在一些问题：①依赖于初始值的选择以及数据的输入顺序；②常用的误差平方和准则函数测度聚类效果时，如果簇的形状和大小差别很大，为使误差平方和的值达到最小，有可能出现将大的聚类进行分割的现象。①

本小节根据研究的需求，将各个领域的案例按威胁高、中、低划分为三类，故初始值 K 的选择已经按照需求确定；同时本小节在进行威胁案例数据聚类时，数据批量输入，不存在先后顺序问题；另外，由于本小节所选择案例的威胁类型比较均匀，不会出现聚类大小相差很大的簇，故符合选用的 K-Means 算法以及其选用的聚类准则函数的要求，能够有效地对威胁案例进行聚类。

应用到本小节基于案例推理的高新技术企业专利威胁预警系统的聚类算法，其样本相似度度量可参阅本章第（五）部分的相关方法，而采用的聚类准则函数为误差平方和准则。具体的算法过程如下：

若 n_i 是第 i 聚类 C_i 中的样本数目，m_i 是这些样本的均值，即

$$m_i = \frac{1}{n_i}\sum_{y \in C_i} y \tag{9-2}$$

把 C_i 中的各样本 y 与均值 m_i 间的误差平方和对所有簇相加后为：

---

① 任江涛，孙婧昊，施潇潇等. 一种用于文本聚类的改进的 K 均值算法. 计算机应用，2006，26：46-48.

$$J_c = \sum_{i=1}^{c} \sum_{y \in C_i} \left\| y - m_i \right\|^2 \tag{9-3}$$

式中，J_c 是误差平方和聚类准则，它是样本集和类别集的函数。J_c 度量了用 c 个聚类中心 $m_1,m_2,\ldots,m_c$ 代表 c 个样本子集 $C_1,C_2,\ldots,C_c$ 时所产生的总的误差平方。对于不同的簇，J_c 的值当然是不同的，使 J_c 极小的聚类是误差平方和准则下的最优结果。这种类型的聚类通常称为最小方差划分。

为了得到最优结果，首先要对样本集进行初始划分（分类），通常的做法是先选择一些代表点作为聚类的核心，然后把其余的点按某种方法分到各类中去，之后采用迭代方法对聚类作不断的调整，使其 J_c 值达到极小时停止。

首先分析在初始分类之后的聚类调整过程中，把聚类 C_i 中的一个样本 y 从 C_i 移入 C_j 时，对误差平方和带来的影响：

设从 C_i 中移出 y 后的集合是 C_i'，它相应的均值是 m_i'，显然

$$m_i' = m_i + \frac{1}{n_i - 1}\left(m_i - y\right) \tag{9-4}$$

式中，m_i 和 n_i 是 C_i 的样本均值和样本数。设 C_j 中接受 y 后的集合是 C_j'，它相应的均值是：

$$m_j' = m_j + \frac{1}{n_j + 1}\left(y - m_j\right) \tag{9-5}$$

式中，m_j 和 n_j 是 C_j 的样本均值和样本数。由于 y 的移动只影响 C_i 和 C_j 两类，而对其他类无任何影响，因此只需计算这两类新的误差平方和 J_i' 、J_j' 即可：

$$J_i' = J_i + \frac{n_i}{n_i - 1}\left\| y - m_i \right\|^2 \tag{9-6}$$

$$J_j' = J_j + \frac{n_j}{n_j - 1}\left\| y - m_j \right\|^2 \tag{9-7}$$

假设：

$$\frac{n_j}{n_j - 1}\left\| y - m_j \right\|^2 \prec \frac{n_i}{n_i - 1}\left\| y - m_i \right\|^2 \tag{9-8}$$

则把样本从 C_i 移入 C_j 就会使误差平方和 J_c 的值减小。

2. 索引策略

1）根据案例索引要求把案例库的案例进行分类。设案例库 $\text{CB} = \{c_i \mid i = 1,$

$2,\cdots,n\}$，假设一共有被分为 k 类，即 $\mathrm{CB}=(\mathrm{CB}_1,\mathrm{CB}_2,\mathrm{CB}_j,\cdots\mathrm{CB}_k)$，其中 CB_j 为案例库第 j 个案例类，且每个案例类之间没有交集。定义每个案例类 CB_j 的核心案例 c^*_j 为该案例类中与聚类中心距离最小的点，即

$$c_j^*=\left\{c_i\in \mathrm{CB}_j \mid \min \mid dt\left(c_i-\text{ core}\right)\mid\right\} \tag{9-9}$$

其中，$\mid dt(c_i-\text{ core})\mid$ 为案例 c_i 和聚类中心 core 间的相异距离，可根据实际案例的特点，选用源自欧氏距离、切比雪夫距离、无加权相似测度等方法进行计算。

2）对于案例类 CB_j 计算其中每个案例 c_j 与其聚类中心之间的相异距离 $\mid dt(c_i-\text{core})\mid$，并按这些相异距离的升序给 CB_j 中案例编以索引码，使得 CB_j 中案例重新组织为 $\mathrm{CB}_j=\left\{c_1,c_2,\ldots,c_{i-1},c_i,\ldots,c_n \parallel dt\left(c_{i-1},\text{ core}\right)\mid\leqslant dt\left(c_i,\text{ core}\right)\right\}$，其中 n 为 CB_j 的案例数，c_1 即为 CB_j 的核心案例 c^*_j。

当所有的案例类 $\mathrm{CB}_j(j=1,2,\ldots,k)$ 都被遍历计算并重新组织后，整个基于核心案例的索引机制构建完毕。图 9-2 为案例库的索引概略图。

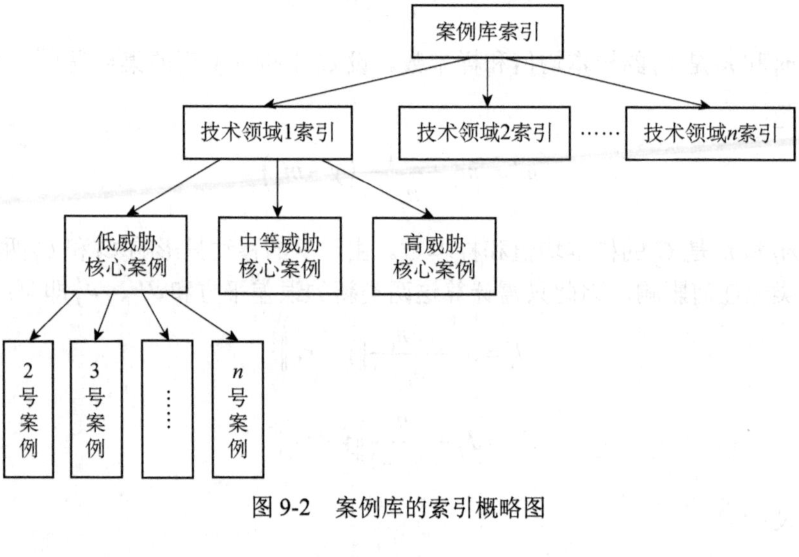

图 9-2 案例库的索引概略图

3）根据上面的分析，可建立如下算法：

第一步：设定 n 个案例样本，令 I=1，选取 c 个初始聚合中心 $Z_j(I)$，$j=1,2,\ldots c$。

第二步：计算各样本与各聚类中心的距离 $D\left(y_k,Z_j(I)\right)$，$k=1,2,\ldots n$；$j=1,2,\ldots c$。如果 $D\left(y_k,Z_j(I)\right)=\min_{j=1,2,\cdots c}\left\{D\left(y_k,Z_j(I)\right)\right\}$，则 $y_k\in C_j$，

$k=1,2,\dots n$。

第三步：令 $I=I+1$，计算新的聚类中心 $Z_j(I)=\frac{1}{n}\sum_{k=1}^{n_j}y_k^{(j)}$，$j=1,2,\dots c$ 和误差平方以及准则 J_c 的值 $J_c(I)=\sum_{j=1}^{c}\sum_{k}^{n_j}\left\|y_k^{(j)}-Z_j(I)\right\|^2$。

第四步：令 $I=I+1$，并且 $Z_j(I)=Z_j(I-1)$，$j=1,2,\dots c$；$J_c(I)=J_c(I-1)$ 对每个聚类中的样本，计算：

$$\eta_{ii}=\frac{n_i}{n_i-1}\left\|y_k^{(i)}-Z_i(I)\right\|^2,\ i=1,2,\dots,c;\ k=1,2,\dots n_i \tag{9-10}$$

$$\eta_{ij}=\frac{n_j}{n_j-1}\left\|y_k^{(i)}-Z_j(I)\right\|^2,\ j=1,2,\dots,c;\ j\neq i;\ k=1,2,\dots n_i \tag{9-11}$$

令 $\eta_{ij}=\min\limits_{j\neq i}\{\eta_{ij}\}$，若 $\eta_{ij}\prec\eta_{ii}$，则将 C_i 中的样本 $y_k^{(i)}$ 移入聚类 C_j 的子集中，并且修改聚类中心和 J_c 的值：

$$Z_i(I)=Z_i(I)+\frac{1}{n_i-1}\left[Z_i(I)-y_k^{(i)}\right] \tag{9-12}$$

$$Z_j(I)=Z_j(I)+\frac{1}{n_j+1}\left[y_k^{(i)}-Z_j(I)\right] \tag{9-13}$$

第五步：若 $J_c(I)=J_c(I)-(\eta_{ii}-\eta_{ij})$，则返回第四步；否则，跳转第六步。

第六步：聚类结束后，按照类中各案例与聚类中心的距离，升序排序，$\text{CoreCase}_j(c_1,c_2,\dots,c_{i-1},c_i,\dots,c_n)=\min|dt(c_j-\text{core})|$，该类中后续案例循环第六步操作，直到所有案例全部索引完毕，循环结束。

（三）高新技术企业专利威胁案例库组织索引实证研究

按上面策略和方法，本书对高新技术企业专利威胁案例库进行索引存储。

1）使用 K-Means 聚类法对案例聚类，对其按威胁度高低，将其聚为三类，分别是高威胁、中等威胁和低威胁。部分案例的聚类结果如表 9-2 所示。

表 9-2 案例动态聚类结果

案例名称	簇名	与聚类中心距离
WDM 超长距离……	1	2.506 93
WDM 大容量超……	1	2.981 93

续表

案例名称	簇名	与聚类中心距离
色散补偿光纤……	3	2.972 86
25GHz 光梳状……	3	2.813 16
Tbps 级 DWDM……	1	3.073 77
新型光器件……	2	2.497 18
T 比特级波……	1	2.142 37
T 比特级智能……	1	2.711 11
面向移动……	1	3.102 91
宽带多频……	2	2.525 08
TD-SCDMA 终端……	2	2.610 69
手持智能化大型……	2	3.492 23
无线局域网……	2	4.106 89
第三代移动……	1	3.312 72
支持多媒体……	1	4.637 23
多模无线广域网……	1	3.068 07

依据案例执行的实际结果，可获知簇 1 为低威胁类，簇 2 为中等威胁类，簇 3 为高威胁类。

2）按照索引策略，在 1）的基础上，按照各案例与聚类中心的距离，确定案例编号。例如在簇 1 中，根据各个案例与聚类中心的距离可以得到其索引编号，如表 9-3 所示。

表 9-3　案例索引表

索引编号	案例名称	与聚类中心距离
1	T 比特级波分……	2.142 37
2	WDM 超……	2.506 93
3	T 比特级智能……	2.711 11
4	WDM 大……	2.981 93
5	多模无线……	3.068 07
6	Tbps 级……	3.073 77
7	面向移动……	3.102 91
8	第三代……	3.312 72
9	支持多媒……	4.637 23

3）得到索引概略图，从而对案例进行组织和存储。生成索引图 9-3。

从图 9-3 中可以看出，该案例库的索引因为其威胁案例自身的特性，共分为三层，第一层是案例所属的技术领域索引；第二层是根据不同威胁类型，聚类得到的每一类案例中的核心案例；第三层对应着该类的子案例库。

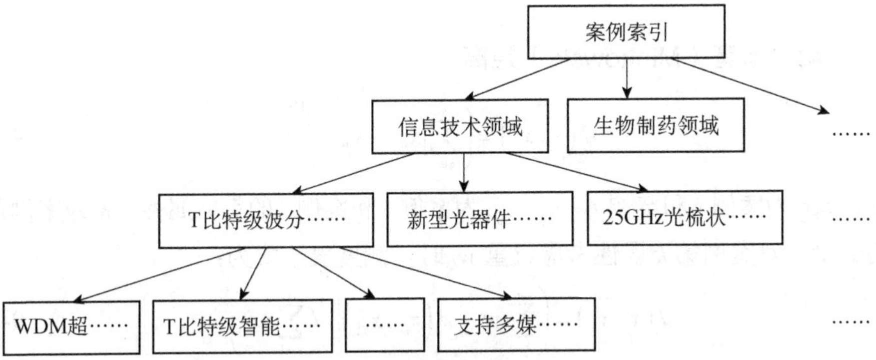

图 9-3　案例库的索引结构

五、案例相似度测度

案例检索是案例推理中重要的一环，检索结果质量直接影响到推理问题的求解；而案例相似度测度方法对案例的匹配结果产生极为重要的影响，案例检索的质量深受案例相似度测度方法选择的影响。

（一）案例相似度测度方法

假设每个案例有 n 个属性，可以把一个案例视为 n 维空间的一个点。定义两个 n 维的案例对象 $x_i=\left(x_{i1},x_{i2},\ldots,x_{in}\right)$ 和 $x_j=\left(x_{j1},x_{j2},\ldots,x_{jn}\right)$。常用的几种距离度量标准如下①。

1. 欧氏距离

最常用的相异度度量方法是欧几里得（Euclidean）距离（即欧氏距离），其定义如下：

① 张佰尚. 面向电网突发事件应对规划的集成案例推理研究. 哈尔滨工业大学博士学位论文，2017.

$$d\left(x_i,x_j\right)=\sqrt{\sum_{k=1}^{n}\left(x_{ik}-x_{jk}\right)^2} \quad (9\text{-}14)$$

2. 曼哈顿（Manhattan）距离

$$d\left(x_i,x_j\right)=\sum_{k=1}^{n}\left|x_{ik}-x_{jk}\right| \quad (9\text{-}15)$$

3. 明考斯基（Minkowski）距离

$$d\left(x_i,x_j\right)=\left(\sum_{k=1}^{n}\left|x_{ik}-x_{jk}\right|^r\right)^{1/r} \quad (9\text{-}16)$$

其中，x_i,x_j为案例 i 和案例 j，x_{ik}、x_{jk}为案例 i 和案例 j 的第 k 属性，n 为案例属性的数量。对案例第 k 属性考虑权重 w_k时，测度表达式为：

$$d\left(x_i,x_j\right)=\left(\sum_{k=1}^{n}w_k^r\cdot\left|d\left(x_{ik},x_{jk}\right)\right|^r/\sum_{k=1}^{n}w_k^r\right)^{1/r} \quad (9\text{-}17)$$

4. 切比雪夫距离

$$d\left(x_i,x_j\right)=\max_{1\leqslant k\leqslant n}\left|x_{ik}-x_{jk}\right| \quad (9\text{-}18)$$

明考斯基距离当 $n\to+\infty$ 时的极限时即为切比雪夫距离。

以上距离与各变量指标的量纲有关，为消除量纲的影响，应先对数据标准化，然后用标准化数据计算距离。

5. 无加权相似度测度

无加权相似度测度的优点是不需要对案例属性数据预先标准化。典型的有克拉克（Clark）测度①：

$$D\left(c_i,c_j\right)=\sum_{k=1}^{n}\left(\left|c_{ik}-c_{jk}\right|^2/\left|c_{ik}+c_{jk}\right|^2\right) \quad (9\text{-}19)$$

以及堪培拉（Canberra）测度②：

$$D\left(c_i,c_j\right)=\sum_{k=1}^{n}\left(\left|c_{ik}-c_{jk}\right|/\left|c_{ik}+c_{jk}\right|\right) \quad (9\text{-}20)$$

---

① Lance G N，Williams W T. Computer programs for hierarchical polythetic classification. Computer Journal，1966（9）：60-64.

② Lance G N，Williams W T. Computer programs for hierarchical polythetic classification. Computer Journal，1966（9）：60-64.

（二）高新技术企业专利威胁预警模型中相似度测度方法

为了测试上述案例相似度测度的性能，采用了包含欧几里得、曼哈顿、明考斯基、切比雪夫、克拉克和堪培拉六种测度的一个案例分类器。每种测度都适用于高新技术企业专利威胁预警，下面通过在同一专利威胁预警案例库中测试，检测其平均正确率。案例库包含 57 个案例，对其属性同时进行了标准化，为验证分类器中 6 种测度的性能，使用交叉验证方法来进行测试。在每个测度的实验中，随机抽取案例作为训练案例和测试案例，形成训练案例集和测试案例集。对每个测试案例进行分类准确度评价，并统计每个测度的平均正确率，结果如表 9-4 所示。结果表明，在所测试的领域中，切比雪夫距离相似度测度的平均正确率优于其他几个测度。

表 9-4　各相似度测度的平均正确率

评价指标	案例相似度测度					
	欧几里得	曼哈顿	明考斯基	切比雪夫	克拉克	堪培拉
平均正确率/%	91.45	90.13	90.51	91.67	87.50	85.53

通过该实验，可知在该领域切比雪夫相似度测度的性能优于其他测度，故本书采用切比雪夫距离算法，对高新技术企业专利威胁案例进行相似度测量。

六、案例检索

（一）案例传统的检索方法：KNN 算法与切比雪夫距离算法

KNN 算法的主要思想是：先计算待分类样本与已知类别的训练样本之间的距离或相似度，找到距离或相似度与待分类样本最近的 k 个邻居；再根据这些邻居所属的类别来判断待分类样本的类别。如果待分类样本的 k 个邻居都属于一个类别，那么待分类样本也属于这个类别。否则，对每一个候选类别进行评分，按照某种规则来确定待分类样本数据的类别①。

最近邻法的通常用公式表示为：

① 张佰尚. 面向电网突发事件应对规划的集成案例推理研究. 哈尔滨工业大学博士学位论文，2017.

$$\text{Similarity}(t,x)=\sum_{k=1}^{m}f\left(t_k,x_k\right)\times w_k \tag{9-21}$$

其中，t 表示目标案例；x 表示案例库中的源案例；m 表示每一个案例所包含的特征个数，$k\in[1,m]$；f 是案例 t 和案例 x 中特征的相似度函数；w_k 表示第 k 个特征的属性权重，$\sum_{k=1}^{m}w_k=1$，计算得到的相似度 Similarity 越高，则表示匹配程度越高。

根据本章第（五）部分的实验结果，本书选用切比雪夫距离函数作为 f 进行相似度测量：

$$d\left(t_i,x_i\right)=\max_{1\leqslant k\leqslant m}\left|t_{ik}-x_{ik}\right| \tag{9-22}$$

式中，x_{ik} 代表第 i 个源案例的第 k 个属性值；m 为属性总数；t_{ik} 为第 i 个目标案例的第 k 个属性的值；$d\left(t_i,x_i\right)$ 为第 i 个目标案例与源案例库中第 i 个源案例之间的切比雪夫距离。

（二）改进的切比雪夫距离

1. 效用函数

进行专利威胁预警时，考虑到案例属性的量纲不同、数量级不同等问题，因此，在计算案例相似度之前，需要把案例属性值进行归一化，从而使计算结果能更加准确地反映源案例与目标案例的匹配度。故本小节引入一种归一化效用函数①，将不同量纲的原始属性值转换到[−1,1]，同时将属性值转换成与原始属性值成正比关系的值。

设 $X=\{X_1,X_2,\ldots,X_m\}$ 是源案例集，其中 X_i 是第 i 个源案例；设 $Z=\{Z_1,Z_2,\ldots,Z_n\}$ 是案例的属性集，其中 Z_j 是第 j 个属性，源案例集 X 的属性矩阵如下：

$$X=\begin{bmatrix} X_{11} & X_{12} & \cdots & X_{1n} \\ X_{21} & X_{22} & \cdots & X_{2n} \\ \vdots & \vdots & \vdots & \vdots \\ X_{m1} & X_{m2} & \cdots & X_{mn} \end{bmatrix} \tag{9-23}$$

式中，X_{ij} 代表第 i 案例的第 j 个属性值。

---

① 罗忠良，王克运，康仁科，等. 基于案例推理系统中案例检索算法的探索. 计算机工程与应用，2005（25）：230-232.

记第 j 个属性 Z_j 的平均值为 $\overline{Z_j}$，其中 $j=1,2,\ldots,n$，则：

$$\overline{Z_j}=\frac{\sum_{i=1}^{m}X_{ij}}{m} \tag{9-24}$$

记中间变量为：

$$M_{ij}=\frac{X_{ij}-\overline{Z_j}}{\overline{Z_j}} \tag{9-25}$$

将原始属性值转换到[−1, 1]区间上的效用函数为 X'_{ij}，令 $Y_{ij}=X'_{ij}$，则效用函数①为：

$$Y_{ij}=\frac{1-e^{-M_{ij}}}{1+e^{-M_{ij}}} \tag{9-26}$$

显然，$Y_{ij}=f\left(M_{ij}\right)$ 是一条 S 形曲线，其形状如图 9-4 所示。

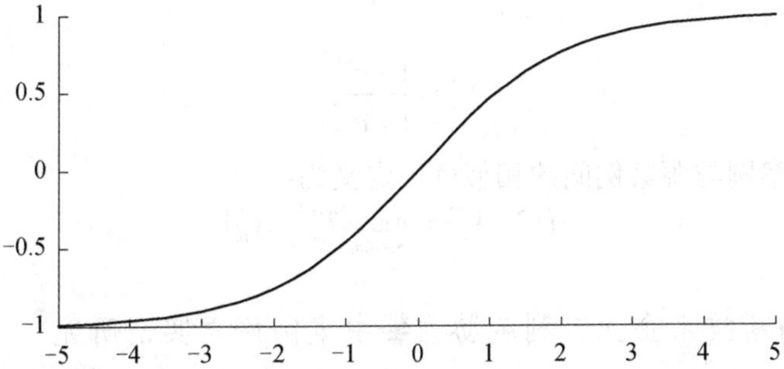

图 9-4　S 形转换曲线

从图 9-4 中可以看出 M_{ij} 反映了原始数据 X_{ij} 偏离平均值 $\overline{Z_j}$ 的程度。当 $X_{ij}=\overline{Z_j}$ 时，$M_{ij}=0$；当 $X_{ij}>\overline{Z_j}$ 时，$M_{ij}>0$，且 Y_{ij} 随 M_{ij} 的增长非线性递增；反之，当 $X_{ij}<\overline{Z_j}$ 时，$M_{ij}<0$，且 Y_{ij} 随 M_{ij} 的减少非线性递减。

经过上述转换可以看出，该方法优于一般的归一化处理方法，该效用函数有效地防止了同一案例中某些属性的效用函数值过大，对案例间的匹配造成决定性影响，从而导致检索结果偏离案例实际情况的问题。

① Tyebjee T T，Bruno A V. A model of venture capitalist investment activity. Management Science，1984，30（9）：1051-1066.

2. 改进的切比雪夫距离

应用上述的效用函数，该部分研究提出一种改进的切比雪夫检索算法，从而更好地体现案例之间的相似度。具体实现过程如下。

1）假设案例库中有 m 个案例，记源案例集为 $X=\{X_1,X_2,\dots,X_m\}$，每个案例有 n 个属性，记属性集为 $Z=\{Z_1,Z_2,\dots,Z_n\}$，记目标案例为 $T=\{T_1,T_2,\dots,T_n\}$，则有属性矩阵：

$$X'=\begin{bmatrix}X\\T\end{bmatrix}=\begin{bmatrix}X_{11} & X_{12} & X_{13} & \dots & X_{1n}\\ X_{21} & X_{22} & X_{23} & \vdots & X_{2n}\\ \dots & & & \vdots & \\ X_{m1} & X_{m2} & X_{m3} & \dots & X_{mn}\\ T_1 & T_2 & T_3 & \dots & T_n\end{bmatrix} \tag{9-27}$$

对矩阵 9-27 中的数据应用上述的效用函数进行归一化处理，可以按式 9-28 计算：

$$X'_{ij}=\frac{1-e^{-M_{ij}}}{1+e^{-M_{ij}}} \tag{9-28}$$

2）目标案例与源案例间的相似度可定义为：

$$d(T_i,X_i)=\max_{1\leqslant k\leqslant m}\left|T'_{ik}-X'_{ik}\right| \tag{9-29}$$

（三）高新技术企业专利威胁预警中案例检索实证研究

本小节选用本书研究的部分案例，前 13 个为案例库中的源案例，后 5 个（表 9-5 的 19—23）为目标案例，其中有 16 个影响因素（表 9-5）。

表 9-5 高新技术企业专利威胁案例

威胁案例编号	威胁案例名称	技术适用范围	创新独占性	技术开放性	技术相似度
源案例 1	WDM 超长…	5.965	0.468	0.072	0.718
源案例 2	WDM……	7.030	0.843	0.095	0.373
源案例 3	色散补偿…	3.666	0.669	0.022	0.741
源案例 4	25GHz 光…	7.968	0.585	0.051	0.965
源案例 5	Tbps 级…	9.007	0.391	0.081	0.271
源案例 6	新型光器…	6.972	1.743	0.000 17	0.397
源案例 7	T 比特级…	7.004	1.920	0.013	0.597
源案例 8	自动交换…	3.999	1.850	0.062	0.781

续表

威胁案例编号	威胁案例名称	技术适用范围	创新独占性	技术开放性	技术相似度
源案例 9	T 比特级…	3.966	1.433	0.039	0.314
源案例 10	面向移动…	4.993	1.641	0.076	0.239
源案例 11	宽带多频…	6.941	1.156	0.005	0.680
源案例 12	TD-SCDMA…	6.959	1.166	0.011	0.321
源案例 13	手持智能…	5.991	1.944	0.027	0.340
目标案例 1	无线局域…	5.984	1.465	0.009	0.967
目标案例 2	第三代…	2.985	1.630	0.022	0.329
目标案例 3	支持多媒体	6.887	1.276	0.127	0.247
目标案例 4	多模无线…	9.011	1.940	0.004	0.152
目标案例 5	空间信息…	5.950	1.161	0.329	0.311

比较传统切比雪夫距离算法和改进切比雪夫检索算法的计算结果，如表 9-6 所示。

表 9-6　传统切比雪夫距离算法和改进切比雪夫检索算法比对

方法	目标案例	最佳源案例		第二源案例		第三源案例	
	序号	序号	距离值	序号	距离值	序号	距离值
传统切比雪夫距离	目标案例 1	12	354.16	1	1411.44	13	2979.46
	目标案例 2	5	8109.07	7	8879.05	10	16649.03
	目标案例 3	12	859.07	1	2600.54	13	4169.92
	目标案例 4	13	394.45	1	1961.20	10	2510.28
	目标案例 5	4	302.23	3	503.19	11	1104.24
改进切比雪夫距离	目标案例 1	12	4.89	4	5.56	6	5.61
	目标案例 2	5	4.02	8	4.08	1	4.41
	目标案例 3	10	4.69	9	5.10	4	5.53
	目标案例 4	2	4.06	8	4.14	7	4.24
	目标案例 5	11	4.58	4	5.22	10	5.24

表 9-5 中所列出的 14 个属性量纲不同、数量级不同，其中有些属性值与其他属性的值相差悬殊，导致部分属性对案例间相似度影响远大于其他属性对相似度的影响。因此，出现了传统切比雪夫距离计算结果中的目标案例 1、3 的最佳源案例都是源案例 12 的情况。在改进的切比雪夫检索算法中很好地避免了这种情况。根据表 9-6 的数据，可以看出改进的切比雪夫检索算法得到的结果更加符

合实际情况。

七、基于案例推理的高新技术企业专利威胁预警实证研究

（一）案例表示

确定待评估的威胁案例，获取其特征属性，为案例推理做准备。这里选定案例“空间信息……”，该案例主要是将 GPS 位置信息利用公众移动通信网络传送并形成动态交通信息，并研发相关的应用设备。经过计算获知该案例各特征指标值如表 9-7 所示。

表 9-7 待评估案例特征值

案例名称	技术适用范围	创新独占性	技术开放性	技术相似度
空间信息……	7.950	0.513	0.129	0.091

（二）案例推理

案例检索推理过程如下。

1）根据案例库索引存储结构，见图 9-3，首先使用切比雪夫距离算法将待评估案例与各簇的核心案例相匹配，查看相似度，其与核心案例的相似度匹配表见表 9-8。

表 9-8 核心案例相似度匹配

案例名称	切比雪夫距离算法
	空间信息移动……
25GHz 光梳状……	5.013
新型光器件……	5.187
T 比特级波分……	5.574

根据推理，可知与“空间信息移动……”案例最相似的是“25GHz 光梳状……”项目，因此后续检索在簇 3 分支里展开，簇 1、簇 2 被忽略。

2）簇 3 中，选 1 号案例和 2 号案例与上面待评估的威胁案例作比较，如果 1 号相似度更大，则无需继续推理；否则，继续做循环，选择 2 号和 3 号进行比较，直到选出相似度最高的案例。该案例检索推理结果如表 9-9 所示。

表 9-9 相似度匹配表

案例名称	切比雪夫距离算法
	空间信息移动……
色散补偿光纤及模块的研究	6.291
25GHz 光梳状分波器	5.013

由此可知，“空间信息移动……”案例与“25GHz 光梳状分波器”案例相似度最高，故可将该案例信息用作为决策参考，如表 9-10 所示。

表 9-10 相似案例

<table>
<tr><td>威胁案例</td><td colspan="5">内容描述</td></tr>
<tr><td>案例名称</td><td colspan="5">25GHz 光梳状……</td></tr>
<tr><td>技术领域</td><td colspan="5">信息通信技术领域</td></tr>
<tr><td>威胁状态</td><td colspan="5">高</td></tr>
<tr><td>是否预警</td><td colspan="5">是</td></tr>
<tr><td rowspan="2">案例特征</td><td>技术适用范围</td><td>创新独占性</td><td>技术开放性</td><td>技术相似度</td><td>……</td></tr>
<tr><td>9.702</td><td>1.632</td><td>0.265</td><td>0.961</td><td>……</td></tr>
<tr><td>威胁原因</td><td colspan="5">专利丛林——该企业在光梳状分波器领域获得授权了一系列基础专利技术，并参与该领域技术标准的制定工作，同时，与我们目标企业的技术相似度和功效相似度均非常高，从而对我们的目标企业产生严重的技术威胁</td></tr>
<tr><td>威胁规避对策</td><td colspan="5">展开光通信领域的市场调研，明确市场需求，获知这种类型的分波器是否还有市场需求；如果有需求，深挖需求种类，探索目前市场空白点，进行已有技术的渐进性技术创新研发；如果已无市场需求，则探索原先技术可以应用的新兴领域，并深挖客户目前需求以及未来需求，做好产品转型以及跨越式的技术创新研发工作。无论是哪种研发策略的选择，都需提前做好专利布局工作</td></tr>
<tr><td>采取措施</td><td colspan="5">通过市场调研，发现分波器市场需求很明显。因此，通过深入分析和专家座谈发现与通用的单信道系统相比，密集 WDM（DWDM）不仅极大地提高了网络系统的通信容量，充分利用了光纤的带宽，而且具有扩容简单和性能可靠等诸多优点，特别是它可以直接接入多种业务。同时，该技术领域目前技术竞争对手少，为市场空白区域，故选择该技术方向进行技术研发战略的微调整</td></tr>
<tr><td>效果评价</td><td colspan="5">适度地规避了专利侵权风险，打开了新的技术市场</td></tr>
</table>

通过以上的案例推理，可以完成待预警的专利威胁案例的检索推理，从而获取理想的参考案例，为决策者提供案例参考。

小 结

本章针对高新技术企业专利威胁影响因素众多、规律难以把握的特点，为了更加详细地了解案例的威胁状况和应对措施，提出了基于案例推理的高新技术企业技术威胁预警系统模型。首先，分析了案例推理技术应用于高新技术企业专利威胁预警的可行性以及优势；其次，为了使专利威胁预警结果更有效，选取通信领域大量高新技术企业面临过的专利威胁案例，构建了专利威胁案例库；再次，为提高案例检索速度，提出了基于核心案例的动态聚类索引方法；最后，为提高案例检索的正确率，提出了改进的切比雪夫检索算法，并进行了实证研究。实证研究表明：本章构建的基于案例推理的高新技术企业专利威胁预警模型是一种比较有效的威胁预警方法，通过检索相似案例获知有效规避威胁的建议。同时，本章提出的基于核心案例的动态聚类索引方法和改进的切比雪夫检索算法能够切实提高案例检索的速度和准确率。

第十章

结论与展望

一、结论

在当今社会经济高速迅速发展的过程中，技术成为推动生产力发展和人类社会进步的决定性因素，技术的重要性，尤其是高新技术的重要性日益凸显。随着经济全球化进程的加速，发达国家和跨国公司拥有明显的技术优势和更强的技术创新能力，我国高新技术企业由于核心技术少、对外技术依存度高等问题，面临日益严重的技术威胁，在国际竞争中屡屡受挫，如数字电视事件、小米手机滞销等。因此，如何及时、准确地识别技术威胁，动态、实时地监测技术威胁因素，并对其引发的潜在危害有效进行识别、防范进行研究。

鉴于本书是针对高度重视知识产权的高新技术企业进行技术威胁识别研究。首先，技术威胁的概念鲜少有人深入分析，但此概念是本书研究的立足之本，因此，本书对技术威胁的概念、构成因素、形成机理等展开探讨，提出技术威胁的五元组；其次，以技术威胁概念研究为基础，针对高新技术企业自身特性，分别从技术威胁环境、技术威胁对手和技术威胁事件三个维度构建高新技术企业技术威胁模型，并对各个维度的技术威胁因素进行剖析；最后，由于高新技术企业高度重视知识产权，大量技术威胁产生于技术纠纷和技术侵权等，因此，这部分研究通过对专利文档的挖掘分析和系统研究，实现对高新技术企业面临的技术威胁的有效识别。

本书主要研究工作和结论如下。

1）技术威胁理论及高新技术企业技术威胁模型研究。系统地探讨了技术威胁的形成机理和组成因素，针对高新技术企业在技术创新过程中面临的技术威胁，构建技术威胁组成元素五元组；针对高新技术企业自身特点，从技术威胁环境、技术威胁制造者和技术威胁事件三个维度构建高新技术企业技术威胁模型。这部分研究创新性地对技术威胁的概念和机理进行了解析，并针对高新技术企业自身特点，系统分析其技术创新过程中面临的技术威胁，这部分研究完善了技术管理的相关理论体系，具有一定的理论意义。

2）中文专利技术-功效词二维模型构建。针对专利文本分析的基础研究——技术词和功效词抽取，通过对专利的文本结构、文本语法以及线索词特征的分析，并结合信息熵和 LDA 主题模型，构建中文专利技术-功效二维词模型，用以准确识别和界定专利技术的技术组件、技术结构、技术功效等相关信息，从而为中文专利非结构化文本的自动化分析提供技术支撑。

3）基于技术树构建以及应用专利地图进行高新技术企业技术威胁的识别研究。针对高新技术企业技术创新过程，应用自然语言处理技术和文本挖掘方法，通过构建企业的专利技术树以及产业的专利地图用以辨析企业的技术壁垒、技术竞争事件以及技术竞争对手等，从而实现对企业面临的技术威胁进行有效识别。该部分的研究工作利用对专利信息的深入挖掘分析，精准地实现高新技术企业面临的技术威胁捕获，具有一定的理论意义和实用价值。

4）基于熵权法以及案例推理技术的高新技术企业专利威胁的测度模型和预警模型的构建研究。针对目前最为高新技术企业所关注的技术威胁类型——专利威胁展开研究，鉴于高新技术企业面临的专利威胁具有多样性、复杂性等问题，本书应用熵权法构建高新技术企业专利威胁测度模型，以此为基础，采用案例推理技术构建了高新技术企业专利威胁预警模型，获知专利威胁状态，明晰专利威胁预警方案。

本书力图在以下方面有所创新。

1）提出了技术威胁的五元组——技术威胁环境、技术威胁主体、技术威胁客体、技术威胁事件和技术威胁结果，探究“技术威胁”涵盖的主要元素，从而使后续研究更加具有针对性。

2）从“技术威胁环境”“技术威胁制造者”“技术威胁事件”三个维度构建了“技术威胁”的三维模型，并针对高新技术企业特点，分别对三个维度进行深入剖析，为后续技术威胁的识别奠定理论基础。

3）针对中文专利文档，解读中文专利文献各部分包含内容及特点，针对两类重要词汇——“技术词”和“功效词”，从文本结构、文本语法以及线索词特征进行解析和归纳，结合信息熵和 LDA 主题模型，识别提取规则以及设置提取算法，创新性地构建中文专利技术-功效二维词模型，力求准确识别和界定专利技术的技术组件、技术结构、技术功效等相关信息，从而为中文专利的非结构化文本挖掘提供方法支持。

4）应用自然语言处理技术和文本挖掘技术，针对中文专利数据，构建企业技术树，系统、详细地展现企业技术组件、技术结构、技术功效，全面反映企业整体技术情况，并提出技术树匹配算法，用于企业技术树匹配，从而精准分析技术竞争状况，有效识别高新技术企业面临的技术威胁。

5）应用自然语言处理技术和文本挖掘技术，对专利文档进行挖掘分析和可视化展示，构建专利地图，分别从“宏观层面–企业所处的产业技术环境”和“微观层面–企业自身技术状况”不同视角，分析企业技术竞争环境、企业技术竞争实力以及企业面临的技术壁垒等，从而帮助高新技术企业识别其面临的技术威胁。

6）为使高新技术企业技术威胁测度更加具有针对性和有效性，本书选取目前最为重要的一类技术威胁——专利威胁，进行深入剖析，探讨专利威胁的内涵、表现形式及特征，分析高新技术企业专利威胁影响因素，并以此为基础，构建高新技术企业技术威胁测度模型。该部分研究内容完善了技术威胁相关研究理论和应用方法，具有一定的创新性。

7）为了更加详细地了解专利威胁状况和应对措施，本项目研究采用案例推理技术构建了高新技术企业专利威胁预警模型。在专利威胁预警模型构建过程中，为提高案例检索速度，本书提出了基于核心案例的动态聚类索引方法；另外，为提高案例检索的正确率，提出了改进的切比雪夫检索算法。其中，基于案例推理的高新技术企业专利威胁预警模型，为高新技术项目技术威胁预警方法的选取提供了新思路。另外，本书提出的基于核心案例的动态聚类索引方法和改进的切比雪夫检索算法对以往的案例索引和案例检索方法进行了改进，提高了案例检索的速度和准确率，具有创新性。

二、展望

高新技术企业技术威胁识别研究还有一些工作需要完成，进一步的研究工作主要包括以下两部分：

（一）Web 信息的有效应用，获取技术竞争情报

本书根据研究需要，主要以技术信息含量丰富、权威性强的专利数据作为数

据源展开技术威胁识别研究，但专利数据自身特性决定了其时间延迟性强，这对于面临激烈市场竞争的高新技术企业而言，将影响其技术威胁识别的及时性和有效性。而对于丰富的Web信息，亟待研究如何验证其真实性、准确性，并对其进行深入挖掘应用，从而获取有价值的技术竞争情报，有利于高新技术企业技术威胁精准识别。

（二）技术威胁事件的识别，需要进一步深化其研究方法

由于专利数据分析方法的限制，在高新技术企业技术威胁事件识别过程中，仅仅采用自然语言处理、文本挖掘以及可视化技术，进行技术树生成和专利地图绘制的研究工作。后续工作中，应增加图形图像处理能力，对专利中的图片数据予以分析，从而更为全面、及时地帮助高新技术企业有效识别其面临的技术威胁。

附　录

APPENDIX

国际专利分类码

国际专利分类码（IPC）的含义说明

国际专利分类码	含义
G01S	无线电定向；无线电导航；采用无线电波测距或测速；采用无线电波的反射或再辐射的定位或存在检测；采用其他波的类似装置
G08C	测量值，控制信号或类似信号的传输系统
H01P	波导；谐振器，传输线或其他波导型器件
H01Q	天线
H01S	利用受激发射的器件
H03B	使用工作于非开关状态的有源元件电路，直接或经频率变换产生振荡；由这样的电路产生噪声
H03C	调制
H03D	由一个载频到另一载频对调制进行解调或变换
H03H	阻抗网络，例如谐振电路、谐振器
H03M	编码、译码或代码转换
H04B	传输
H04J	多路复用通信
H04K	保密通信；对通信的干扰
H04L	数字信息的传输，如电报通信
H04M	电话通信
H04Q	数字信息选择

续表

国际专利分类码	含义
G11B	基于记录载体和换能器之间的相对运动而实现的信息存贮
H03F	放大器
H03G	放大的控制
H03J	谐振电路的调谐；谐振电路的选择
H04H	广播通信
H04N	图像通信，如电视
H04R	扬声器、传声器、唱机拾音器或其他声一机电传感器；助听器；扩音系统
H04S	立体声系统
B07C	邮件分拣；单件物品的分选，或适于一件一件地分选的散装材料的分选
B411	打字机；选择性印刷机构，即不用印刷的印刷机构；排版错误的修正
B41K	模印机；模印或印号码设备或装置
G0SF	调节电变量或磁变量的系统
G06	计算；推算；计数
G09G	对用静态方法显示可变信息的指示装置进行控制的装置或电路
G10L	语言分析或合成；语言识别
G11C	静态存储器
H03K	脉冲技术
H03I	电子振荡器或脉冲发生器的自动控制，起振，同步，或稳定